# 코로나19 바이러스
# "친환경 99.9% 항균잉크 인쇄"
# 전격 도입

언제 끝날지 모를 코로나19 바이러스
99.9% 항균잉크(V-CLEAN99)를 도입하여 「안심도서」로
독자분들의 건강과 안전을 위해 노력하겠습니다.

시대교육그룹

본 도서는 항균잉크로 인쇄하였습니다.

**항균 +**
**99.9%**
안심도서

## 항균잉크(V-CLEAN99)의 특징

◉ 바이러스, 박테리아, 곰팡이 등에 항균효과가 있는 산화아연을 적용

◉ 산화아연은 한국의 식약처와 미국의 FDA에서 식품첨가물로 인증받아 **강력한 항균력**을 구현하는 소재

◉ 황색포도상구균과 대장균에 대한 테스트를 완료하여 **99.9%의 강력한 항균효과** 확인

◉ 잉크 내 중금속, 잔류성 오염물질 등 **유해 물질 저감**

## TEST REPORT

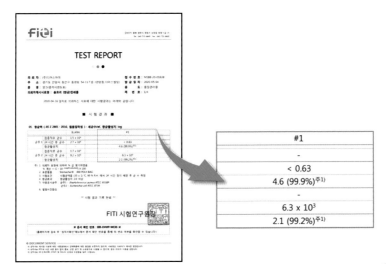

| #1 |
| --- |
| - |
| < 0.63 |
| 4.6 (99.9%)주1) |
| - |
| 6.3 x 10³ |
| 2.1 (99.2%)주1) |

시대교육그룹

슬기롭게 **협업**하고 효과적으로 **소통**하는

# Microsoft Teams

안녕하세요. Microsoft MVP 정홍주, 이희진, 이은주, 박은정입니다.

저희 MVP 4명이 Microsoft Teams를 사용하면서 얻은 정보와 노하우를 바탕으로 '슬기롭게 협업하고 효과적으로 소통하는 Microsoft Teams'라는 책을 출간하게 되었습니다.

### 정보 폭증의 시대입니다.

전 세계 데이터 중 90%는 지난 2년간 생성되었으며, 2020년까지 2,000%나 증가할 것으로 예상하고 있습니다. 연구에 따르면 이렇듯 넘쳐나는 정보로 인해 62%의 근로자가 생산성 저하를 경험하고 있으며, 25%가량의 시간이 낭비되고 있다고 합니다.

### 협업 환경의 요구 사항은 다릅니다.

팀 및 프로젝트 기반의 협업 환경에서의 어려움은 업무 요건에 따라 각각 요구 사항이 다르다는 것입니다. 이전의 단절된 오프라인/조직 형태에서는 한 가지의 협업 솔루션 및 방법으로 모든 협업 요구 사항을 만족할 수 있는 방법은 존재하지 않았습니다.

### 업무 방식이 변화하고 있습니다.

최근 들어 일하는 방식이 눈에 띄게 변화하고 있고 변화된 방식에 대해서 경험하고 있습니다.

협업 방식은 이전의 단절된 오프라인/조직 형태에서 시공간의 제약을 받지 않는 온라인 플랫폼, 비대면 방식으로 옮겨가고 있습니다. 책상에 앉아 데스크톱으로 업무를 보던 예전과는 달리 이제는 노트북, 태블릿 PC, 스마트폰 등 다양한 디바이스로 업무를 처리하게 되면서 더 유연한 협업 방식이 필요해지고 변화하고 있습니다.

### Microsoft Teams를 활용하면 다릅니다.

Microsoft Teams는 정보의 허브 역할을 하는 비즈니스 협업 플랫폼입니다. 또한, 채팅 기반의 협업을 할 수 있는 팀 워크의 허브입니다. 팀 협업을 할 수 있는 다양한 기능을 제공하고 협업과 소통을 할 수 있는 방법을 사용자, 팀별, 프로젝트별로 가장 잘 맞는 방법으로 선택할 수 있으며, 팀 업무에 바로 활용할 수 있습니다.

빠르고 쉽게 스마트하게 회의를 진행하는 방법, 신속한 계획 관리 및 수월한 공동 작업, 더 많은 효과를 얻을 수 있는 자동화 기능, 많은 데이터의 시대에 더 넉넉한 저장 공간, 모든 사용자가 공유할 수 있는 소통 가능한 방법은 없을까 고민하셨다면 'Microsoft Teams'를 꼭 활용해보세요. 이동 중에도, 외근 중에도 함께 의논하고 공유할 수 있는 필요한 콘텐츠를 손쉽게 찾을 수 있습니다. 또한 해외 고객, 파트너와도 한 팀처럼 작업할 수 있고, 더 안전하고 안정적으로 관리할 수 있습니다.

## 이 책을 통해서

모든 독자분들이 우리와 마찬가지로 Microsoft Teams를 좋아하고, 사용자 경험 중심의 시나리오를 찾을 수 있고, 새로운 일하는 방식에 익숙해지고, 효율적인 협업 성과를 얻는 데 도움이 되었으면 좋겠습니다.

## Facebook 그룹(https://www.facebook.com/groups/teamskorea/)을 통해서

Microsoft Teams로 팀 협업, 소통, 온라인 회의를 효과적으로 활용할 수 있도록 다양한 활용 사례와 좋은 정보를 서로 공유하고 질문/답변을 통해 도움을 드리도록 하겠습니다. 새로운 기능 및 업데이트가 계속해서 반영되고 있는 Microsoft Teams의 정보들도 확인할 수 있습니다.

## 마지막으로

책 출간에 앞서 커뮤니티에 항상 많은 도움을 주는 한국마이크로소프트 이소영 이사님, 하현주 과장님과 동료 MVP 여러분에게 감사드립니다. 출간을 도와주신 시대인 출판사와 신민정 과장님, 항상 힘이 되어 주는 가족, 선배, 친구, 동기들에게 이 자리를 빌려 감사한 마음을 전합니다.

2020년 10월

Microsoft MVP 정홍주, 이희진, 이은주, 박은정

https://www.facebook.com/groups/teamskorea

# CONTENTS

# CONTENTS

글로벌, 원격 작업으로 기업에서의 업무 공간은 혁신적으로 변화하고 있다. 변화하는 업무 공간에서 팀 기반의 작업은 일상이 되었으며, 기업 임직원의 업무 시간 중 대부분은 소통과 협업하는 데 보내고 있다. 모바일과 소셜의 일상화로 사용자들은 정보 검색과 공유, 소통을 생활화하고 있다.

협업 환경으로 협업하는 기업도 있지만, 많은 기업에서는 업무 관련하여 메일, 메신저, 파일 서버, 대면 회의 등으로 다른 구성원과 협업하고 있다. 그리고 양방향 소통보다는 일방향으로 안내하는 측면도 있다. 통합된 협업 환경이 아닌 분산된 협업 환경으로 정보가 분산되어 생산성 측면에서 효율적이지 않다.

Microsoft Teams는 여러 Microsoft 365 제품군을 연결하여, 팀 구성원들이 필요로 하는 작업 공간을 하나의 통합된 도구에서 제공하고 있다. Microsoft Teams를 통해 팀 구성원들은 필요로 하는 콘텐츠, 대화, 공유, 온라인 모임 등을 액세스하여 팀 업무에 필요한 소통과 협업 능력을 극대화할 수 있다. 기업에서는 비즈니스의 기본 업무 공간뿐만 아니라 원격 근무, 재택 근무, 온라인 교육, 교대 근무 등에 Microsoft Teams를 활용할 수 있다.

본 도서에서는 Microsoft Teams를 소개하고, 사용하기를 통해 사용자 측면의 협업, 문서 협업, 온라인 미팅, 소통하는 방법을 알아보고 활용 사례를 살펴본다. 그리고 관리자 측면의 Microsoft Teams를 알아본다.

이를 통해 Microsoft Teams를 효과적으로 활용하여 팀 생산성을 증대하고, 더 큰 성과를 달성할 수 있다.


Microsoft Teams에 대한 설명은 Office 365 E3 라이선스 환경에서 설명한다. Microsoft Teams 무료 라이선스와는 메뉴, 기능 등에서 차이가 있을 수 있다.

# MICROSOFT TEAMS

# MODULE 01

# Microsoft Teams 소개

'Microsoft Teams 소개'를 통해 Teams를 이해하고 보다 더 효과적으로 활용할 수 있다. Teams를 정의하고, Teams로 할 수 있는 기능을 살펴보고, Teams 앱을 확인해본다. Microsoft Teams와 함께 하는 마케팅팀 직원의 하루를 통해 Teams 활용을 이해하고 Teams를 활용해서 얻는 이점을 간략히 설명한다.

## Section 01 Microsoft Teams 알아보기

모바일과 소셜의 증가와 글로벌, 원격 작업으로 업무 공간은 혁신적으로 변화하고 있다. 변화하는 업무 공간에서 생산성의 기본 단위는 팀이며, 팀 기반의 작업은 일상이 되었다. 기업의 임직원의 시간 중 대부분은 협업과 소통하는 데 보내고 있다. 그러나, 많은 기업에서는 팀 단위의 통합된 협업 환경을 제공하고 있지 않아 팀 구성원들은 이메일, 사내 메신저, 전화, 파일 서버, 대면 회의 등을 각각 활용하고 있다. 그리고, 양방향 소통보다는 일방향으로 정보를 안내하고 있기도 하다. 통합된 협업 환경이 아닌 분산된 협업 환경으로 팀 구성원들은 소통과 협업을 위해 개별적으로 해당 응용 프로그램을 액세스해야 하므로 분산된 협업 환경은 생산성을 저하시키게 된다.

Microsoft Teams는 Microsoft 365 제품군을 사용하여 팀 구성원들의 원활한 생산성을 가능하게 해주며, 하나의 통합된 협업 환경을 제공하고 있다. 다음 그림에서 보는 것처럼 Teams를 통해 팀 구성원들은 콘텐츠, 대화, 온라인 모임 등을 하나의 통합된 협업 환경으로 사용할 수 있다.

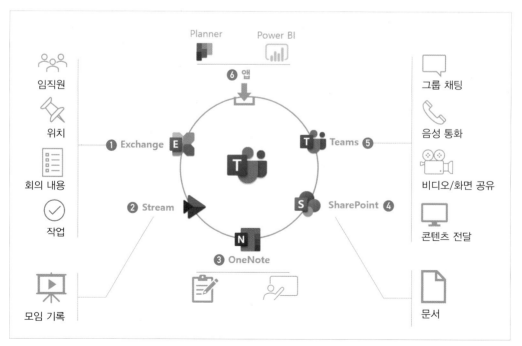

**❶** Exchange : 사람 및 연락처, 작업, 위치/시간

**❷** Stream : 레코딩, 비디오

**❸** OneNote : 노트, 화이트보드

**❹** SharePoint : 문서, 목록

**❺** Teams : 그룹 채팅, 통화, 화상 회의, 화면 공유, 온라인 모임

**❻** 앱 : Planner, Power BI, Power Automate 등

Teams를 통해 팀 구성원들은 필요로 하는 콘텐츠, 대화, 공유, 온라인 모임 등을 액세스할 수 있다. Microsoft Teams는 여러 Microsoft 365 제품군을 연결하여, 팀 구성원들이 필요로 하는 작업 공간을 하나의 도구에서 제공하고 있다.

## Section 02  Microsoft Teams 기능

Teams 기능을 간략히 살펴본다. 뒤의 모듈에서 주로 사용하는 내용을 세부적으로 다루게 된다. 여기서는 기능을 전체적으로 설명한다.

### 1  협업

협업은 팀 구성원의 대부분 작업으로 팀워크를 향상시키고 생산성을 증대할 수 있다. 팀 작업과 관련된 콘텐츠, 파일, 구성원을 손쉽게 찾을 수 있으며 하나의 도구로 모임, 파일, 노트, 대화 기록을 확인할 수 있다. 또한, 구성원들은 파일을 동시에 편집하여 공동으로 작업할 수 있다.

Teams에서 협업은 [Module 05], [Module 06]에서 살펴볼 수 있다.

Teams에서는 Microsoft 365 앱(SharePoint, OneNote, Power BI, Planner 등)이 기본 제공되어 여러 도구를 연결하여 협업을 원활하게 하도록 구성할 수 있다. 협업하면서 의견을 제시하고, 회신하고, @멘션하여 손쉽게 소통할 수 있다.

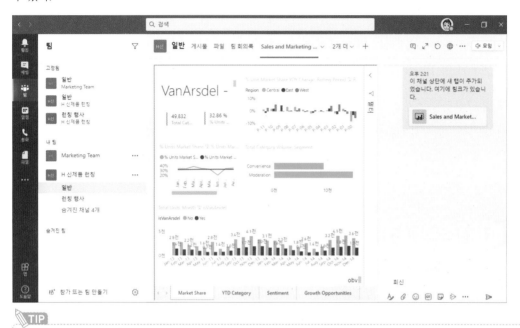

TIP

Teams에서 앱은 [Module 07 | 탭 추가하기와 앱 사용하기]에서 살펴볼 수 있다.

## 2 채팅

채팅을 통해 풍부한 기능을 사용하여 지속적인 대화와 메시지를 통해 팀 구성원과 손쉽게 소통할 수 있다.

TIP

Teams에서 채팅은 [Module 08 | Microsoft Teams로 소통하기]에서 살펴볼 수 있다.

풍부한 텍스트 편집기를 통해 대화를 시작할 수 있으며, @멘션을 통해 다른 사람에게 멘션할 수 있고, GIF와 밈을 통해 회신할 수 있다. 또한, 채팅에서 파일을 다른 사람과 공유할 수 있다. 채팅은 해당 구성원에게 알림이 되며, Teams 모바일 앱에서도 채팅을 통해 소통이 가능하다.

### ③ 모임

Teams에서 일정을 예약하고, 모임을 통해 당일 또는 이번 주에 예정된 모임을 확인할 수 있다. 라이브 이벤트와 온라인 모임을 통해 더 효과적으로 모임을 진행할 수 있다.

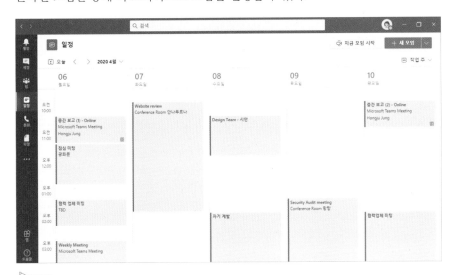

> **TIP**
> Teams에서 온라인 모임을 하는 방법은 [Module 09 | 온라인 모임]에서 살펴볼 수 있다.

모임을 통해서는 오디오, 웹 및 비디오 회의가 가능하며, 온라인 모임에서는 프레젠테이션과 응용 프로그램 공유를 통해 더 효과적으로 모임을 진행할 수 있다. Teams에서는 모임에 대한 녹음/녹화와 캡션(영어) 기능을 제공하고 있다.

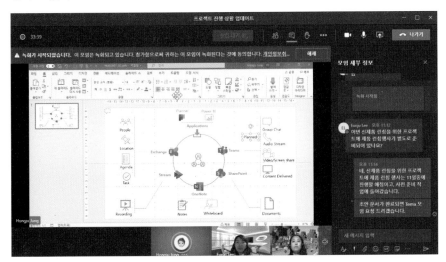

**4** 통화

통화는 Teams를 통해서 전화를 걸 수 있으며, 음성 메일로 활용할 수 있다. 상대방이 Teams를 사용하지 않더라도 Teams에서 전화를 걸 수 있다.

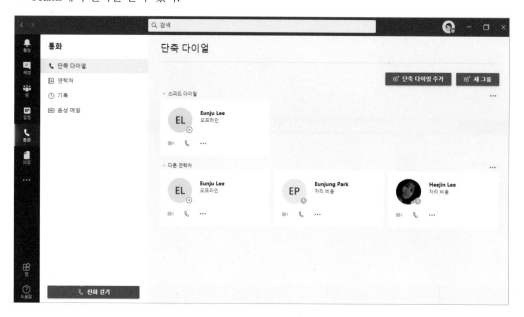

팀 구성원들은 하나의 도구로 Teams를 통해 다음과 같은 일반적인 작업을 손쉽게 수행할 수 있다.

– 팀으로 함께 작업할 수 있다.

– 전자 메일 대신 채팅을 사용할 수 있다.

– 파일을 동시에 편집하고 회신하여 소통할 수 있다.

– 클릭 한번으로 대화에 대해 좋아요, @멘션, 회신을 할 수 있다.

– 노트, 웹 사이트, 앱을 추가하여 사용자 지정을 통해 연결할 수 있다.

– 모임으로 온라인 오디오, 비디오 회의와 프레젠테이션, 화면 공유를 할 수 있다.

## Section 03  Microsoft Teams 앱

Teams 앱은 다음의 사이트에서 다운로드받을 수 있다.

> https://products.office.com/ko-kr/microsoft-teams/download-app

Windows, Mac, iOS, Android 장치를 사용하여 어디서나 Teams에 연결할 수 있다.

## 1 Teams 데스크톱 앱

Teams 데스크톱 앱을 다운로드하여 설치하고, Microsoft 365 계정을 통해 로그인하면 된다. 계정, 라이선스 등은 Microsoft 365 관리자에게 문의한다.

**TIP**

Teams 데스크톱 앱의 사용자 인터페이스와 메뉴 등에 대한 내용은 [Module 04 | Microsoft Teams 시작하기]에서 살펴볼 수 있다.

## 2 웹 브라우저에서의 Teams

필요하다면 웹 브라우저를 통해서도 Teams를 액세스할 수 있으며, Teams 데스크톱 앱과 동일하게 사용할 수 있다. 최신 버전의 브라우저(Microsoft Edge, Google Chrome)는 기능을 동일하게 지원하지만, 일부 브라우저는 기능을 제한적으로 지원한다.

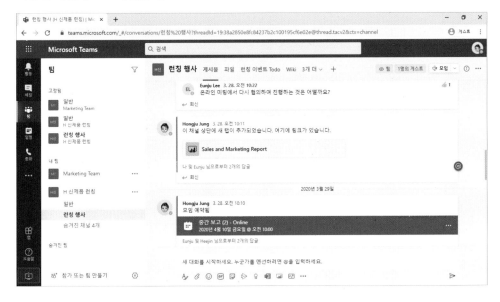

Teams 모바일 앱

스마트폰 등 모바일에서도 Teams 모바일 앱을 사용하여 대화, 답장, @멘션 등 소통을 할 수 있고 파일을 확인할 수 있으며, 온라인 모임에도 참여할 수 있어 효과적으로 협업할 수 있다.

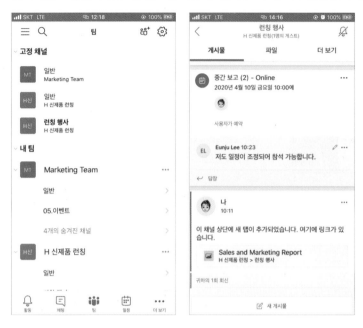

④ 관리자용 Microsoft Teams Admin Center

관리자는 공동 작업, 회의, 통화 및 앱을 위한 관리 기능을 한 곳에서 간단한 관리를 통해 조직에 적용할 수 있다.

**TIP**

관리자 측면의 Teams는 [Module 12] ~ [Module 15]에서 살펴볼 수 있다.

## Section 04 | Microsoft Teams와 함께하는 하루

Microsoft Teams와 함께하는 마케팅팀 직원의 하루를 통해 Teams 활용을 보다 더 쉽게 이해할 수 있다.

### ▌ 사례 ▌

Microsoft Teams를 사용하는 Contoso 마케팅팀 직원은 수도권 지역의 마케팅을 담당하고 있다.

> 09:30 AM

출근하는 엘리베이터 안에서 Teams의 활동 피드를 확인하여 필요한 관련 작업을 살펴본다.

사무실에 도착하면, 마케팅팀의 채널로 이동하여 파일 탭을 클릭한 후 영업팀과 공동 작업한 최근 PPT를 확인하고 회신에서 @멘션하여 의견을 제시한다.

외부 협력 업체로부터 요청 사항 관련 이메일을 확인하여 신제품 런칭팀의 일반 채널로 메일을 전달한다. 신제품 런칭팀에서는 신제품 런칭 협력 업체 탭의 목록에 기록하여 협업한다.

11:00 AM

디자인 시안 회의를 위해 업체로 이동하는 중에 Teams 모바일 앱을 통해 이벤트 기획 관련 온라인 모임에 참가한다(이동하면서 온라인 모임을 활용하여 모임 시간과 이동 시간을 줄일 수 있다.).

11:45 AM

Teams의 신제품 런칭팀에 이벤트 채널을 생성하고, 관련 임직원을 구성원으로 추가한다. 관련 임직원의 피드백을 수집하기 위해 오전 이벤트 기획팀과의 온라인 미팅 내용을 요약하여 대화를 시작한다.

**1:00 PM**

Teams의 신제품 런칭팀의 제품 홍보 채널에 외부 디자인 업체의 구성원을 게스트로 추가하여 시안, 레이아웃 등에 대해 대화를 시작한다.

**1:45 PM**

이벤트 기획 채널의 OneNote에서 모임 노트를 확인하여, 추가 관련 사항을 확인한다. 요청 사항을 입력한다. 이벤트 기획 채널에서 고객 피드백 데이터를 확인한다. 그리고 마케팅팀의 캠페인 채널에 고객 피드백을 확인하기 위한 마케팅 활용 동의서 워드 문서를 확인하여 동의서에 대한 피드백 대화를 시작한다.

**2:30 PM**

마케팅팀의 Planner 채널을 클릭하여 해야 할 작업의 만료 기한을 확인하여 예정 사항을 확인한다. TF 팀의 다른 구성원들의 작업 진행 상태를 확인한다. 디자인 관련 작업에 외부 협력 업체를 할당한다.

**3:30 PM**

협력 업체와의 오프라인 미팅을 위해 이동하면서 Teams 모바일 앱의 채팅을 통해 미팅 요청 사항을 확인하고, 미팅 후 필요한 내용을 이벤트 기획 채널에 입력한다(외근 중에도 바로 회신을 할 수 있어 시간을 효율적으로 관리할 수 있다.).

고객 피드백 데이터 시각화를 위해 Teams의 [통화]에서 연락처를 검색하여 데이터 시각화에 대한 통화를 시작한다. 신제품 런칭팀의 채널에서 Power BI 탭을 클릭하여 보고서를 확인하고 회신한다.

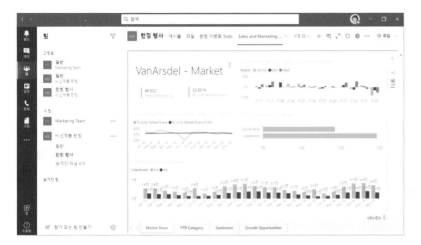

일정에서 Weekly meeting 시간과 위치를 확인하고, 팀 회의록 OneNote를 참고하여 파일 탭에서 Weekly meeting PowerPoint 파일을 편집하여 마케팅팀의 실시, 예정 및 요청 사항을 입력하고 퇴근한다.

Teams를 활용하는 방법은 다양하게 존재하며, 팀 구성원의 협업 및 소통의 도구로 활용할 수 있다. 재택, 원격 근무에서도 효과적으로 활용할 수 있다. Teams를 통해 팀 능력을 강화하고 생산성을 증대하고, 더 큰 성과를 달성할 수 있다.

Microsoft Teams의 사용 이점을 간략히 살펴본다.

- **어디서나 채팅** : 자신의 의견과 개성을 개진할 수 있으며, 그룹 채팅이나 일대일 메시지에서 스티커 및 이미지를 보낼 수 있다.
- **어디서나 회의** : 그룹 채팅에서 비디오 회의로 바로 전환할 수 있으며, 온라인 모임을 통해 데스크톱 및 프레젠테이션을 공유할 수 있다.
- **어디서나 전화** : Teams 통화를 사용하여 오디오 회의를 시작할 수 있으며, 상대방에게 채팅으로 메시지를 보내거나 통화를 시작할 수 있다.
- **어디서든 공동 작업** : 파일을 바탕화면이나 드라이브에서 찾을 필요 없이 Teams의 채널에서 Word 문서, PowerPoint 및 Excel 파일을 실시간으로 액세스, 공유, 편집할 수 있다.
- **하나의 도구** : 여러 응용 프로그램 및 앱을 연결하여 Teams를 통해 대부분의 팀 작업을 할 수 있다.


간략히 Microsoft Teams를 소개하였으며, Teams를 통해 할 수 있는 기능과 이점을 살펴보았다. Microsoft Teams의 시작하기, 활용하기 모듈을 확인해보면 Microsoft Teams를 보다 더 쉽게 이해할 수 있을 것이다.

# MODULE 02

## 성공적인
# Microsoft Teams 도입 및 확산 방안

비즈니스 환경의 변화와 요구에 유연하게 대응하며 조직 구성원이 보다 효율적으로 함께 소통하며 일하는 협업 환경을 구축하기 위해 조직에서는 많은 시간을 들여 다양한 제품을 비교 검토한다. 하지만, 최종적으로 결정된 제품을 조직에 소개하여 조직 구성원이 효과적으로 제품을 받아들이고 실제 업무에 적용하여 가치를 실현할 수 있도록 지원하는 부분에 대하여는 간과하는 경우가 많다. 실제로 많은 시간과 노력, 비용을 투자하여 새로이 도입된 도구 또는 소프트웨어가 기대한 만큼 사용되지 않고 조직 구성원으로부터 외면당하는 경우가 적지 않다.

사용자 채택이란 가능한 많은 조직의 구성원이 새로이 도입된 소프트웨어 또는 도구를 받아들이고 사용하는 것을 말한다. 조직에서는 여러 가지 이유로 사용자 채택에 있어 어려움을 겪게 된다. 일반적으로 대부분의 조직의 구성원들은 항상 처리해야 할 많은 일들로 인해 시간에 쫓기듯 바쁜 업무 시간을 보낸다. 따라서, 새롭게 소개된 제품이 얼마나 좋은 기능을 가지고 있건, 그러한 기능을 통해 시간을 절약하고 효율적으로 일을 할 수 있다고 하더라도 일단 익숙해져 있는 업무 습관을 바꾸는 것을 좋아하지 않는다. 현재의 방식으로도 일을 해결하는 데 큰 문제가 없다고 여기는데, 새로운 도구나 소프트웨어를 학습하여 새로운 방식으로 전환하라고 요구되어진다면 그 자체가 사용자에게 있어 큰 스트레스 요인이 된다. 또한, 교육도 사용자 채택에 있어 문제가 될 수 있다. 새로운 도구를 조직에 소개하고 사용자 채택을 위한 방안으로 교육을 제공하는 경우가 많은데, 단 한 번의 교육을 통해 사용자가 모든 것을 인지하고 업무에 적용할 것이라 기대하는 것은 무리다. 얼리 어댑터 또는 새로운 도구에 대하여 관심이 있고 적극적인 사용자는 교육을 통해 습득한 지식을 바탕으로 업무 적용을 시도를 해볼 수 있을 수도 있지만, 기술과 업무를 연결함에 있어 제대로 사용하는 방법을 알지 못해 힘들어 하거나, 지원이 원활하지 못해 문제에 대한 해결책을 빠르게 찾지 못하게 되면 이전의 방식으로 되돌아 가는 경우가 대부분이다.

Microsoft Teams를 조직에 소개하고 이를 기반으로 협업과 소통하도록 전환하는 작업은 기존에 사용하던 A라는 문서 작성 도구를 B라는 도구로 전환하는 작업과는 차원이 다르다. 근본적으로 사용자들의 일하는 방식과 협업하고 소통하는 방식에 대한 변화이다. 따라서 성공적으로 서비스를 조직에 소개하고 사용자 채택이 이루어지도록 하기 위해서는 서비스 구현 계획만큼이나 사용자 채택 계획은 매우 중요하다.

## Section 01 성공적인 사용자 채택을 위한 프로젝트 팀 구성

Microsoft Teams 서비스는 앞서서 언급한 것과 같이 단순한 하나의 애플리케이션을 소개하는 차원이 아닌 조직 전체에 걸쳐서 일하는 방식과 소통하는 방식을 전환하는 작업이다. 또한, 사용자 채택에 있어 성공의 척도는 장기적으로 조직 전반에 걸쳐 Microsoft Teams 서비스에 대한 사용 확산과 더불어 팀 기반의 협업과 소통을 통해 조직 구성원이 공감할 수 있는 비즈니스 가치를 실현하는 것이다. 이를 위해 비즈니스와 협력하여 요구 사항을 파악하고 이렇게 파악된 요구 사항을 기술과 연결하여 비즈니스의 가치로 전환하고 솔루션으로 매핑하는 작업을 필요로 한다. 따라서, IT 부서만의 노력으로는 성공적인 사용자 채택이 이루어지기는 어렵다. 조직의 규모와 서비스를 배포하는 수준에 따라 다를 수 있지만, 보다 효과적이고 성공적인 사용자 채택을 위해서는 별도의 프로젝트 팀을 구성하여 전략적으로 접근하는 것이 보다 효과적이다. 프로젝트 팀은 최소한 Microsoft Teams 전문가와 함께 신규 서비스에 대한 비전과 가치를 전달하고 회사의 문화 변화에 가장 큰 영향을 미칠 수 있는 임원진, 비즈니스 목표 실현을 책임질 성공 책임자, 서비스의 가치를 팀 전체에 알리고 팀원들이 잘 사용할 수 있도록 지원하는 챔피언, 그리고 부서의 비즈니스 요구 사항을 파악하고 솔루션을 도출할 수 있도록 부서를 대표하는 담당자로 구성하는 것이 좋다.

## █ 사용자 채택을 위한 프로젝트 팀 관계자 역할 █

각 역할별 담당 세부 내용은 다음의 표를 참고한다.

| | 역할 | 담당 | 대상 부서 |
|---|---|---|---|
| 핵심 역할 | 임원진 | 회사에 Microsoft Teams 서비스에 대한 비전 및 가치 전달<br>– 프로젝트 팀과 함께 사용할 시나리오를 파악하고 우선순위 지정<br>– 서비스를 사용하여 비즈니스 목표를 달성하는 방법에 대해 조직 내 다른 리더에게 전달<br>– 적극적인 서비스 사용 참여 | 임원 |
| | 성공 책임자 | 서비스 배포를 통해 비즈니스 목표 실현<br>– 조직 구성원이 서비스를 사용하여 가치를 실현하도록 지원<br>– 적합한 관계자의 참여를 유도<br>– 비즈니스 목표를 위한 서비스 적용 시나리오 구체화<br>– 커뮤니케이션 및 교육이 성공적으로 구현되는지 관리 | 모든 부서 |
| | 챔피언 | 서비스 전파 및 최종 사용자 지원<br>– 서비스의 가치를 팀 전체에 전파<br>– 팀원이 다양한 기능들을 이해하도록 지원<br>– 비공식 커뮤니케이션 채널을 통한 서비스 알림<br>– 새로운 사용자의 시작을 지원하고 지침 및 모범 사례 공유<br>– 사용자 참여 및 채택과 관련하여 프로젝트 팀에게 의견 공유 | 모든 부서(직원) |
| | 프로젝트 관리자 | 전체 서비스 출시 실행 및 서비스 배포 과정 관리 감독 | 프로젝트 관리 |
| | 교육 책임자 | 교육 프로그램 및 리소스 관리 | IT 또는 인사부 |
| | 부서 책임자 | 특정 부서의 서비스 사용 방법 파악 및 참여 독려 | 모든 부서 |
| | IT 전문가 | 서비스 배포의 모든 기술적 측면 관리 | IT |
| | HR 관리자 | 서비스를 HR 프로세스에 통합하고 서비스에서 HR 콘텐츠 관리 | 인사부 |
| | 커뮤니케이션 책임자 | 서비스에 대한 회사 전체 커뮤니케이션 관리 | IT 또는 기업 커뮤니케이션 |
| | 커뮤니티 관리자 | Microsoft Teams 또는 Yammer 네트워크의 일상 활동 관리, 모범 사례 제공 | IT 또는 기업 커뮤니케이션 |
| | SharePoint 사이트 관리자 | 조직의 SharePoint 사이트 전략 관리 및 비즈니스와 IT 간의 연결 | IT 또는 직원 |

## 1 비전 및 목표 가치 정의

Microsoft Teams를 통해 목적하는 주요 비즈니스 시나리오는 팀 또는 프로젝트 구성원들이 Microsoft Teams를 중심으로 함께 소통하고 정보를 공유하며 아이디어를 나누고, 미팅은 온라인으로 진행하여 언제 어디서나 활용 장치에 제약 없이 보다 효율적으로 소통하며 팀 협업을 할 수 있는 환경을 구축하는 것일 것이다. 이렇게 조직에서 목적하는 비전과 이를 통해 달성하고자 하는 목표, Microsoft Teams를 도입하여 업무 방식을 바꾸고자 하는 이유와 새로운 방식으로 일하면서 조직이 어떻게 변할 것인지에 대한 내용들을 사전에 조직 구성원과 함께 공유하는 것은 사용자 채택에 있어 매우 중요하다. 성공적인 사용자 채택을 이끌어 내기 위해서는 사용자의 행동 변화를 필요로 하며, 많은 사람들은 이러한 변화의 요구를 거부하는 것이 일반적이다. 심지어 새로운 기술이 자신의 업무에 생산성 향상을 가져올 것을 예상하면서도 대부분 습관적으로 자신이 익숙한 것을 계속 사용하고자 하기 때문이다. 따라서, 이러한 회사의 비전 공유는 조직 내 핵심 리더인 임원진을 통해 공식적으로 하는 것이 보다 효과적이다. 조직의 임원진은 회사 문화에 가장 큰 영향을 미칠 수 있기에 새로운 기술과 기술을 통해 조직이 추구하고자 하는 비전과 가치를 조직 전체에 긍정적으로 전할 수 있다. 또한, 달성하고자 하는 목표를 명확하게 정의하는 것도 핵심 과제 중 하나이다. 사용자 만족도, 직원 참여도, 사용량 또는 절약된 시간 등 반드시 명확하고 구체적이며 측정 가능하며 실현 가능한 목표를 설정하여 서비스 도입 및 확산에 있어 성과를 수치적으로 측정할 수 있어야 한다. 정확한 비전과 목표가 정의되지 않은 상태에서 진행하는 경우 조직 차원에서 Microsoft Teams를 통해 성취하고자 하는 바가 명확하지 않아 어디를 향하고 있는지 알지 못하며, 성공 여부를 측정할 수 없어 원하는 목표에 당도할 가능성도 희박해진다고 볼 수 있다.

## 2 파일럿 프로젝트

Microsoft Teams는 업무의 요구 사항에 따라 사용할 수 있는 방법이 매우 다양하고, 조직의 정책에 맞게 설정과 기능을 조정할 수 있어 각 조직별로 비즈니스 채팅과 협업, 미팅에 대한 다양한 요구 사항을 충족할 수 있는 솔루션이다.

전사 조직을 대상으로 서비스를 배포하기에 앞서 먼저 소규모 팀을 대상으로 사전에 파일럿을 진행하면 조직 전체에 영향을 미치지 않고 조직 문화의 특정 사항을 해결하기 위한 방법을 찾아갈 수 있다. 따라서, 파일럿 프로젝트 진행은 가급적 점진적인 단계로 접근 방식을 세분화하는 것을 권장한다. 구성원들이 되도록 처음부터 기능과 기술에 압도되지 않도록 심플하면서도 쉬운 솔루션을 먼저 식별하고 작은 부분부터 시작하여 빠르게 가치를 입증할 수 있는 시나리오를 우선적으로 적용해 보는 것이 좋다. 전사를 대상으로 사용자 채택을 준비함에 있어 이러한 파일럿 프로젝트를 통해 Microsoft Teams를 어떻게 활용하는지 분석해 보고, 파일럿 그룹의 피드백을 통해 Microsoft Teams에 대한 조직의 경험을 개선하기 위한 실행 가능한 방안도 발견할 수 있다. 또한, 조직에서 가장 일반적으로 요구되는 비즈니스 시나리오를 대상으로 진행해봄으로써 최종 사용자에게 영향을 줄 수 있는 기술적인 이슈 사항들을 파악하여 사전에 해결하고 보안 이슈들도 도출해 낼 수 있다.

**Section 02** 챔피언 커뮤니티

새로운 방식을 학습함에 있어 가장 효과적인 방법은 동료들을 통한 학습이다. 조직 내에는 새로운 기술에 대한 관심이 높고 열정적으로 일하는 동시에 새로이 습득한 일하는 방식을 활용하여 다른 동료들이 더 효과적인 해결책을 배울 수 있도록 지원해 주는 것을 좋아하는 구성원들이 있다. 이들은 챔피언으로서 역할을 담당하기에 매우 적합하다. 공지나 초대 이메일 또는 사내 게시판을 통해 다양한 파트에서 챔피언들을 모집하고, 필요한 교육과 커뮤니티 활동을 통해 새로운 기술을 실제 업무에 적용하여 성과를 달성하고 이를 함께 공유하며 축하할 수 있는 커뮤니티를 구축한다. 챔피언 그룹의 구성원을 대상으로 Microsoft Teams에 대한 전문적인 교육을 진행하고 그들의 업무를 기준으로 적용 시나리오 발굴 및 솔루션을 도출하는 워크숍을 진행하여 실제 업무에 활용할 수 있도록 지원한다. 또한, 향후 서비스가 조직 전체에 소개되면 챔피언을 통해 동료들을 지도하고 가르치고 훈련시킬 수 있도록 권한을 부여하며, 그들의 노력과 전문 지식에 대하여 공식적으로 인정하고 적절한 보상도 잊지 말아야 한다. 이렇게 양성된 챔피언들은 팀 내에서 새로운 협업 방식에 대하여 동료에게 확산하고 도움을 주는 중요한 역할을 수행하게 됨으로써 Microsoft Teams를 각각의 팀의 요구 사항에 맞게 채택하고 지속적으로 확산함에 있어 큰 도움이 된다.

**Section 03** 시나리오 정의

조직 구성원들이 Microsoft Teams 사용을 지원하기 위해 일상에서 수행하는 작업 유형에 기초하여 Microsoft Teams 서비스를 통해 전체 조직에 변화를 주도할 수 있는 적용 가능한 적합한 시나리오를 파악하여 적용하면 사용자 채택을 높이는 데 많은 도움이 된다. 예를 들어 미팅을 진행할 때 Teams 온라인 미팅으로 미팅 참가자들을 초대하여 진행하는 것이다. 미팅 준비 사항을 사전에 채팅과 파일 공유를 통해 충분히 참석자와 소통하고, 미팅은 온라인 상으로 함께 얼굴을 보고 이야기하며, 채팅을 나누고, 자료를 공유하도록 진행하는 것이다. 사용자들은 자연스럽게 온라인 미팅을 경험하게 되는 것이다. 또한, 회의 종료 후 작성된 회의록을 공유하고 녹화된 영상을 통해 참석하지 못한 사용자에게 참고할 수 있도록 안내까지 하면 사용자들은 회의 참석을 위해 더 이상 일정 조율을 위해 많은 시간을 보내지 않아도 되고, 회의 참석을 위해 부랴부랴 회사로 다시 복귀하지 않아도

되는 편리함을 맛보게 되는 것이다. 보다 명확하게 정의된 목표 시나리오를 제시함으로써 사용자들은 처음 접하는 협업과 소통의 기능을 자연스럽게 활용해 볼 수 있는 기회를 가지게 되며, 각 개인 스스로 Microsoft Teams 활용을 통해 업무 환경이 어떻게 개선되는지 경험할 수 있게 된다.

## Section 04  다양한 채널을 활용한 커뮤니케이션

조직 구성원 모두가 새롭게 소개되는 Microsoft Teams 서비스 도입에 따른 주요 변경 사항의 중요성을 인지하고 함께 흥미를 가지고 참여하도록 서비스 배포 이전, 배포 진행 중, 그리고 배포 이후에도 다양한 채널을 통해 사용자와의 커뮤니케이션을 계획하는 것이 매우 중요하다. Microsoft Teams 서비스에 대한 사용자의 관심을 높이기 위한 방안으로 전자 메일이나 배너, 포스터 등을 통해 Microsoft Teams가 어떻게 사용자에게 유용한 서비스인지 가치를 인식할 수 있도록 공유하는 것도 좋은 방법이다. 또한, 공식적인 서비스 롤아웃 이전에 사용자들이 직접 보고 사용해 볼 수 있는 이벤트 등을 계획하여 자유로운 분위기에서 소통하며 Microsoft Teams를 소개하고 실습해 볼 수 있는 경험을 제공하는 것도 새로운 서비스에 대한 거부를 낮추는 데 도움이 된다. 조직 구성원이 세대별로 선호하는 커뮤니케이션 채널이 다양하기 때문에 가능한 다양한 커뮤니케이션 채널을 활용하는 것을 권장한다. 배포 이후에는 조직 내 Microsoft Teams 활용 사례 경영 대회 등을 진행하여 사용자 주도적으로 업무 적용 시나리오와 성과를 함께 공유하고, 선정된 팀에게는 포상과 함께 공식적인 인정을 받도록 하여 장기적으로 조직 내 사용자 채택을 높이고 다양한 아이디어를 새로이 발굴할 수 있는 기회로 활용할 수 있다.

교육은 사용자들로 하여금 새로운 기술을 받아들이고 사용하도록 하는 데 있어 가장 기본적인 방법이다. 하지만, 서비스를 조직에 소개하는 단계에서 진행하는 단 한 번의 교육으로 사용자들이 서비스를 채택하고 소통하고 일하는 방식을 Microsoft Teams로 전환할 거라는 기대는 버려야 한다.

교육을 준비할 때 다음의 사항을 고려하면 도움이 된다.

- 단계적 교육 프로그램을 마련한다.

너무 많은 정보를 한 번에 알려주면 사용자는 오히려 너무 많은 정보에 압도되어 시작도 하기 전에 거부하게 된다. 단계적으로 처음 사용자에게 다가갈 때는 Microsoft Teams를 도입하게 된 이유와 현재 가지고 있는 비즈니스 이슈가 어떻게 해결되고 그로 인해 사용자가 얻게 되는 이점은 무엇인지 사용자들이 Microsoft Teams에 대한 호기심과 각 사용자들의 업무 생산성 향상에 많은 도움이 될 수 있다는 공감할 수 있는 콘텐츠를 포함하는 것이 좋다. 또한, 기능적인 측면에서는 가장 기본적인 기능을 시작으로 단계적으로 확장해 나가 사용자들이 익숙해지고 적응해 나갈 수 있는 시간을 고려하여 교육을 계획하는 것이 보다 효과적이다.

- 기술 중심이 아닌 시나리오 및 솔루션 중심으로 교육한다.

일반 사용자의 경우 새로운 기술에 대하여 교육을 받더라도 학습한 기술을 업무와 연계하여 솔루션으로 적용하는 데 많은 어려움을 느낀다. 업무에 대한 전문성을 가지고 있어 업무의 효율성이 떨어지는 부분이 무엇이고 개선이 필요하다는 것을 알고 있지만, 제공된 서비스를 활용해 어떻게(HOW) 기술을 적용하여 이러한 비즈니스 과제를 해결할지 디자인하는 것은 그들에게 더 큰 문제로 여겨지는 경우가 일반적이다. 기술적으로 스스로 비전문가라 생각하기 때문에 자신이 생각하는 것이 맞는 방법인지, 제대로 이해하고 사용하고 있는지에 대한 확신이 없어 시도해 보지도 못하고 예전의 방식에 머물러 있게 된다. 따라서, 교육은 Microsoft Teams의 기능만을 설명하는 시간이 아니라 기능을 활용하여 실제 업무 적용 가능한 다양한 시나리오와 솔루션을 중심으로 교육해 업무 비즈니스 시나리오와 기술을 연결할 수 있도록 하는 것이 보다 효과적이다.

## Section 06 모니터링

새로운 서비스의 사용자 채택은 하루아침에 이루어지지 않는다. 특히, Microsoft Teams는 사용자의 행동 변화가 요구되어지는 서비스로 사용자가 Microsoft Teams를 채택하여 업무에 활용하기까지는 많은 시간이 걸린다. 또한, Microsoft Teams는 플랫폼으로 다양한 서비스를 각 팀의 요구 사항에 맞게 통합하고 확장하여 사용할 수 있는 서비스이기 때문에 지속적인 모니터링 및 사용자 지원이 필요하다. 많은 검토를 통해 조직에 도입된 애플리케이션이 효과적으로 사용되고 있지 않는 경우가 종종 있다. 이러한 상황이 발생하는 데는 이유가 있기 때문에 조직의 목표에 맞게 Microsoft Teams가 성공적으로 정착할 수 있도록 하기 위해서는 조직 내 Microsoft Teams 사용 현황에 대한 지속적인 모니터링과 함께 이슈 발생 시 이슈 사항을 파악하고 이를 해결할 수 있어야 한다.

Microsoft Teams에서는 조직 내 서비스 사용 현황을 확인할 수 있는 다양한 보고서 기능을 제공하고 있다.

### 1 Microsoft Teams 사용 보고서

Microsoft Teams 사용 보고서는 지난 7일, 30일 또는 90일 동안의 조직 내 Teams에 대한 사용 현황을 보여준다. 조직 전체 및 Teams 내 운영 중인 팀별 사용자 수, 게스트 수, 활성 채널 수 및 각종 메시지 사용 정보 등 지정된 기간 동안의 세부 사용 현황에 대하여 표시하여 준다.

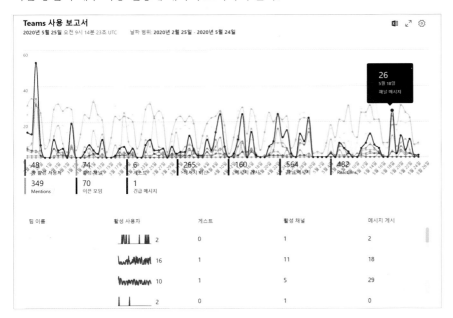

### 2 Microsoft Teams 디바이스 사용 보고서

사용자가 Microsoft Teams를 사용함에 있어 활용하고 있는 장치(Windows, Mac, Linux, iOS 및 Android)에 대한 정보를 제공한다. 장치 사용 보고서를 통해 얼마나 많은 사용자가 모바일 장치를 사용하고 있는지를 파악하여 교육이나 이벤트와 연계하여 좀 더 활성화할 수 있는 방안을 마련할 수 있다.

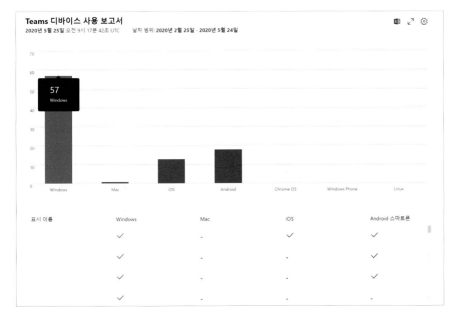

### 3 Microsoft Teams 사용자 활동 보고서

사용자가 Microsoft Teams를 활용하고 있는 통계를 확인하여 Microsoft Teams에서 기능별로 얼마나 활용되고 있는지 확인이 가능하다. 예를 들면, Microsoft Teams 게시물 수가 적다면 Microsoft Teams 기반의 팀 협업이 제대로 활성화되지 않고 있는 것으로 해석할 수 있어 각 팀의 업무 중심의 협업 및 소통 활성화를 위한 방안을 마련하여 사용자에게 제공할 수 있다.

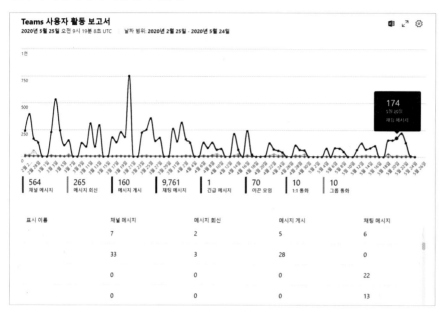

이외에도 PSTN 관련 각종 보고서와 라이브 이벤트 사용 현황 보고서를 제공하고 있어 Microsoft Teams에서 제공하는 각 기능별 사용 현황을 바탕으로 프로젝트에서 정의한 목적을 성공적으로 달성하기 위해 필요한 다음 작업 항목들을 계획하거나 목적 달성에 대한 근거 자료로도 활용이 가능하다.

## Section 07 지속적인 사용자 지원

사용자 지원을 위해 Teams에서 Help Desk 팀을 개설하여 운영하는 것도 좋은 아이디어이다. Microsoft Teams 를 경험할 수 있도록 사용자를 유도함과 동시에 각종 매뉴얼과 영상 자료, 활용 Tips and Tricks, FAQ, Microsoft Teams 교육 사이트 등 다양한 정보를 공유하여 모든 직원이 언제나 참고할 수 있도록 한다. 또한, [게시물] 탭을 통해 사용자 이슈 및 질의 사항을 지원하여 이슈 사항들을 빠르게 해결하고 사용자들의 피드백과 소통을 유지하는 것은 사용자가 모든 것을 스스로 알아서 해야 하는 것이 아니라 필요한 정보 또는 이슈 사항에 지원받고 있다고 인지함으로써 서비스를 받아들이고 확산하는 데 도움이 된다.

| | 계획 단계 | | | | | 실행 단계 |
|---|---|---|---|---|---|---|
| | Week 1 | Week 2 | Week 3 | Week 4 | Week 5 | Week 6 |
| 중요 이벤트 | | | | | | 런칭 일자 |
| 프로젝트 관리 | 프로젝트 계획 마무리 | | | | | 경영진 런칭 활용 |
| 비전/비즈니스 가치 | 비전 및 비즈니스 시나리오 개발 | 성공 기준 정의 | 활용 시나리오 매핑 및 채택 계획 수립 | 활용 시나리오 준비 및 임원 훈련 | 활용 시나리오 런칭 | 성공 기준 정의 |
| 기술 지원 | Office 365 기술 배포 준비 | PoC 배포 | 챔피언 중간 런칭 | | Office 365 배포 | 챔피언 중간 런칭 |
| 소통/교육 | 소통 정의 및 필요 교육 정리 | 소통 및 교육 계획 개발 | 티저 소통 시작 | 사전 워크샵, 지원 그룹 생성 | 런칭 알림 및 교육 | 티저 소통 시작 |
| 챔피언 | 챔피언 선정 | 챔피언 커뮤니티 생성 | 런칭 활동 마무리 | 진행 중인 활동 결정 | 런칭 활동 | 런칭 활동 마무리 |
| 거버넌스 | 거버넌스 토론 및 임원의 지원 확인 | 사용 정책 개발 | 사용 정책 마무리 | | 정책 및 리소스 공유 | 사용 정책 마무리 |

| | 실행 단계 | | | | | |
|---|---|---|---|---|---|---|
| | Week 7 | Week 8 | Week 9 | Week 10 | Week 11 | Week 12 |
| 중요 이벤트 | | | | | | |
| 프로젝트 관리 | | | | | | 최종 사용자 설문조사 결과 |
| 비전/비즈니스 가치 | 참여 활동/성공 평가 | 참여 활동/성공 평가 | 참여 활동/성공 평가 | 참여 활동/성공 평가 | 참여 활동/성공 평가 | 참여 활동/성공 평가 |
| 기술 지원 | | | | | | |
| 소통/교육 | | 이메일을 통한 지속적인 인식 향상 캠페인 | | 이메일을 통한 지속적인 인식 향상 캠페인 | | 최종 사용자 설문 |
| 챔피언 | | | 신규 챔피언 선정 및 교육 | | | |
| 거버넌스 | | | | | | |

Microsoft Teams를 조직 내 활성화하고 구성원들이 이를 성공적으로 채택하여 일하는 방식에 변화가 일어나기까지는 생각보다 오랜 시간이 소요될 것이다. 또한, 제시된 전략과 아이디어를 모두 실행하거나 조직에서 각 역할에 맞는 적임자들을 찾는 것도 쉽지 않을 수 있다. 하지만, 조직 내 이미 뿌리 깊게 고착되어 있는 기존 소통과 일하는 방식을 새로운 방식으로 전환함에 있어 조직의 구성원들과 소통하지 못하고 그들 스스로 Microsoft Teams 도입에 따른 긍정적 효과에 공감하지 못한다면 조직 내 확산에 대한 성공 확률은 매우 낮아질 것이다. 성공적인 사용자 채택을 위해서는 사용자 중심의 보다 전략적인 계획과 지속적인 소통 및 지원을 필요로 한다.

# MODULE 03 Microsoft Teams 라이선스

Microsoft Teams를 활용하여 팀 작업을 시작하려면 Microsoft Teams 라이선스가 필요하다. Microsoft Teams 라이선스에는 무료 버전과 유료 버전을 이용할 수 있는데, Microsoft Teams 무료 버전을 사용하는 경우에는 현재 사용하는 계정으로 가입이 가능하고 Microsoft Teams 유료 버전은 Microsoft 365 계정(회사 도메인)으로 가입해야 한다. 기능상의 차이는 Microsoft 무료 버전에는 기본 기능만 지원하지만, 유료 버전에는 기본 기능 외에 고급 기능을 더 활용할 수 있다. 자세한 사항은 다음에 설명하는 무료 버전과 유료 버전의 차이점을 참고하면 된다.

## Section 01 Microsoft Teams 라이선스 (Office 365/무료/Microsoft Teams Exploratory)

Microsoft Teams 라이선스 종류는 Microsoft Teams가 포함된 Microsoft 365 유료 라이선스, 무료 버전, Microsoft Teams 라이선스가 없는 Microsoft 365 라이선스로 구분할 수 있다.

– Microsoft 365를 사용하지 않는 사용자는 Microsoft Teams 무료 버전을 사용하다 Microsoft Teams가 포함된 Microsoft 365로 업그레이드해서 활용하면 된다.

– Microsoft Teams가 포함되지 않는 Microsoft 365를 활용하는 경우 Microsoft Teams Exploratory 라이선스를 활용하면 된다.

Microsoft Teams 라이선스 선택 시 조직의 환경과 업무 시 필요한 기능들을 고려해 Microsoft Teams 라이선스를 선택한다.

## 1 Microsoft Teams 유료 라이선스

Microsoft Teams 유료 라이선스를 구매하려면 Microsoft 365 서비스에 Microsoft Teams가 포함된 라이선스를 구매해야 한다. 또는 Microsoft Teams 무료 버전을 등록한 후 업그레이드로 전환하면 Microsoft Teams를 유료 라이선스로 사용할 수 있다.

Microsoft 365 라이선스 중 중소기업인 경우 Microsoft Teams가 포함된 플랜은 Microsoft 365 Business Standard, Microsoft 365 Business Basic이 있고, 대기업인 경우 Microsoft Teams가 포함된 플랜은 Microsoft 365 E3, Microsoft 365 E5, Microsoft 365 F3이 있다.

> 2020년 4월22일 이후로 비즈니스 플랜은 Office 365 Business Premium이 Microsoft 365 Business Standard로, Office 365 Business Essentials이 Microsoft 365 Business Basic로 변경되었다. 엔터프라이즈 플랜은 Office365 Enterprise E3가 Microsoft 365 E3로, Office365 Enterprise E5가 Microsoft 365 E5로 명칭이 변경되었다.

### 2  Microsoft Teams 무료 버전

Microsoft Teams 무료 버전은 개인 계정이나 조직 계정을 사용해 가입할 수 있다. Microsoft Teams 무료 버전은 기간은 정해져 있지 않고, 기능에만 제약이 있다.

다음 링크를 클릭해서 [Teams에 무료로 등록하기]를 클릭하여 가입한다.

https://products.office.com/ko-kr/microsoft-teams/work-remotely

Microsoft Teams 무료 버전과 유료 버전과의 기능상의 차이는 다음 내용을 참고하면 된다.

| 기능 | Teams(무료) | Teams(유료) |
|---|---|---|
| 최대 구성원 | 조직당 50만 | 엔터프라이즈 라이선스를 사용하여 잠재적으로 무제한 |
| 파일 저장소 | 2 GB/사용자 및 10GB의 공유 저장소 | 1 TB/사용자 |
| 게스트 액세스 | ✓ | ✓ |
| 1:1 및 그룹 온라인 음성 및 영상 통화 | ✓ | ✓ |
| 채널 모임 | ✓ | ✓ |
| 화면 공유 | ✓ | ✓ |
| 예약된 모임 | | ✓ |
| 모임 녹화 | | ✓ (Microsoft Stream으로 이용 가능) |
| 전화 통화 및 오디오 회의 | | ✓ |

| 관리 | Teams(무료) | Teams(유료) |
|---|---|---|
| 사용자 및 앱 관리를 위한 관리 도구 | | ✓ |
| Office 365 서비스에 대한 사용 현황 보고 | | ✓ |
| 99.9% 재정적 지원을 받는 SLA 작동 시간 | | ✓ |
| 구성 가능한 사용자 설정 및 정책 | | ✓ |

Microsoft Teams Exploratory 라이선스 (1년 평가판)

Microsoft Teams Exploratory 라이선스는 조직에 속한 Microsoft Teams 라이선스가 없는 기존의 Microsoft 365 사용자에게 제품의 1년 평가판을 시작할 수 있는 권한을 제공한다. 사용자에게 관리되는 AAD 도메인 전자 메일 주소가 있고, 현재 Microsoft Teams 라이선스가 할당되지 않은 경우 Microsoft Teams 상용 클라우드 평가판을 사용할 수 있다. 예를 들어, 사용자에게 Office 365 Business(Teams가 포함되지 않음)가 있는 경우 Microsoft Teams 상용 클라우드 평가판을 사용할 수 있다.

Microsoft Teams Exploratory 평가판 관리에 대해서는 다음에 설명하는 [Section 02]의 [② Microsoft Teams Exploratory 라이선스 관리]를 참고하면 된다.

TIP

2020년 1월 Microsoft Teams 상용 클라우드 평가판 명칭이 Microsoft Teams Exploratory 명칭으로 변경되었다.

---

## Section 02 Microsoft Teams 라이선스 부여

Microsoft Teams를 처음 사용하기 위해서는 Microsoft 365 관리자가 Microsoft 365 관리 센터에서 라이선스를 부여해야 한다. 라이선스를 부여하는 방법에 대해서 알아본다.

### ① Microsoft Teams 유료 라이선스 부여하기

**▌ 사용자를 추가하여 라이선스 부여하기 ▌**

01 Microsoft 365 유료 라이선스를 사용하는 경우 'https://admin.microsoft.com'에 접속한 후 관리자 계정 아이디를 입력하고 [다음]을 클릭한다.

**02** Microsoft365 관리자 계정 암호를 입력한 후 [로그인]을 클릭한다.

**03** '로그인 상태를 유지하시겠습니까?'라는 대화 상자가 나오면 [예]를 클릭한다.

04 Microsoft 365 관리 센터에 접속한다.

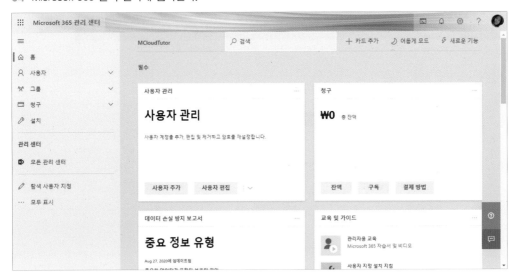

05 [사용자]-[활성 사용자]를 선택한 후, [활성 사용자] 화면에서 [사용자 추가]를 클릭한다.

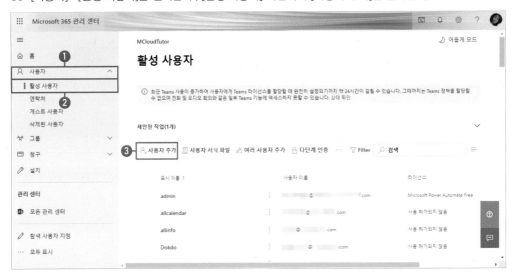

06 [사용자 추가]의 [기본 사항] 화면에서 사용자 기본 사항을 입력하고, [다음]을 클릭한다.

07 [제품 라이선스 할당] 화면에서 Microsoft 365 유료 라이선스를 할당하고 [다음]을 클릭한다.

08 [설정(선택 사항)] 화면이 나오면 [다음]을 클릭한다. 관리자 역할을 부여하려면 [역할]을 클릭해서 설정한다.

**09** [검토 후 완료] 화면이 나오면 [추가 완료]를 클릭한다.

**10** 사용자가 추가되면 [닫기]를 눌러 종료한다. 본 예제에서 사용자 이름이 '조봉인'이라서 '조 봉인 활성 사용자에 추가됨'
이라고 표시된다.

## ▎기존 사용자 라이선스 변경하기 ▎

**01** 기존에 라이선스를 부여한 사용자의 Teams 라이선스를 해제하거나 다시 부여할 수 있다. 활성 사용자 목록에서 사용자를 선택한 후 상단의 ⋯(기타 작업)을 클릭하고 [제품 라이선스 관리]를 선택한다.

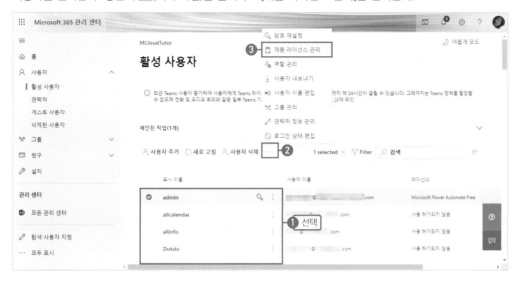

**02** [라이선스 및 앱]의 [앱] 목록에서 [Microsoft Teams]를 선택하거나 해제하면 된다. 설정이 완료되면 [변경 내용 저장]을 클릭한다.

Microsoft Teams 앱 설정에서 조직의 모든 사용자에 대해 Microsoft Teams를 켜려면 Microsoft 365 관리 센터에서 [설정]−[조직 설정]을 클릭한 후, [서비스]−[Microsoft Teams]를 선택하여 [모든 사용자에 대해 Microsoft Teams 켜기]가 선택되었는지 확인하면 된다. Microsoft 365 관리 센터에 [설정]이 화면이 보이지 않으면 ┈ 모두 표시 를 클릭한다.

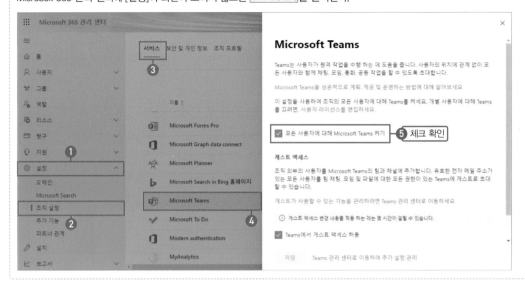

## 2 Microsoft Teams Exploratory 라이선스 관리

Microsoft Teams Exploratory를 사용하기 위한 Microsoft 365 라이선스는 다음과 같다.

| 중소기업 계획 | 엔터프라이즈 계획 | 교육 계획 | 개발자 계획 |
| --- | --- | --- | --- |
| Office 365 Business Essentials | Office 365 Enterprise E1 | Office 365 교육 | Office 365 개발자 |
| Office 365 Business Premium | Office 365 Enterprise E3 | Office 365 교육 플러스 | |
| 비즈니스용 Microsoft 365 | Office 365 Enterprise E4 (사용 중지) | Office 365 교육 E3 (사용 중지) | |
| | Office 365 Enterprise E5 | Office 365 교육 E5 | |
| | Office 365 Enterprise F1 | | |

사용자에게 AAD(Azure Active Directory) 도메인 전자 메일 주소가 있고, 현재 Microsoft Teams 라이선스가 할당되지 않은 경우 Microsoft Teams Exploratory 평가판을 사용할 수 있다. 예를 들어, 사용자에게 Microsoft 365 앱 라이선스(Microsoft Teams가 포함되지 않음)가 있는 경우 Microsoft Teams Exploratory 라이선스를 사용할 수 있다. 관리자는 Microsoft 365 관리 센터에서 사용자가 앱과 평가판을 사용할 수 있게 등록 설정을 해야 한다. Microsoft Teams Exploratory 라이선스에 대해서 자세히 살펴보려면 다음 링크를 참고한다.

https://docs.microsoft.com/ko-kr/microsoftteams/iw-trial-teams

Microsoft Teams를 웹 브라우저, 데스크톱, 모바일에서 사용 시 고려해야 할 제한 사항에 대해 살펴본다.

### 1 웹 브라우저 제한 사항

Microsoft Teams는 다음과 같은 인터넷 브라우저를 완벽하게 지원한다. 그러나, 여기에는 통화 및 오디오, 비디오 공유 관련 주목할 만한 예외 사항이 있다.

| 브라우저 | 통화 및 오디오 공유 | 모임 – 오디오, 비디오 및 공유 |
|---|---|---|
| Internet Explorer 11 | 지원되지 않는다. | • 회의는 PSTN(Public Switched Telephone Network) 좌표를 포함하는 경우에만 지원된다.<br>• PSTN 좌표 없이 Internet Explorer 11에서 회의에 참석하려면 사용자는 Microsoft Teams 데스크톱 클라이언트를 다운로드해야 한다.<br>• 동영상 : 지원되지 않는다.<br>• 공유 : 수신 공유만 가능하다. (송신 불가) |
| Microsoft Edge, RS2 이상 | 완전히 지원된다.<br>(송신 공유는 제외) | 완전히 지원된다. (송신 공유는 제외) |
| Microsoft Edge(Chromium 기반),<br>최신 버전 및 이전 버전 2개 | 완전히 지원된다. | 완전히 지원된다. |
| Google Chrome,<br>최신 버전 및 이전 버전 2개 | 완전히 지원된다. | • 완전히 지원된다.<br>• 크롬 버전 72 이상에서 플러그인 또는 확장이 없이도 공유를 사용할 수 있다. |
| Firefox,<br>최신 버전 및 이전 버전 2개 | 지원되지 않는다. | • 회의는 PSTN 좌표를 포함하는 경우에만 지원된다.<br>• PSTN 좌표 없이 Firefox에서 회의에 참석하려면 사용자는 Microsoft Teams 데스크톱 클라이언트를 다운로드해야 한다.<br>• 동영상 : 지원되지 않는다.<br>• 공유 : 수신 공유만 가능하다. (송신 불가) |
| Safari 11.1+ | 지원되지 않는다. | • 회의는 PSTN 좌표를 포함하는 경우에만 지원된다.<br>• PSTN 좌표 없이 Safari에서 회의에 참석하려면 사용자는 Microsoft Teams 데스크톱 클라이언트를 다운로드해야 한다.<br>• 동영상 : 지원되지 않는다.<br>• 공유 : 수신 공유만 가능하다. (송신 불가)<br>• Safari는 미리 보기에서 11.1 보다 높은 버전에서 사용할 수 있다. |

**TIP**

Microsoft Teams 미리 보기가 Safari에서 열리지 않는 문제점

Safari 11.0에서는 Intelligent Tracking Prevention을 사용하여 타사 추적 쿠키를 차단한다. Intelligent Tracking Prevention에서 쿠키를 분류하는 방식 때문에 'login.microsoftonline.com'이 이 분류에 포함되어(login.microsoftonline.com이 추적 도메인이 아닌 경우에도) Microsoft Teams가 열리지 않는다.

Safari 브라우저 지원이 미리 보기 상태인 동안 Safari에서 Teams를 사용하려면 [기본 설정] – [개인 정보]로 이동하여 [교차 사이트 추적 방지]를 취소한 다음 브라우저를 닫고 Safari에서 다시 'http://teams.microsoft.com'으로 이동한다.

## 2 데스크톱 제한 사항

Microsoft Teams 데스크톱 앱을 활용 시 Windows PC용 Teams, Mac용 Teams에 대한 하드웨어 고려 사항은 다음과 같다.

### ▌ Windows PC용 Teams의 하드웨어 요구 사항 ▌

| 구성 요소 | 요구 사항 |
|---|---|
| 컴퓨터 및 프로세서 | 최소 1.6GHz 이상(32비트 또는 64비트) |
| 메모리 | 2.0GB RAM |
| 하드 디스크 | 3.0GB의 사용 가능한 디스크 공간 |
| 디스플레이 | 화면 해상도 1024x768 |
| 그래픽 하드웨어 | 최소 128MB의 그래픽 메모리 |
| 운영체제 | • 32비트 및 64비트의 Windows Server 2012 R2+, Windows 10 또는 Windows 8.1<br>• 최상의 환경을 위해서는 최신 버전의 운영 체제를 사용해야 한다. |
| .NET 버전 | .NET 4.5 CLR 이상 필요 |
| 비디오 | USB 2.0 비디오 카메라, 표준 노트북 카메라 |
| 음성 | 마이크 및 스피커 |
| 화상 통화 및 모임 | • 화상 통화 및 온라인 모임에서 더 나은 환경을 위해서는 2.0GHz 프로세서 및 4.0GB RAM 이상의 컴퓨터를 사용하는 것이 좋다.<br>• 배경 흐림 비디오 효과 옵션을 사용하려면 AVX2(고급 벡터 확장 2)를 지원하는 프로세서가 필요하다.<br>• 지원되지 않는 디코더 및 인코더 목록은 하드웨어 디코더 및 인코더 드라이버 권장 사항을 참조한다.<br>• Microsoft Teams 대화방에서 주변 검색을 사용하여 모임에 참가하려면 클라이언트 장치에서 Bluetooth의 활성화가 요구되는 Bluetooth LE가 필요하고, Windows 클라이언트의 경우 64비트 Teams 클라이언트가 필요하다(32비트 Teams 클라이언트에서는 사용할 수 없다.). |
| Microsoft Teams 라이브 이벤트 | • Microsoft Teams 라이브 이벤트를 생성하는 경우 Core i5 Kaby Lake 프로세서, 4.0GB RAM 이상 및 하드웨어 인코더가 있는 컴퓨터를 사용하는 것이 좋다.<br>• 지원되지 않는 디코더 및 인코더 목록은 하드웨어 디코더 및 인코더 드라이버 권장 사항을 참조한다. |

### ▌ Mac용 Teams의 하드웨어 요구 사항 ▌

| 구성 요소 | 요구 사항 |
|---|---|
| 프로세서 | 최소 인텔 프로세서, 코어 2 듀오 이상 |
| 메모리 | 2.0GB RAM |
| 하드 디스크 | 1.5GB의 사용 가능한 디스크 공간 |
| 디스플레이 | 모니터 해상도 1280x800 이상 |
| 운영체제 | Mac OS X 10.11 El Capitan 이상 |
| 비디오 | 호환되는 웹캠 |
| 음성 | 호환되는 마이크 및 스피커, 마이크가 장착된 헤드셋 또는 동급 장치 |

| 화상 통화 및 모임 | • 화상 통화 및 온라인 모임에서 더 나은 환경을 위해서는 2.0GHz 프로세서 및 4.0GB RAM 이상의 컴퓨터를 사용하는 것이 좋다. |
| --- | --- |
| | • 배경 흐림 비디오 효과 옵션을 사용하려면 AVX2(고급 벡터 확장 2)를 지원하는 프로세서가 필요하며, 2013 Late 이후 대부분의 Mac 장치에서 지원된다. 지원되지 않는 디코더 및 인코더 목록은 하드웨어 디코더 및 인코더 드라이버 권장 사항을 참조한다. |
| | • Mac OS에서는 Microsoft Teams 대화방에서 주변 검색을 사용하여 모임에 참가할 수 없다. |

**TIP**

기타 다른 하드웨어 사항은 다음 링크를 참조한다.

https://docs.microsoft.com/ko-kr/microsoftteams/hardware-requirements-for-the-teams-app

## 3 모바일 제한 사항

Microsoft Teams 모바일 앱은 다음과 같은 모바일 플랫폼에서 사용할 수 있다.

### ▎ Android용 Teams의 하드웨어 요구 사항 ▎

- Android 휴대폰 및 태블릿과 호환된다.
- 최근 네 개의 주 버전 Android로 지원이 제한된다.
- 신규 주 버전의 Android가 배포될 때 새 버전과 이전 세 가지 버전이 공식적으로 지원된다.

### ▎ iOS용 Teams의 하드웨어 요구 사항 ▎

- iPhone, iPad 및 iPod touch와 호환된다.
- 최근 두 개의 주 버전 iOS로 지원이 제한된다.
- 신규 주 버전의 iOS가 배포될 때 iOS 새 버전과 이전 버전이 공식적으로 지원된다.

최신 버전의 iOS 및 Android를 사용하는 경우 Microsoft Teams에서 최상의 환경을 활용할 수 있다.

[Module 03]에서는 Microsoft Teams의 라이선스 종류, 무료 버전과 유료 라이선스의 기능상 차이점, 그리고 Microsoft Teams 유료 라이선스를 부여하는 방법과 웹 앱, 데스크톱 앱, 모바일 앱 사용 시 고려해야 할 사항들에 대해 알아보았다.

# MODULE 04

# Microsoft Teams 시작하기

'Microsoft Teams 시작하기'를 통해 Teams를 사용할 수 있는 데스크톱 앱, 웹 앱, 모바일 앱에서 Teams에 로그인하는 방법 및 사용자 인터페이스 설정 환경을 이해하고 사용할 수 있다. 언제 어디서나 나의 환경에 맞게 데스크톱, 웹 브라우저, 모바일 환경에서 Windows, Mac, iOS, Android 장치를 사용하여 Teams에 연결할 수 있다.

## Section 01 Microsoft Teams 앱 다운로드 및 설치

### 1 데스크톱에서의 다운로드

다음 URL로 접속하여 [데스크톱용 다운로드] 또는 [모바일용 다운로드]를 선택하여 설치한다.

https://products.office.com/ko-kr/microsoft-teams/download-app

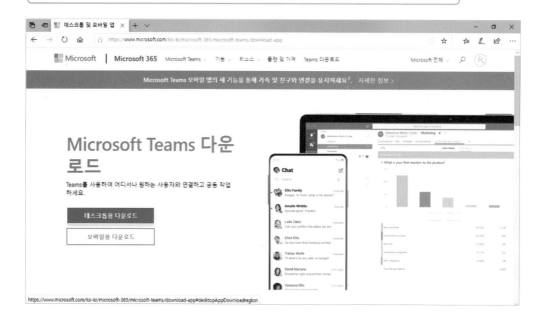

2 모바일에서의 다운로드

앱 스토어 또는 플레이 스토어에서 'Microsoft Teams'를 검색하여 다운로드해 설치한다.

▲ 앱 스토어

▲ 플레이 스토어

## Section 02  Teams 데스크톱 앱 로그인

01  Windows에서 [시작(⊞)] – [Microsoft Teams]를 선택한다.

**02** [로그인 주소] 부분에 Office 365 계정(이메일)을 입력한 후 [로그인]을 클릭한다. 암호를 입력한 후 [로그인]을 클릭한다.

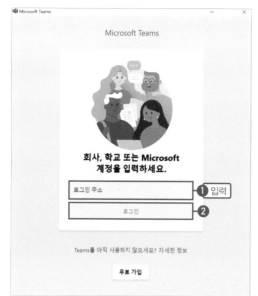

**03** 처음으로 로그인한 경우에는 왼쪽과 같이 [암호 업데이트] 요청 화면으로 연결되고, 기존에 로그인한 경우에는 오른쪽과 같이 바로 로그인된다.

> **TIP**
>
> 팀의 권한(소유자, 구성원, 게스트)에 따라 메뉴와 기능이 달라지기 때문에 Teams에서 보여지는 화면도 달라진다. [Module 05 | 팀 기반의 협업]에서 자세한 내용을 확인할 수 있다.

**Section 03  Teams 데스크톱 앱 인터페이스**

Teams 데스크톱 앱의 인터페이스를 간략히 살펴본다. 세부적으로 사용하는 내용은 뒤의 모듈에서 다루게 된다. 여기서는 기능을 전체적으로 설명한다.

### ① Teams 데스크톱 앱의 화면 구성

❶ **탐색 메뉴** : 활동, 채팅, 팀, 모임, 통화, 파일 메뉴의 이동

❷ **더 많은 추가 앱** : 추가된 개인 앱 및 개인 앱 관리

❸ **앱** : 스토어에서 Teams에 추가 가능한 앱 검색

❹ **왼쪽 탐색 메뉴의 선택 사항에 따라 표시되는 내용이 다름(현재 [팀]이 선택되어 있는 상태)**

   ⓐ **내 팀** : 내가 소속되어 있는 팀 목록 및 팀 정렬

   ⓑ **채널** : 업무 구분에 따라 팀 내 채널 구성, 채널별 대화, 파일 기타 정보 확인

   ⓒ **기타 옵션** : 팀 관리, 팀 구성원 관리, 채널 생성 및 팀 링크 가져오기

   ⓓ **참가 또는 팀 만들기** : 공개 그룹 검색 및 가입 또는 새로운 팀 생성

❺ **명령 상자(Command Box)** : 키워드 및 사람 검색, 명령어 및 앱 실행

❻ **사용자 프로필** : Teams 앱 설정 및 업데이트, 모바일 앱 다운로드

❼ **파일 추가** : 팀의 구성원과 파일 공유 및 협업

❽ **메시지 회신** : 대화 회신

❾ **새 대화** : 클릭하면 메시지 작성을 위한 대화 상자 표시 → 메시지 입력, 파일, 이모지, 스티커 추가

## ┃ 활동 ┃

• [활동]에서는 피드(Feed) 및 내 활동에 대한 알림을 받을 수 있다.

[활동]을 통해 보여지는 Feed는 14일 동안 보여지며, 이후에는 활동 목록에서 사라지게 된다.

• ▽(필터)를 클릭한 후 [필터링 유형]에서 ⋯(추가 옵션)을 클릭하면 필터링을 통해 필요한 부분에 대한 알림을 확인할 수 있다.

## ┃ 채팅 ┃

• 채팅에서는 풍부한 기능을 사용하여 지속적인 대화와 메시지를 통해 팀 구성원과 손쉽게 소통할 수 있다.

• [채팅]은 [채팅], [파일], [조직], [활동] 탭으로 구성되어 있으며, ┼(탭 추가)를 통해 필요한 앱을 추가할 수 있다. 채팅 외에도 화상(◉), 음성(◉), 공유(◉), 사용자 추가(◉), 채팅 열기(◉)가 가능하다.

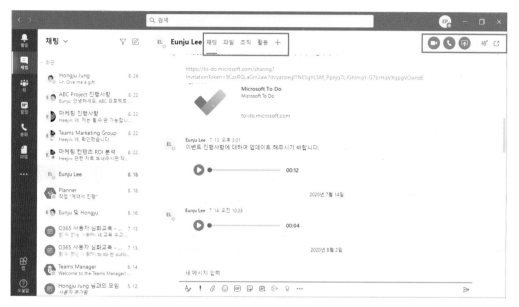

• 새로운 채팅을 위해서는 ◉(새 채팅)을 이용하면 된다. 새로운 채팅 화면이 다음과 같이 나타나면 새로운 채팅 대상의 이름을 입력한다.

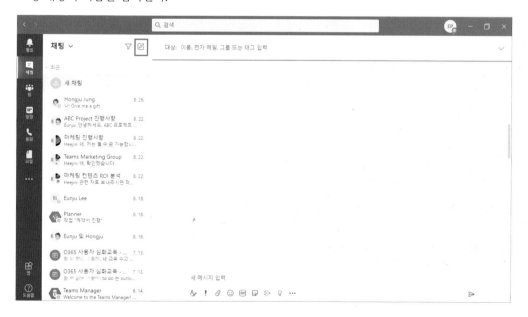

## ▌ 팀 ▐

- [팀]은 기본적으로 [게시물], [파일], [Wiki] 탭 및 ⊞(탭 추가)로 구성된다.
- 내가 속해져 있는 팀 목록이 나타나며, [참가 또는 팀 만들기]를 통해서 새로운 팀에 참가가 가능하다.

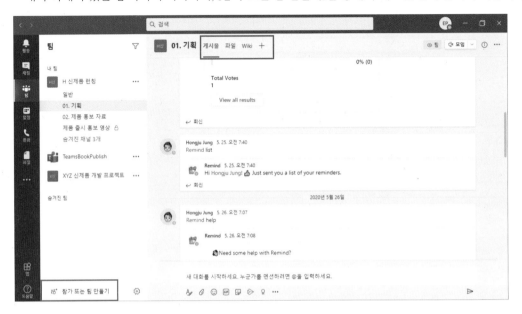

## ▌ 일정 ▐

- 1주일 단위로 일정이 보여진다.
- [지금 모임 시작], [새 모임]을 통해서 즉각적으로 모임을 시작하거나 예약할 수 있다.

> **TIP**
>
> 왼쪽 탐색 메뉴의 [일정]은 Exchange Online 라이선스가 있어야 보인다.

## 통화

- 음성, 화상 통화를 진행할 수 있으며, 자주 통화가 필요한 경우 [단축 다이얼 추가] 및 [새 그룹] 추가를 통해 생성 가능하다.
- [통화]에서는 Teams를 통해서 전화를 걸 수 있으며, 음성 메일로 활용이 가능하다. 상대방이 Teams를 사용하지 않더라도 Teams에서 전화를 걸 수 있다.

## 파일

- 최근 30일 동안의 문서가 표시된다.
- 문서 옆의 [...](기타 옵션)을 클릭하면 문서를 [Teams에서 편집], [브라우저에서 열기], [데스크톱 앱에서 열기], [다운로드], [링크 가져오기]를 제공한다.
- [클라우드 저장소 추가]를 통해서 다른 클라우드 저장소를 추가할 수 있다.

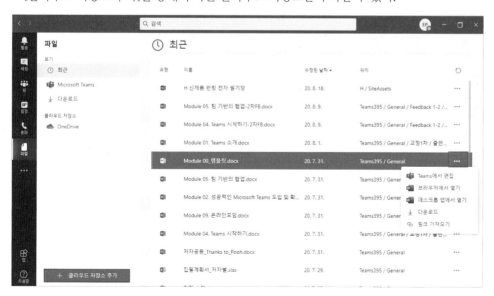

### 3 검색

키워드 및 내용에 대한 검색이 필요할 때 상단 중간 검색 바를 이용하면 된다.

– 명령 상자에서 '/'를 입력하면 바로 가기 메뉴를 사용할 수 있다.

– @ 멘션 기능을 사용하면 사용자에게 다이렉트 메시지 및 앱으로 바로 가기가 가능하다.

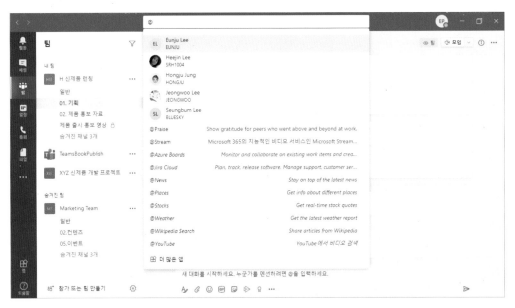

Teams 데스크톱 앱에서 오른쪽 상단에 표시된 본인의 사진 또는 표시 이름을 클릭하면 메뉴가 나타난다. [사진 변경]뿐 아니라 본인의 [상태 표시], [상태 메시지 설정], [저장됨], [설정] 부분, 그리고 데스크톱 앱에 대한 화면 [확대/축소], [바로 가기 키], [정보], [업데이트 확인], [모바일 앱 다운로드], [로그아웃] 등으로 구성되어 있다.

## 사진 변경

• [사진 변경] 설정에서는 본인의 사진을 변경 및 삭제가 가능하다.
• 사진을 업로드하면 모든 Office 365 앱에 대해 업데이트된다.

## ▌상태 표시 ▌

상태 표시 설정에서는 [대화 가능], [다른 용무 중], [방해 금지], [곧 돌아오겠음], [자리 비움으로 표시], [상태 재설정] 상태 표시를 제공한다.

❶ 대화 가능 : 현재 미팅이나 콜을 진행하지 않고 사용자가 로그인 상태에서 작업 중

❷ 다른 용무 중 : Teams 통화 중일 경우, 모임에 참석 중일 경우, 컨퍼런스 중일 경우, 약속이 있는 경우(아웃룩 일정 기반)

❸ 방해 금지 : 로그인된 상태이나 사용자가 직접 방해 금지로 설정한 경우

❹ 곧 돌아 오겠음 : 사용자가 로그인되어 있지 않은 상태

❺ 자리 비움으로 표시 : 15분 동안 어떠한 사용자 작업도 없을 때, 아웃룩 캘린더에서 사용자가 부재 중으로 인지될 때, 또는 사용자가 직접 자리 비움 상태로 설정한 경우

**TIP**

Teams 현재 상태 참고 사항(사용자가 구성하는 부분과 앱이 구성하는 부분의 차이)

| 사용자가 구성함 | 앱이 구성함 | 사용자가 구성함 | 앱이 구성함 |
|---|---|---|---|
| 🟢 대화 가능 | 🟢 대화 가능 | 🌙 자리 비움 | 🌙 자리 비움 |
|  | 🟢 대화 가능, 부재 중 |  | 🌙 자리 비움 마지막 접속 시간 |
| 🔴 다른 용무 중 | 🔴 다른 용무 중 | 🌙 곧 오겠음 |  |
|  | 🔴 통화 중 |  | 🌙 퇴근 |
|  | 🔴 회의 중 |  | ⊗ 오프라인 |
|  | ◯ 통화 중, 부재 중 |  | ◯ 상태 알 수 없음 |
| 🔴 방해 금지 |  |  | ⊘ 차단됨 |
|  | ⊖ 프레젠테이션 중 |  | ⊕ 부재 중 |
|  | 🔴 집중하는 중 |  |  |

## 상태 메시지 설정

- [사람들이 나에게 메시지를 보낼 때 표시]를 체크하면 다른 사람이 나에게 메시지를 보내거나 나를 @멘션할 때 나의 상태 메시지가 메시지 작성 상자(대화 상자) 위에 표시된다.
- 상태 메시지는 [다음 시간이 지나면 상태 메시지 지우기] 옵션을 통해서 [안 함], [1시간], [4시간], [오늘], [이번 주], [사용자 지정]으로 설정이 가능하다.

@멘션 기능을 사용하면 입력한 상태 메시지를 상대방에게 알림으로 알려줄 수 있어서 유용하다.

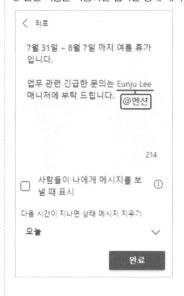

채팅 목록에 히스토리가 기록된다.

상대방 채팅 메시지 창에 알림 메시지와 함께 대화 상자 위에도 상태 메시지와 @멘션 이름이 표시된다.

## ▌ 저장됨 ▌

게시물 중에서 꼭 기억해야 하는 부분이 있다면 게시물의 ⋯(기타 옵션)을 클릭한 후 [이 메시지 저장]을 선택하면 된다.

01  저장하려는 게시물을 선택한다. Teams를 처음 사용 또는 시작하는 경우에는 게시물이 없어 실습이 힘들 수도 있다. 지금은 이런 기능이 있다는 것만 알고, [Module 08 ¦ Microsoft Teams로 소통하기]에서 게시물을 작성하는 방법을 습득한 후 실습해보도록 한다.

02  오른쪽 끝에 위치한 ⋯(기타 옵션)을 클릭한 후 [이 메시지 저장]을 선택한다.

**03** 사용자 프로필 부분에 '저장됨'이 표시된다. [저장됨]을 클릭한다.

**04** 선택한 메시지가 저장되었음을 확인한다.

대화 내용 및 메시지 부분에서 꼭 기억해야 하는 게시물이 있다면 [이 메시지 저장], [저장됨]을 이용해 보자.

## ▎ 설정 ▎

[설정]은 [일반], [개인정보취급방침], [알림], [장치], [사용 권한], [통화] 메뉴로 구성된다.

**❶ 일반**

- [테마]에서는 [기본값], [어둡게], [고대비] 테마를 사용할 수 있다.
- [응용 프로그램]에서는 [응용 프로그램 자동 시작], [백그라운드에서 응용 프로그램 열기], [닫을 시 응용 프로그램을 계속 실행], [GPU 하드웨어 가속 사용 안 함(Teams를 다시 시작해야 함)], [Office용 채팅 앱으로 Teams 등록(Office 용용 프로그램을 다시 시작해야 함)], [새 모임 환경을 설정(새 모임 및 통화가 별도의 창에서 열립니다. Teams를 다시 시작해야 합니다.)], [모임 진단에 대한 로깅 사용(Teams를 다시 시작해야 함)] 옵션을 제공한다.
- [언어]에서는 앱 언어 및 키보드 언어 옵션 두 가지를 제공한다.

**❷ 개인정보취급방침**

[읽음 확인] 기능이 비활성화되어 있으면 상대방이 [읽음 확인]을 요청해도 확인되지 않으므로, [읽음 확인] 기능을 사용하려면 반드시 [읽음 확인] 기능이 활성화되어야 한다.

### ❸ 알림

멘션, 메시지, 기타 등 알림에 대한 설정 옵션을 변경할 수 있다.

### ❹ 장치

모임 화상을 통해서 사용 시 스피커 및 마이크, 보조 신호음 장치, 카메라 등에 대한 옵션을 조정할 수 있다.

> **TIP**
>
> 화상 사용 시 또는 마이크 음성에 대한 오류 발생 시 [설정]의 [장치] 메뉴에서 옵션을 체크해 보면 좋다.

**❺ 사용 권한**

탭으로 추가한 앱이 장치에 액세스할 수 있도록 설정할 수 있다.

**❻ 통화**

수신 전화를 처리하는 방법 및 벨소리 부분에 대한 옵션을 변경할 수 있다.

웹 브라우저를 통해서도 Teams를 액세스할 수 있으며, Teams 데스크톱 앱과 동일하게 사용된다. 최신 버전의 브라우저(Microsoft Edge, Google Chrome)는 기능을 동일하게 지원하지만, 일부 브라우저는 기능을 제한적으로 지원한다.

## 1 웹 브라우저에서의 Teams 로그인

**01** 웹 브라우저를 실행한 후 'https://teams.microsoft.com' 또는 'https://office.com'으로 접속한다.

**02** Office 계정을 입력한 후 [다음]을 클릭하고, 암호를 입력한 후 [로그인]을 클릭한다.

**03** [웹 응용 프로그램을 대신 사용합니다.]를 클릭한다.

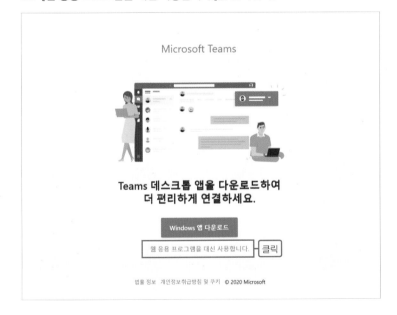

| 활동 |

데스크톱 앱 버전과 동일하게 피드 및 내 활동에 대한 알림이 표시되며, 필터링을 통한 옵션도 제공된다. [피드]의 항목을 클릭하면 해당 채널의 내용을 표시한다.

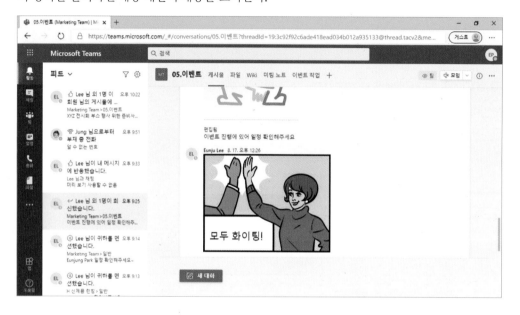

| 채팅 |

- 최근 대화 내역이 표시되며 [채팅], [파일], [조직], [활동] 탭 및 +(탭 추가)로 구성된다.
- [채팅]에서 화상, 음성 통화가 가능하며, 사용자를 추가하여 단체 채팅도 가능하다.

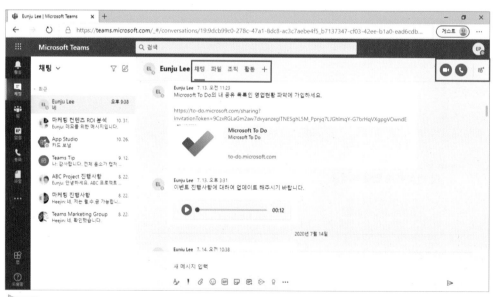

TIP

앱 버전과 달리 아직까지는 [공유] 기능과 [채팅 열기] 기능을 지원하지 않고 있다.

## | 팀 |

- [팀]은 기본적으로 다음과 같이 [게시물], [파일], [Wiki] 탭 및 ⊞(탭 추가)로 구성된다.

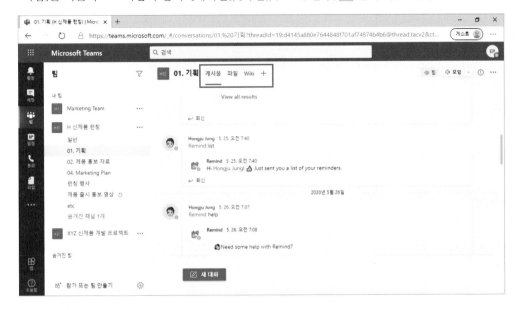

- 내가 속해져 있는 팀 목록이 나타나며, [참가 또는 팀 만들기]를 통해서 새로운 팀에 참가가 가능하다.
- 비공개 채널에서는 다음과 같이 [게시물], [파일] 탭 및 ⊞(탭 추가)로 구성된다. 공개와 비공개 채널의 차이는 [Module 05 | 팀 기반의 협업]의 '채널 추가'에서 확인할 수 있다.

## ▌일정 ▌

- 1주일 단위로 일정이 보여진다.
- [지금 모임 시작], [새 모임]을 통해서 즉각적으로 모임을 시작하거나 예약할 수 있다.

- [일정]에서 모임에 참가할 경우 웹 브라우저를 통해서도 카메라가 가능하며, 처음 접속한 경우에는 웹 캠 및 마이크를 사용하도록 허용할 것인지 묻는 메시지가 나타난다.

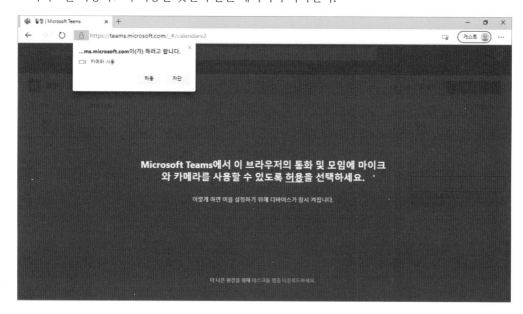

## ┃ 통화 ┃

음성이나 화상 통화를 진행할 수 있으며, 자주 통화가 필요한 경우 [단축 다이얼 추가] 및 [새 그룹]을 통해 생성할 수 있다.

## ┃ 파일 ┃

최근 수정한 문서를 한눈에 확인할 수 있다.

## 더 많은 추가 앱(⋯)

추가적으로 필요한 개인 앱을 고정할 수 있다.

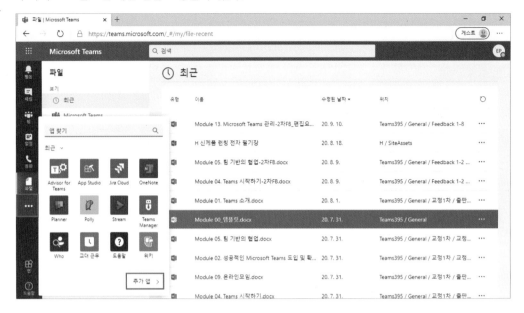

## 앱

필요한 앱들을 검색하여 추가할 수 있다.

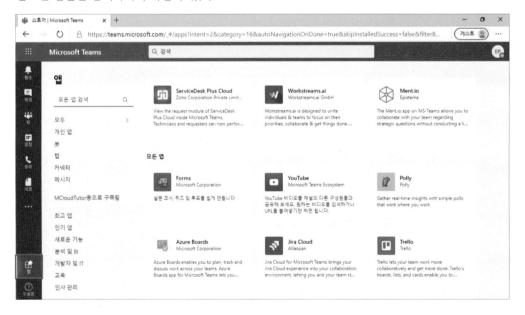

## ▎사용자 프로필 ▎

웹 브라우저의 사용자 프로필에서는 사진 변경 및 대화 가능 등의 상태 표시에 대한 부분과 상태 메시지 설정, 저장됨, 설정 부분에 대한 옵션을 제공한다.

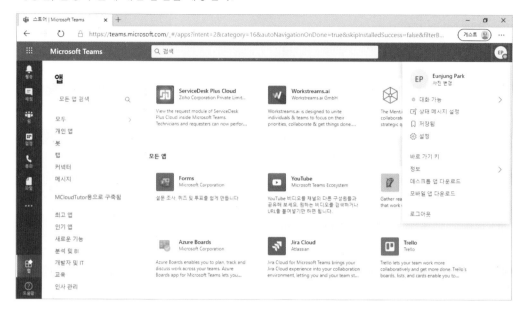

---

## Section 05   Teams 모바일 앱 로그인 및 인터페이스

모바일 기기에서도 Teams에 액세스할 수 있으며, iOS 및 Android 장치에서 Teams를 사용할 수 있다.

### TIP

사용하고자 하는 iOS 또는 Android 모바일 장치에 Teams가 설치되어 있지 않다면 'Microsoft Teams'를 검색한 후 설치하면 된다.

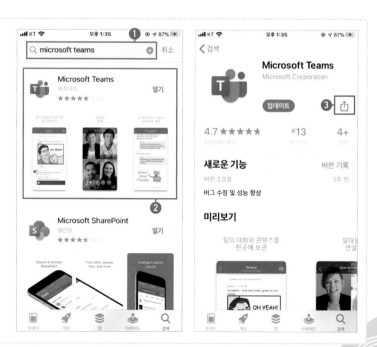

### 1 Teams 모바일 앱 로그인

01 Teams 앱을 실행한 후, 계정 정보를
입력하고 [로그인]을 탭한다.

02 암호를 입력한 후 [로그인]을 탭한다.

### 2 Teams 모바일 앱의 화면 구성

**┃ 활동 ┃**

피드 및 내 활동에 대한 부분이 표시되며, ▽(필터)를 탭하면 활동에 대한
필터링이 가능하다.

## ▌ 채팅 ▌

- 최근 대화 내역 목록이 표시되며, ◯(검색)을 탭하면 검색이 가능하다.
- ☑(새 채팅)을 탭하면 새 채팅도 바로 가능하다.

## ▌ 팀 ▌

사용자 본인이 소속된 팀 목록이 나타나며 검색, 새 팀 추가, 팀 관리가 가능하다.

• 👥⁺(팀 만들기)를 탭하여 팀을 만들 수 있다.

• ⚙ (설정)을 탭하면 [팀 관리] 화면이 나타난다. ⋯(기타 옵션)을 탭하면 [구성원 보기], [태그 보기], [채널 보기], [팀 나가기] 메뉴가 제공된다.

## ▌ 일정 ▐

- 예약된 일정이 보여지며, 모바일에서 바로 모임 추가 및 참석이 가능하다.
- [일정]의 [참가]를 탭하면 바로 모임에 참석할 수 있다.

- ⊞⁺(일정 추가)를 탭하면 일정을 추가할 수 있다.

> **TIP**
>
> 이동 중에 모임에 참가해야 하는 경우라면 모바일 앱을 이용하면 된다. 화상, 음성 모두 참석할 수 있으며 '음성만 참석' 등 옵션 조절이 가능하다.

## ┃ 더 보기 ┃

⋯(더 보기)를 탭하면 [통화], [파일], [Wiki], [조직], [카메라], [Advisor for Teams], [교대 근무], [저장됨] 메뉴를 제공한다.

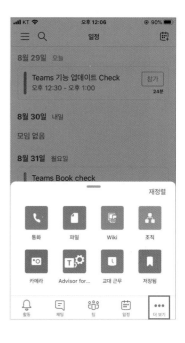

## ┃ 설정 ┃

• ☰를 탭한 후 나타나는 메뉴에서는 사진 변경 및 상태 메시지 설정, 알림 등에 대한 부분을 변경할 수 있다.

사진 변경의 경우 모두 변경까지 최대 48 시간이 소요될 수 있는 점에 유의한다.

• 모바일에서도 동일하게 알림을 받고 싶다면 [알림] 옵션에서 반드시 모임에 대한 알림 부분을 활성화 해야 한다.

[Module 04]에서는 Teams를 시작 및 사용할 수 있는 데스크톱 및 웹 브라우저, 모바일 장치(iOS, Android)의 환경에 대해 소개하였으며, 각 환경에서의 사용법에 대해서 간략히 살펴보았다. 다음 모듈에서 Teams의 팀 기반의 협업을 통한 기능으로 업무에서의 협업 방법 및 시나리오를 살펴본다.

MODULE

# 05 팀 기반의 협업

비즈니스 환경이 글로벌화되고, 빠르게 변화하는 시장과 고객의 요구에 대응하기 위해 조직 구성원 대부분은 바쁜 스케줄에 쫓기며, 원격의 사용자들과 연결하고 협의하여 정해진 기한 내 직무를 완료하는 것에 많은 어려움을 겪고 있다. 또한, 많은 업무와 관계자가 여러 곳에 분산되어 있는 환경에서 서로 연결하고 동일한 정보나 문서를 기준으로 함께 작업해야 하는 오늘날의 업무 환경은 작업을 진행함에 있어 더 많은 시간과 노력을 필요로 하고 있다. 이러한 업무 환경에 대한 개선을 위해 기업 내 효과적인 협업 및 소통 환경의 필요성이 대두되고 있다. 전통적으로 많은 기업에서는 기본적인 소통의 도구로 이메일을 활용해 왔다. 하지만, 이메일의 경우 특정인을 대상으로 하는 커뮤니케이션 또는 대외적인 공식 커뮤니케이션을 위한 채널로서는 유용하지만, 일상적인 업무를 위한 팀 구성원과의 정보 공유 및 소통을 위해서는 다소 부족한 부분이 있다. 예를 들면, 인사 이동이나 담당 업무 변경으로 업무 담당자가 변경된 경우나 새로운 구성원이 팀에 합류한 경우, 그동안 진행된 업무 관련 이력에 대하여 업무 인수인계가 필요하다. 하지만, 업무 담당자를 통해 인수인계를 받더라도 정보 자체가 이메일, 문서, 채팅 등 각기 다른 채널과 방식으로 존재하고 있어 통합적으로 업무를 파악하는 것이 어려운 게 현실이다. 또한, 조직의 구성원 퇴사 시 많은 정보가 유실되거나 왜곡되어 업무에 지장을 초래하기도 한다. Microsoft Teams는 기업의 인사 조직 또는 프로젝트와 같은 동일한 목표를 가지고 함께 작업하는 그룹의 사용자들이 팀 기반으로 하나의 통합된 환경을 통해 안전하게 정보를 공유하고 의견을 나누며 협업할 수 있는 생산성 환경을 제공한다. Microsoft Teams는 각 팀의 비즈니스 요구 사항에 맞는 작업 환경을 구성하기 위해 Microsoft 365 서비스에 제공되는 서비스 이외에도 다양한 3$^{rd}$ Party 앱이나 자체적으로 개발한 앱을 몇 번의 클릭만으로 팀의 환경에 통합하여 사용할 수 있도록 구성이 가능하다. 따라서, 팀의 구성원은 업무적인 작업을 위하여 여러 서비스를 이동하지 않고 하나의 통합된 영역에서 필요한 작업들을 처리할 수 있게 된다. 또한, 모빌리티를 지원하여 사용자가 언제 어디서나 모바일을 활용하여 팀의 정보를 실시간으로 파악하고 조직 구성원들과 빠르게 연결하여 보다 신속한 의사 결정을 내릴 수 있도록 지원한다. 이번 모듈을 통해서 Microsoft Teams에서 팀을 생성하고 팀의 구조 및 구성 요소를 살펴보도록 한다.

Microsoft Teams에서 팀 구성원과 함께 소통하고 협업하기 위해서는 이미 생성된 팀의 구성원으로 참여하거나 팀 목적에 맞게 새로운 팀을 생성하여 구성하면 된다. 각각의 팀은 팀의 요구 사항에 맞게 다른 구성과 설정이 가능하다.

## 1 팀 생성

경영지원부, 영업부, 개발부, 마케팅부 등과 같은 조직의 인사 부서 또는 프로젝트와 같은 동일한 목적을 위해 여러 조직의 구성원, 외부 관계자들과 함께 조직된 그룹이 하나의 통합된 환경 안에서 정보를 공유하고 협업하며 소통할 수 있도록 작업하기 위해 팀을 생성할 수 있다.

팀은 Microsoft Teams 데스크톱 앱이나 웹 앱, 모바일 앱을 통해 모두 생성이 가능하다.

01 Microsoft Teams를 실행한 후, 팀 생성을 위해 왼쪽 탐색 메뉴에서 [팀]을 클릭한다.

02 하단의 [참가 또는 팀 만들기]를 클릭한다.

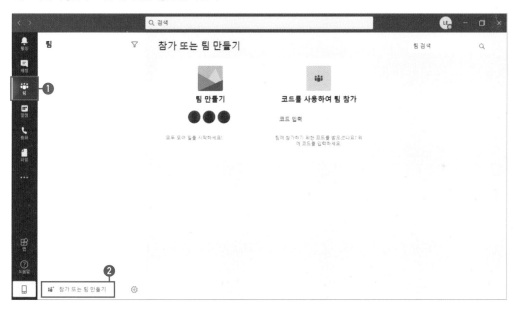

03 [참가 또는 팀 만들기]에서 [팀 만들기] 카드로 마우스 포인터를 이동하여 [팀 만들기]를 클릭한다.

04 [팀 만들기] 대화 상자가 나타나면 새로운 팀 생성을 위해서는 [처음부터 팀 만들기]를 클릭하고, 기존에 이미 운영되고 있는 팀의 설정이나 구성 또는 구성원을 그대로 복사해서 새로운 팀을 생성하고자 하는 경우에는 [다음에서 만들기…]를 클릭한다. 본 예제에서는 새로운 팀을 생성하는 것으로 가정하여 [처음부터 팀 만들기]를 클릭한다.

**05** [어떤 종류의 팀이 됩니까?]에서는 팀의 종류를 선택한다. 팀의 모든 콘텐츠에 대한 액세스를 초대된 팀 구성원으로 제한하고자 하는 경우에는 [비공개]를 선택하고, 커뮤니티나 지식 기반 공유 공간과 같이 조직의 모든 구성원이 참가할 수 있는 팀을 생성하고자 하는 경우라면 [공개]를 선택한다. 본 예제에서는 조직에서 주로 많이 사용되는 [비공개] 팀을 기준으로 설명하고자 한다. [비공개]를 클릭한다.

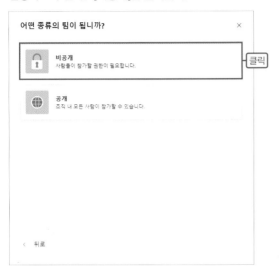

**TIP**

전체 조직 팀

- Microsoft Teams에서는 중소 규모 기업의 조직 구성원 모두가 함께 공동으로 작업하고 소통하며 조직에 참여할 수 있도록 [전체 조직] 팀 옵션을 제공한다. 조직의 전역 관리자만이 [전체 조직] 팀 생성이 가능하며 현재 책을 쓰고 있는 시점을 기준으로는 조직의 사용자가 5,000명 이하인 조직의 경우에만 생성이 가능하다. 또한, [전체 조직] 팀은 하나의 테넌트당 최대 5개까지 생성이 가능하다.
- 조직의 전역 관리자로서 [처음부터 팀 만들기]를 클릭하면 생성 옵션에서 [비공개], [공개] 팀 이외에도 조직 전체를 대상으로 하는 [전체 조직] 팀을 생성할 수 있는 옵션이 다음과 같이 추가적으로 제공된다.

- [전체 조직] 팀이 생성되면 조직의 모든 전역 관리자들은 팀의 소유자로 자동으로 지정되며, 모든 조직의 사용자는 팀의 구성원으로 자동으로 추가된다. 또한, 향후 조직에 새로운 사용자의 추가 또는 퇴사 등에 따른 사용자 변동이 발생할 경우에도 변경 사항이 자동으로 팀에 반영된다. 단, 로그인이 차단된 사용자 계정, 게스트 사용자, 서비스 계정, 회의실 또는 장비와 같은 리소스 계정, 공유 사서함으로 지원되는 계정은 팀의 구성원으로 추가할 수 없다.

06 팀 이름을 입력하고 팀에 대한 설명을 입력한다. 팀에 대한 설명은 선택적이지만 향후 많은 팀들이 생성되는 상황에서 팀의 설명은 사용자들이 팀의 목적을 빠르게 파악할 수 있도록 도와주며, 관리적인 차원에서도 입력하는 것을 추천한다. [만들기]를 클릭한다.

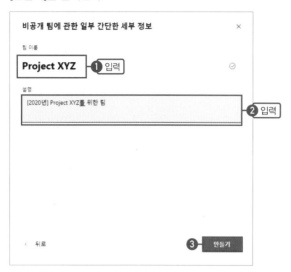

07 [팀 이름 구성원 추가]에서는 [이름 또는 그룹을 입력하세요] 영역에 조직 구성원의 이름 또는 조직에서 생성한 메일 그룹이나 보안 그룹명을 입력하여 팀 구성원을 추가한다. 또한, 조직의 관리자에 의해 Teams에 게스트 사용자 초대가 허용된 경우 외부 관계자의 이메일 주소를 입력하여 게스트 초대가 가능하다. Teams에 게스트 액세스 허용 설정 방법은 [Module 15 | 팀 관리]에서 살펴볼 수 있다. 사용자를 추가하는 단계를 건너뛰고 다음에 구성원을 추가하고자 하는 경우에는 [건너뛰기]를, 바로 구성원을 추가하고자 하는 경우에는 구성원 정보를 입력하고 [추가]를 클릭한다.

**08** 필요한 경우 추가된 조직 구성원의 역할을 변경하고 [닫기]를 클릭한다.

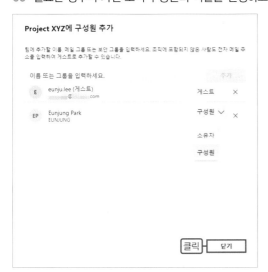

---

**TIP**

**팀 구성원의 역할**

함께 참여하는 팀 구성원은 역할에 따라 역할을 지정하고, 각 역할에 맞는 권한을 가지고 팀의 작업에 참여할 수 있다. Microsoft Teams 에서는 소유자와 구성원 역할이 제공되며, 각각의 역할은 별도의 권한을 가지게 된다. 또한, 조직에서 Teams에 외부 사용자 초대가 가능하도록 설정된 경우, 초대된 외부 사용자는 자동으로 게스트 역할로 팀에 추가된다.

· **소유자** : 기본적으로 팀을 생성하는 사용자는 소유자로 역할이 부여되며, 팀당 최대 100명까지 소유자로 지정이 가능하다. 소유자는 팀 구성원을 추가, 삭제, 게스트 초대, 팀 설정 등 팀의 관리자로서 역할을 수행한다. 단독으로 설정된 팀의 소유자가 팀 멤버에서 제외될 경우를 대비하여 팀당 최소 2명 이상을 소유자로 지정하는 것을 권장한다.

· **구성원** : 팀에 참가하는 구성원을 의미하며, 다른 구성원들과 함께 게시물을 공유하고 파일을 업로드하고 수정하며 함께 소통하며 협업이 가능하다.

· **게스트** : 팀 소유자에 의해 초대된 조직 외부의 사용자(예) 파트너, 프로젝트를 함께 진행하는 외부 조직의 구성원 등)로, 팀 소유자와 구성원보다는 제한된 권한을 가지고 있다. 또한, 게스트는 Teams 참여를 위해 별도의 Microsoft 365 라이선스가 필요하지 않다.

---

## ▌ Microsoft Teams 팀 역할별 권한 ▌

| 기능 | 소유자 | 구성원 | 게스트 |
|---|:---:|:---:|:---:|
| 팀 생성 | ✓ | ✓ | |
| 구성원 및 게스트 추가/삭제 | ✓ | | |
| 팀 이름/설명 편집 | ✓ | | |
| 팀 수정 및 삭제 | ✓ | | |
| 팀 채널, 탭, 커넥터 권한 설정 | ✓ | | |
| 팀 나가기 | ✓ | ✓ | ✓ |
| 채널 생성 | ✓ | ✓ | ✓ |
| 표준 채널 이름/설명 편집 | ✓ | ✓ | |
| 표준 채널 삭제 | ✓ | ✓ | |

| | | | |
|---|:---:|:---:|:---:|
| 비공개 채널 이름/설명 편집 | ✓ | ✓ | |
| 비공개 채널 삭제 | ✓ | | |
| 채널 게시물 및 회신 참가 | ✓ | ✓ | ✓ |
| 게시글 삭제 또는 수정 | ✓ | ✓ | ✓ |
| 채널 파일 공유 | ✓ | ✓ | ✓ |
| 앱 추가(탭, 봇, 커넥터 등) | ✓ | ✓ | |
| 공개 팀 검색 및 참여 | ✓ | ✓ | |
| 조직도 보기 | ✓ | ✓ | |
| 1:1 및 그룹 채팅, 음성, 영상 통화 | ✓ | ✓ | ✓ |
| 채팅 파일 공유 | ✓ | ✓ | |

팀 구성원과 게스트에게 허용된 권한은 팀의 소유자가 [팀 관리]의 [설정]을 통해 권한을 제한할 수 있다. 팀 구성원의 역할에 따른 권한 조정 방법은 [2 팀 관리]에서 자세히 살펴볼 수 있다.

### 2 팀 관리

팀 생성이 완료되면 팀 소유자는 생성된 팀에 대하여 여러 가지 사항을 설정할 수 있는 권한을 가지고 있다. 팀 소유자는 팀 사진 추가, 멤버 추가/삭제, 역할에 따른 권한 조정, 팀 채널 관리, 이모지나 GIF의 팀 내 활용 여부 등 팀 목적에 맞게 팀을 운영하기 위해 필요한 다양한 관리 설정이 가능하다.

01 팀 관리를 위해 관리하고자 하는 팀(여기서는 'Project XYZ')으로 이동하여 팀 이름 오른쪽에 위치한 …(기타 옵션)을 클릭하고 [팀 관리]를 선택한다.

**02** [설정]을 클릭한다.

**03** 팀 사진을 추가하기 위해 [팀 사진]을 클릭하여 영역을 확장한 후, [사진 변경]을 클릭한다.

**04** [사진 변경] 대화 상자가 나타나면 팀 사진을 변경한다. 공식적인 문서를 통해 제공되는 팀 사진의 표준 사이즈는 없지만 100X100 픽셀 정도의 사이즈가 적합하다. 팀 사진을 추가하지 않는 경우 팀 이름을 기준으로 기본 생성되는 팀 사진이 적용된다. 본 예제에서는 팀 사진을 추가하지 않을 예정이므로 [닫기]를 클릭한다.

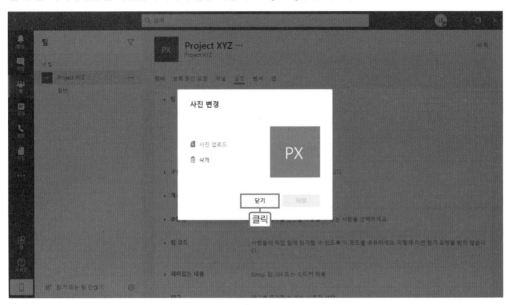

**05** [팀 사진]을 클릭하여 확장된 영역을 닫는다.

**06** 팀 구성원에게 기본적으로 제공되는 구성원의 권한을 수정하고자 한다면 [구성원 권한]을 클릭하여 팀 내 구성원의 권한을 설정한다. 본 예제에서는 팀 구성원이 채널 및 메시지를 삭제할 수 없도록 설정하고 메시지에 대하여 편집만 허용하며, 팀 채널 관리를 위해 일반 채널은 소유자와 구성원 모두가 생성이 가능하지만, 개인 채널은 소유자만이 생성할 수 있도록 제한한다.

07 팀에 게스트를 초대하였으며, 팀에서의 게스트 기본 권한을 수정하고자 한다면 [게스트 권한]을 클릭하여 게스트 사용 권한을 설정한다. 본 예제에서는 기본 설정의 게스트 사용 권한을 변경하지 않고 그대로 사용한다.

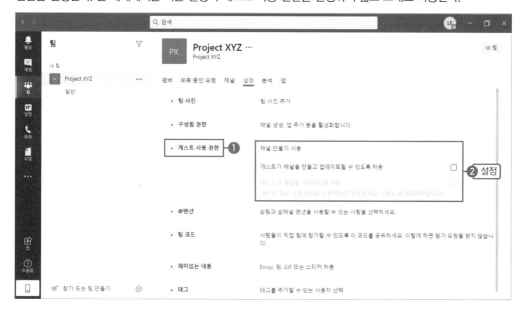

이외에도 팀의 특정 사용자만이 팀과 채널(@팀명, @채널명)을 멘션할 수 있도록 설정 또는 팀의 모든 구성원이 사용할 수 있도록 설정이 가능하며, 팀에서 이모지, 밈, GIF 또는 스티커를 팀 내 소통에서 활용할 수 있도록 허용 또는 제한할 수 있다. 또한, 태그를 추가할 수 있는 사용자를 팀의 소유자만 또는 모든 팀 구성원으로 설정이 가능하다.

### ③ 팀 편집

조직의 변경 또는 동일한 이름의 팀이 이미 존재하는 등 다양한 이유로 팀의 이름 또는 설명을 변경하거나 팀의 공개 여부에 대한 설정을 변경할 필요가 있는 경우가 있다.

01 팀을 수정하기 위해서는 팀 이름 오른쪽에 위치한 […](기타 옵션)을 클릭하고 [팀 편집]을 선택한다.

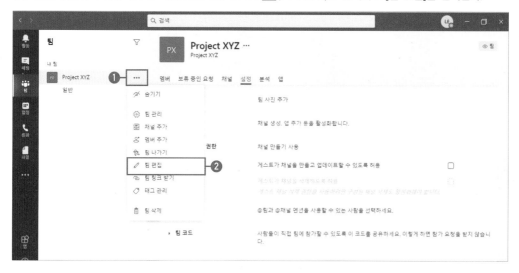

02 팀의 이름, 팀 설명 및 팀의 공개/비공개 설정을 요구 사항에 맞게 수정하고 [완료]를 클릭한다.

### 4 사용자 추가

팀 구성 시 또는 운영 중 팀의 소유자는 팀에 새로운 사용자를 추가하거나 삭제할 수 있다.

01 팀 멤버를 추가하기 위해서 멤버를 추가하고자 하는 팀 이름 오른쪽에 위치한 ⋯(기타 옵션)을 클릭하고 [멤버 추가]
를 선택한다.

**02** 추가할 사용자 또는 사용자들의 이름을 입력하고 [추가]를 클릭한다. 추가된 사용자의 역할을 지정하고 [닫기]를 클릭한다.

**03** 팀에 사용자가 새로이 추가되면 추가된 사용자에게 다음과 같이 이메일을 통해서 팀에 추가된 사항에 대한 알림이 간다. 초대받은 팀에 액세스하기 위해 초대받은 사용자는 이메일에서 [Microsoft Teams 열기]를 클릭한다.

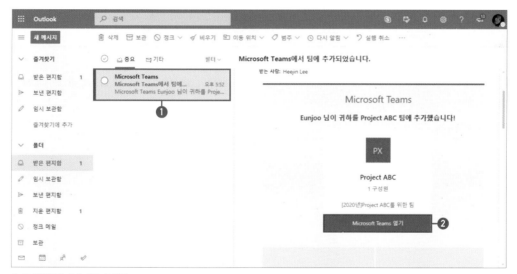

⬆ 초대받은(추가된) 사용자 화면

**04** 만일 팀에 초대받은 사용자의 PC에 Microsoft Teams 클라이언트가 설치되어 있지 않다면 [Windows 앱 다운로드]를 클릭하여 Microsoft Teams를 설치한 후 팀에 액세스한다. [웹 응용 프로그램을 대신 사용합니다.]를 클릭하여 브라우저 상에서 초대된 팀에 액세스도 가능하다.

↑ 초대받은(추가된) 사용자 화면

**05** 만일 팀에 초대받은 사용자의 PC에 Microsoft Teams 클라이언트가 설치되어 있다면, Teams를 실행한 후 [팀]을 클릭하면 초대받은 팀이 왼쪽 팀 목록에 자동으로 표시되어 있는 것을 확인할 수 있다.

↑ 초대받은(추가된) 사용자 화면

조직 내에서는 업무적인 요구 사항에 맞추어 많은 팀이 운영되고 있다. 팀의 소유자는 [4 사용자 추가]에서 살펴본 방법처럼 팀의 구성원을 팀에 초대할 수도 있고, 팀 코드를 생성하여 공유하고 사용자가 공유된 팀 코드로 액세스하도록 할 수도 있다.

01  팀 코드를 생성하기 위해서 팀 이름 오른쪽에 위치한 ⋯(기타 옵션)을 클릭하고 [팀 관리]를 선택한다.

02  상단의 [설정]을 클릭한 후, [팀 코드]를 클릭하여 영역을 확장하고 [생성]을 클릭한다.

**03** 생성된 코드 하단에 위치한 [복사]를 클릭하여 팀 코드를 복사한다.

**04** 사용자들에게 채팅 또는 이메일을 통해 팀 코드를 공유한다.

**05** 팀 코드를 전달받은 사용자는 Teams 왼쪽 탐색 메뉴에서 [팀]을 클릭하고 하단의 [참가 또는 팀 만들기]를 클릭한다.

⬆ 초대받은(팀 코드를 전달받은) 사용자 화면

**06** [참가 또는 팀 만들기]에서 [코드를 사용하여 팀 참가] 카드에 공유 받은 팀 코드를 입력하고 [팀 참가]를 클릭한다.

↟ 초대받은(팀 코드를 전달받은) 사용자 화면

**07** 팀 코드에 해당하는 팀에 참가된 것을 확인할 수 있다. 팀 코드를 통해 사용자를 초대하면 팀 코드를 통해 사용자는 팀에 바로 참가할 수 있다.

↟ 초대받은(팀 코드를 전달받은) 사용자 화면

비즈니스 요구 사항에 따라 프로젝트나 이벤트 진행 또는 조직도를 기반으로 한 팀 등 팀 구성원과 보다 효과적으로 소통하며 함께 협업하기 위해 필요에 따라 팀을 생성하거나 팀에 초대되어 참가할 수 있다.
팀 생성 및 구성, 사용자 추가 방법을 참고하여 팀을 더 생성해 본다.
예 Marketing Team, Sales Team, H 신제품 런칭 등

## 6 팀 삭제

팀이 삭제되면 팀의 모든 채널과 게시물, 파일 및 Office 365 그룹까지 모두 삭제가 된다. 팀 삭제를 진행하게 되면 Microsoft 365 테넌트의 Azure Active Directory의 [휴지통]에서 30일 동안 보관되며, 30일 이내라면 PowerShell 또는 Azure Active Directory 관리 센터에서 삭제된 그룹 복원을 통해 팀을 다시 복원할 수 있다. 하지만, 팀이 복원되지 않은 채 30일이 경과하게 되면 팀은 영구적으로 삭제되며 다시 복원할 수 없다.

> **TIP**
>
> Microsoft Teams에서 팀 생성의 기반이 되는 Office 365 그룹은 Teams의 팀 이외에도 메일, SharePoint Online 사이트, Planner 등 다른 목적을 위해서도 많이 사용된다. 팀을 삭제하면서 해당 팀의 그룹은 그대로 유지할 수 있는 방법이 없으므로 삭제하기 전에 이 점을 고려하여 진행해야 한다.

**01** 팀 삭제를 진행하기 위해서는 팀 이름 오른쪽에 위치한 ⋯(기타 옵션)을 클릭하고 [팀 삭제]를 선택한다.

**02** [모든 것이 삭제된다는 것을 알고 있습니다.]에 체크하고 [팀 삭제]를 클릭한다.

**03** 선택한 팀(여기서는 'Project ABC')이 왼쪽 팀 목록에서 사라진 것을 확인할 수 있다.

## 7 팀 보관

한정된 기간 동안 특정 목적을 위해 운영된 팀 또는 조직의 변동으로 인해 시간이 지남에 따라 더 이상 사용되지 않아 향후 참조를 목적으로 팀의 모든 기록을 보관할 수 있다. 팀을 보관하게 되면 더 이상 팀의 구성원은 팀 내에서 정보를 공유하거나 활동할 수 없게 된다. 팀의 채널과 모든 공유된 정보 및 문서는 모두 읽기 전용으로 변경되며 관리자는 필요에 따라 해당 팀의 구성원을 추가 또는 제거하여 팀에서 다루어진 정보를 지속적으로 참고할 수 있도록 관리할 수 있다.

**01** 팀의 소유자로서 팀을 보관하려면 Microsoft Teams의 왼쪽 하단에 위치한 [참가 또는 팀 만들기]의 오른쪽에 있는 ⚙(팀 관리)를 클릭한다.

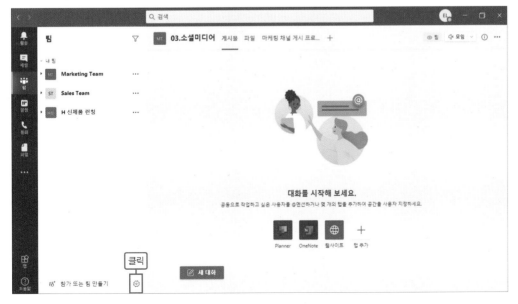

02  보관하고자 하는 팀의 구성원 자격이 소유자인지 확인하고, 보관할 팀의 오른쪽에 위치한 ⋯(기타 옵션)을 클릭한 후
[팀 보관]을 선택한다. 본 예제에서는 팀의 소유자로 있는 'Marketing Team'을 보관하도록 한다.

03  팀 구성원에게 팀의 SharePoint Online 사이트를 읽기 전용으로 설정하려면 확인란을 체크하고 [보관]을 클릭한다.

04  [팀 관리]의 [보관됨]에 분리되어 들어 있는 것을 확인할 수 있다.

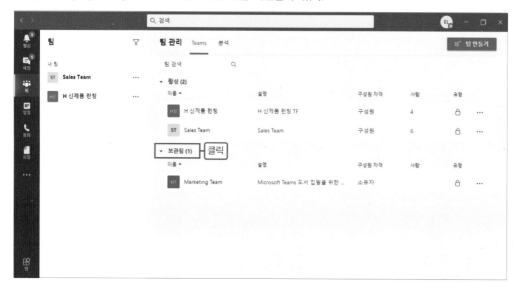

조직의 팀 관리자로서 팀의 상태를 보관으로 설정하고자 하는 경우라면 [Module 15 | 팀 관리]를 참고한다.

### 8 팀 복원

팀의 소유자라면 보관된 팀을 다시 복원할 수 있다.

01 팀을 복원하기 위해 Microsoft Teams의 왼쪽 하단에 위치한 [참가 또는 팀 만들기]의 오른쪽에 있는 ⚙(팀 관리)를 클릭한다.

02 [보관됨]을 클릭하여 영역을 확장하고, 복원하고자 하는 팀의 오른쪽에 위치한 ⋯(기타 옵션)을 클릭한 후 [팀 복원]을 선택한다.

**03** 팀 복원이 성공적으로 완료되면 보관된 팀이 다시 활성화된 것을 확인할 수 있다.

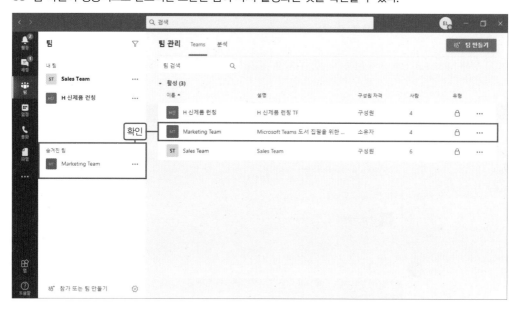

**04** [숨겨진 팀] 아래에 활성화된 Marketing Team의 오른쪽에 위치한 ⋯(기타 옵션)을 클릭한 후 [표시]를 선택한다.

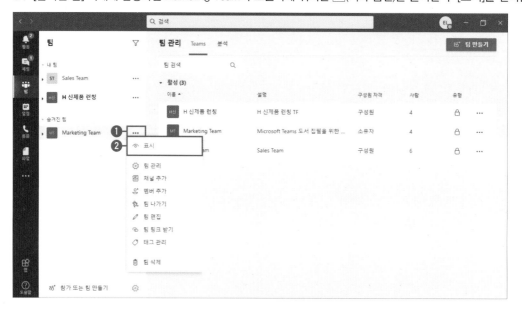

**05** [내 팀] 아래에 표시되는 것을 확인한다.

## Section 02 채널

팀 내에서 채널은 팀이 다루고 있는 다양한 업무 주제, 프로젝트, 분야 또는 조직에서 소통하고 공유하는 콘텐츠와 게시물을 분리하여 팀의 업무를 세분화하여 정보를 관리하고, 팀의 구성원이 참여하고 있는 업무에 좀 더 집중할 수 있도록 한다. 예를 들어 IT 개발업체의 경우 다양한 프로젝트를 수행하게 된다. 프로젝트 팀 구성원과의 협업 및 소통, 산출물 관리를 위해 각각의 프로젝트별로 팀을 구성하고 계획 단계부터 요구 분석, 설계, 개발 구현 및 테스트, 또는 유지보수 부분에 대하여 채널을 생성하여 업무를 구분하고 각 영역별로 정보를 분리하여 작업할 수 있다.

채널은 팀의 구성 요소로, 크게 표준 채널과 비공개 채널로 구분된다. 팀 구성원이라면 기본적으로 팀의 모든 표준 채널 및 채널에서 공유되는 정보에 액세스가 가능하다. 반면, 비공개 채널은 팀 구성원 중 비공개 채널에 초대된 구성원에게만 메뉴가 보여지며, 채널에서 공유되는 정보 또한 채널 구성원만 액세스가 가능하다. 채널 이름 오른쪽의 자물쇠 모양(🔒)은 비공개 채널을 의미한다. 비공개 채널에도 표준 채널과 같이 커넥터와 탭을 지원하지만, 현재 시점 기준에서는 Planner, Forms 서비스는 비공개 채널에서는 지원되지 않는다. 또한, 채널은 팀과 달리 생성된 표준 채널을 비공개 채널로, 또는 비공개 채널을 표준 채널로 변경할 수 없다. 비공개 채널을 표준 채널로 변경할 수 있는 기능이 향후 추가될 수도 있지만, 책을 쓰고 있는 현 시점에서 채널 변경 기능은 제공되고 있지 않다.

채널은 기본적으로는 팀의 소유자 및 모든 구성원이 생성, 편집, 삭제가 가능하다.

> 각 팀은 최대 30개의 비공개 채널과 최대 200개까지의 표준 채널 생성이 가능하다. 각각의 최대 채널 수는 휴지통에 보관 중인 삭제된 채널 수도 포함하며, 삭제된 채널은 30일 동안에 필요에 따라 복원할 수 있다. 하지만, 30일이 지나면 영구 삭제되고, 채널 최대 수량에도 포함되지 않는다.

## 1 채널 추가

팀이 생성되면 기본적으로 '일반(General)'이라는 채널이 자동으로 생성된다. 일반 채널은 팀에서 다루는 다양한 업무를 위한 영역이 아닌 팀 전체를 대상으로 하는 공지 사항 및 팀 대화, 팀 전체의 목표와 관련된 콘텐츠를 위한 공간으로 사용해야 한다. 따라서, 팀에서 다루는 특정 업무 주제에 관하여 함께 소통하고 협업하고자 하는 경우라면 업무 주제와 관련한 이름으로 별도의 채널을 생성하는 것을 권장한다.

01 예제 진행을 위해 새로운 'XYZ 신제품 개발 프로젝트' 팀을 생성한다.

02 채널 생성을 위해 [XYZ 신제품 개발 프로젝트] 팀 이름 오른쪽에 위치한 ⋯(기타 옵션)을 클릭하고 [채널 추가]를 선택한다.

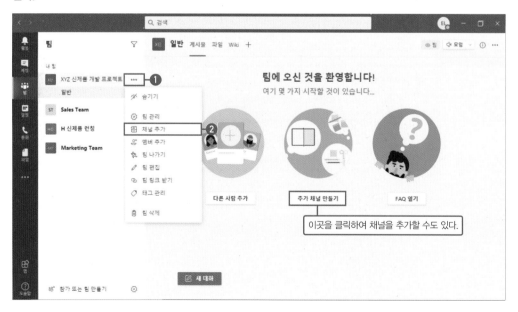

**03** [채널 이름], [설명]을 입력하고 [개인정보취급방침] 영역을 클릭하여 생성하고자 하는 채널의 유형(표준 또는 비공개)을 선택할 수 있다. 채널 이름으로 '요구사항 분석'을 입력하고, 설명에 'XYZ 신제품 고객 요구사항 분석'을 입력한다. [개인정보취급방침]에서 [표준 – 팀의 모든 사용자가 액세스 가능]을 선택한다.

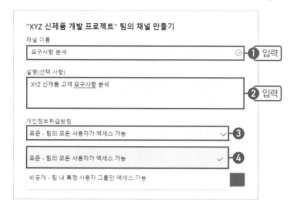

**04** 표준 채널의 경우 생성하는 채널이 팀 구성원 모두에게 표시되도록 하기 위해서는 [모든 사람의 채널 목록에서 이 채널을 자동으로 표시합니다.]를 체크하고 [추가]를 클릭한다.

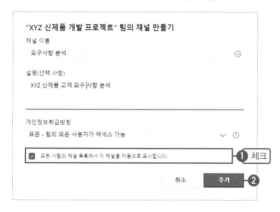

**05** 비공개 채널을 생성하기 위해 [XYZ 신제품 개발 프로젝트] 팀 이름 오른쪽에 위치한 ⋯(기타 옵션)을 클릭하고 [채널 추가]를 선택한다.

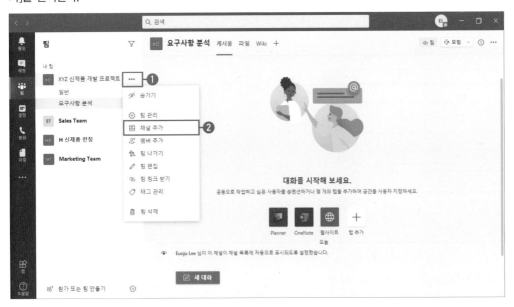

**06** [채널 이름]을 '00.Project Leaders'로 입력하고, [설명]을 입력한다. [개인정보취급방침]에서 [비공개 – 팀 내 특정 사용자 그룹만 액세스 가능]을 선택한 후 [다음]을 클릭한다.

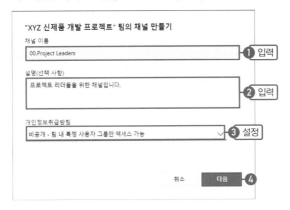

**07** 생성하는 비공개 채널에 액세스를 허용할 팀의 구성원을 입력한 후 [추가]를 클릭한다. 채널 구성원 추가를 건너뛰고 생성만 진행하고자 하는 경우라면 [건너뛰기]를 클릭한다.

**08** 채널 구성원 추가를 완료하면 [완료]를 클릭한다.

**00.Project Leaders 채널에 구성원 추가**
개인 채널이므로 여기에 추가하는 사람만 볼 수 있습니다.

이름을 입력하세요.                                              추가

　　Heejin Lee                                      구성원 ∨    ×
　　SRH1004

완료 ── 클릭

🔖 TIP

채널 생성 시 팀에서 생성하고자 하는 채널 이름이 이미 사용 중에 있는지 확인해야 하며, 채널 이름은 명확하고 의미 있게 생성하는 것이 좋다. 또한, 채널 설명도 선택 사항이지만 향후 팀 구성원이 정보를 공유하고 함께 협업함에 있어 어느 채널을 통해 작업할 것인지를 판단하는 데 도움이 되므로 가급적 설명을 추가하는 것을 권장한다. 채널 이름이 명확하지 않고 채널에 대한 설명이 없는 경우 다른 팀 구성원이 유사한 내용의 업무를 위해 별도의 채널을 생성할 수도 있기 때문이다.

**2 채널 편집**

**01** 채널의 이름과 설명을 수정하고자 하는 경우 채널 이름 오른쪽에 위치한 ⋯(기타 옵션)을 클릭하고 [채널 편집]을 선택한다.

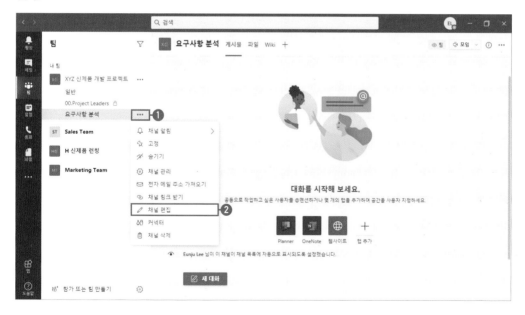

**02** 채널 이름 또는 설명을 변경하고 [저장]을 클릭한다.

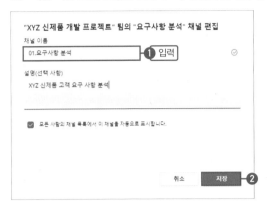

### 3 채널 삭제

테스트를 위해 생성된 채널 또는 동일한 업무 주제에 대하여 팀에 이미 사용되고 있는 채널이 있지만, 유사한 채널이 생성된 경우 업무 소통을 명확히 하기 위해 채널을 삭제해야 할 필요가 있다.

## ┃ 채널 삭제 ┃

**01** 채널을 삭제하기 위해 채널 이름 오른쪽에 위치한 ⋯(기타 옵션)을 클릭하고 [채널 삭제]를 선택한다.

**02** 채널 삭제를 진행하기 위해서 [삭제]를 클릭한다. 단, 채널을 삭제하는 경우 채널의 모든 게시물은 삭제되지만, 채널의 [파일] 탭에 업로드하여 팀 구성원과 공유한 파일은 삭제되지 않으며 파일이 저장되어 있던 SharePoint Online에 그대로 유지되어 채널이 삭제된 이후에도 삭제한 채널의 [파일] 탭에 업로드했던 문서는 모두 액세스가 가능하다.

## ▌ 삭제된 채널 파일 삭제 ▐

**01** 삭제된 채널에서 공유하고 있던 파일도 삭제하기 위해서는 삭제한 채널이 속한 팀의 [일반] 채널에서 [파일] 탭을 클릭한다.

**02** [파일] 탭의 상단 메뉴에서 ⋯(선택한 항목으로 수행할 수 있는 다른 작업)을 클릭한 후 [SharePoint에서 열기]를 선택한다.

📝 **TIP**

채널에서의 파일 공유 방법은 [Module 06 | 팀 구성원 간의 문서 협업]을 참고한다.

**03** 브라우저에서 팀 문서 라이브러리의 일반 채널 폴더를 보여 준다. 채널 이름 옆의 [문서]를 클릭한다.

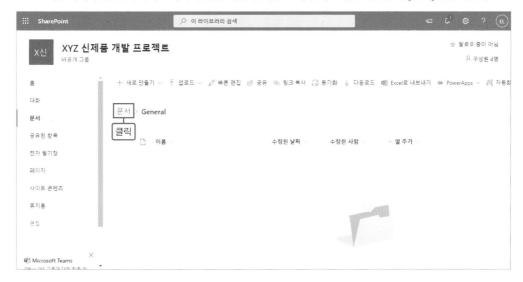

**04** 삭제한 채널의 채널 이름과 동일한 이름의 파일 폴더를 체크하고, 상단의 [삭제]를 클릭한다.

**05** SharePoint Online 사이트에서 삭제한 문서 및 폴더는 모두 팀의 [휴지통]에서 30일간 보관되며, 30일 기간 안에는 복원이 가능하나 30일 이후에는 영구 삭제된다.

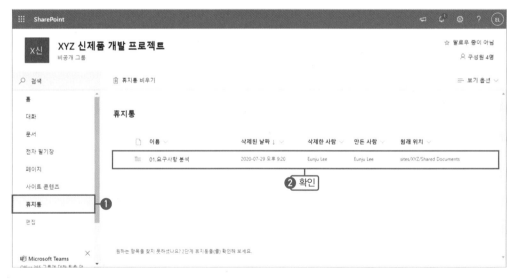

## 4 채널 복구

01 삭제된 채널을 복구하기 위해서는 삭제한 채널이 있었던 팀 이름 오른쪽에 위치한 ⋯(기타 옵션)을 클릭하여 [팀 관리]를 선택한다.

02 상단의 [채널] 탭을 클릭한 후, [삭제됨]을 클릭하여 숨겨진 영역을 표시한다. 복원하고자 하는 채널의 [복원]을 클릭한다.

**03** 복원 확인 메시지가 나타나면 [복원]을 클릭한다.

**04** 채널이 다음과 같이 복원되어 활성 채널로 표시되는 것을 확인한다.

모든 채널은 각각 고유의 이메일 주소를 가지고 있다. 채널 이메일 주소로 이메일을 수신하게 되면 해당 이메일을 발송한 사용자를 작성자로 하여 자동으로 Microsoft Teams의 채널 메시지로 게시된다. 이메일의 제목이 게시물의 제목으로, 이메일의 본문이 게시물의 상세 내용으로 작성되어 게시물로 등록되며, 외부 게스트를 제외한 조직 내 팀 구성원이 액세스할 수 있는 이메일 원본에 대한 링크도 함께 첨부되어 게시된다. 이메일 원본은 채널의 [파일] 탭의 이메일 폴더에 저장되게 된다.

많은 사용자들이 이메일 회신 시 이메일 수신자 전체를 대상으로 하는 전체 회신을 잊고 이메일 발신자에게만 회신하거나 추가적인 공유를 위해 전달하는 경우가 있다. 채널 이메일 기능은 이렇게 이메일이 많은 회신과 전달하는 과정에서 실수로라도 중요한 정보를 놓치지 않고 팀의 구성원들과 함께 공유하는 데 유용하다.

**01** 채널 이메일 주소를 확인하기 위해서 [XYZ 신제품 개발 프로젝트] 팀의 [01.요구사항 분석] 채널 이름 오른쪽에 위치한 ⋯(기타 옵션)을 클릭하고 [전자 메일 주소 가져오기]를 선택한다.

**02** 채널 이메일 주소로 메일을 보낼 수 있는 사용자를 제한하고자 하는 경우 [전자 메일 주소 가져오기] 대화 상자의 [고급 설정]을 클릭하여 메일을 보낼 수 있는 사용자를 제한할 수 있다.

**03** 누구든지 이 메일 주소로 전자 메일을 보낼 수 있도록 하거나 팀의 구성원들만 채널 이메일을 사용할 수 있도록 설정 또는 특정 도메인에서 보낸 전자 메일만 채널 이메일 주소로 메일을 보낼 수 있도록 설정이 가능하다. 기본값은 팀의 구성 원이 아닌 누구나 채널 이메일 주소로 메일을 보낼 수 있도록 설정되어 있다. 여기서는 [이 팀의 구성원만]을 선택한 후 [저 장]을 클릭한다.

> **TIP**
>
> [전자 메일 주소 제거] 옵션은 한번 제거되면 다시 복원이 불가능하기 때문에 확실하게 채널 메일 기능을 사용하지 않을 경우에만 제거 한다. [전자 메일 주소 제거] 시 해당 채널에 대한 이메일 기능은 사용이 불가능하다.

**04** 전자 메일 주소를 복사하기 위해 채널의 ⋯(기타 옵션)을 클릭하여 [전자 메일 주소 가져오기]를 선택한다. [전자 메일 주소 가져오기] 대화 상자가 나타나면 [복사]를 클릭해 채널의 메일 주소를 복사한다.

**05** 이메일에서 수신한 내용 또는 새로운 메시지의 수신자를 채널 전자 메일 주소로 지정하여 발송한다.

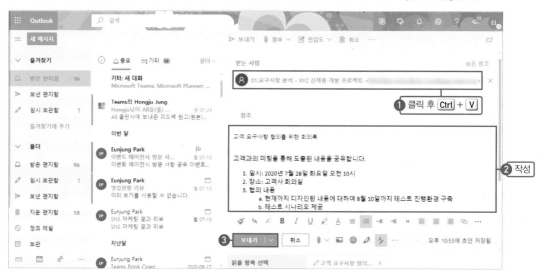

**06** 이메일을 통해 작성된 내용이 전자 메일 주소에 해당하는 채널의 채널 메시지로 공유되는 것을 확인할 수 있다.

## 6  채널 중재 설정

기본적으로 채널 게시물은 팀을 구성하고 있는 모든 사용자가 새로운 게시물을 게시할 수 있다. 하지만, 특정 채널에 대하여 주요 프로젝트 관련한 공지 사항 게시 또는 결과를 공유하는 용도로 사용할 수 있다. 이러한 경우 모든 팀의 구성원이 새로운 게시물을 게시하는 것이 아니라 지정된 특정 구성원만이 게시물을 게시할 수 있도록 제한할 필요가 있다. 따라서, 팀의 소유자는 특정 채널에 대하여 채널의 중재자를 설정하여 채널에 새로운 게시물을 게시하고 게시된 게시물에 회신할 수 있는 사용자를 제어할 수 있다. 단, 채널 중재자 지정은 표준 채널에서만 제공되며, 일반 채널과 비공개 채널에서는 제공되지 않는다.

**01** 채널 중재 환경 설정을 위해 채널 이름 오른쪽에 위치한 ⋯(기타 옵션)을 클릭하고 [채널 관리]를 선택한다.

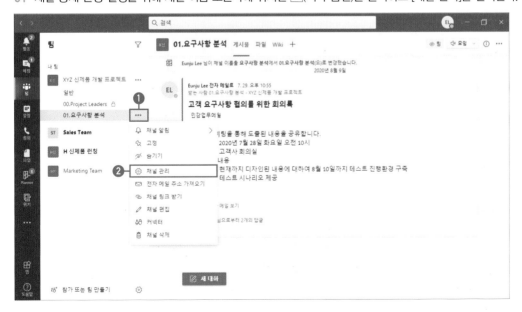

**02** [채널 설정] 탭에서 [사용 권한] 부분의 [채널 중재] 상태를 [켬]으로 변경한다.

**03** 기본적으로 팀의 소유자는 채널 중재자이며, 제거가 불가능하다. 추가적으로 팀의 구성원을 중재자로 지정하기 위해서는 [중재자는 누구입니까?]의 [관리]를 클릭한다.

**04** 채널에 새로운 게시물을 게시할 수 있는 중재자로 추가할 구성원의 이름을 입력하여 구성원 또는 구성원들을 추가하고 [완료]를 클릭한다.

**05** 채널에서의 팀 구성원의 사용 권한과 봇, 커넥터에 대한 사용 권한을 제한하고자 한다면 허용되어 있는 체크를 해제한 다. 본 예제에서는 모든 사용 권한을 허용하는 기본 설정을 그대로 사용한다.

한 팀에 생성되어 있는 모든 채널을 확인하고 관리할 수 있다. 새로운 채널 생성은 물론, 각각의 채널의 유형과 나의 팀 하위에 표시할지에 대한 설정, 채널 관리 및 편집에 이르기까지 채널과 관련한 모든 설정을 한 화면에서 진행할 수 있다.

01 팀 내의 모든 채널을 관리하기 위해 팀 이름 오른쪽에 위치한 ⋯(기타 옵션)을 클릭한 후, [팀 관리]를 선택한다.

02 상단의 [채널] 탭을 클릭하면 채널과 관련한 설정을 할 수 있다.

각각의 조직은 서로 다른 목적을 가지고 조직되며, 각각 주어진 조직의 목표 달성을 위해 다양한 작업을 수행하게 된다. 따라서 각 팀에서 요구되는 비즈니스 요구 사항은 매우 다양하다. Microsoft Teams에서는 탭의 기능을 활용하여 이러한 팀별 서로 다른 비즈니스 요구 사항을 팀 채널별로 적용하여 업무별로 요구되는 요구 사항에 맞게 작업 공간을 사용자 정의하여 구성할 수 있다. 일반적으로 팀의 구성원들은 업무를 위해 다양한 애플리케이션을 이동하면서 작업하게 된다. Microsoft Teams는 이러한 사용자의 이동을 최소화하고 하나의 통합된 환경인 Teams 내에서 필요한 정보를 공유하고 함께 협업할 수 있도록 한다. 탭은 팀 채널 내에서 클라우드 기반 서비스에 연결된 콘텐츠를 보관하는 컨테이너라고 볼 수 있다. 원노트, Office 파일, 웹 사이트, SharePoint 문서 라이브러리, Planner, Stream, Power BI 등 Microsoft 365에서 제공하고 있는 서비스뿐만 아니라 타사 클라우드 기반의 도구를 연결하여 채널로 구성해 놓으면 필요한 정보를 보고 작업할 수 있다.

모든 표준 채널은 생성되게 되면 [게시물], [파일], [Wiki]라는 세 가지의 탭이 기본적으로 제공된다. [Wiki] 탭은 삭제가 가능하지만, [게시물]과 [파일] 탭은 Microsoft Teams의 핵심 기능이기 때문에 삭제가 불가능하다.

## 1 [게시물] 탭

모든 채널은 각각 별도의 [게시물] 탭이 있다. [게시물] 탭은 채팅 기반의 정보 공유 영역으로, 채널 구성원은 채널의 주제와 연관된 정보를 함께 공유하고 공유된 정보를 기반으로 회신하여 서로 의견을 나누며 협업할 수 있다. 이렇게 공유된 게시물과 게시물에 회신된 회신 내역이 모두 하나의 게시물(쓰레드)로 관리되어 향후 이력에 대한 확인 및 추적이 용이하다.

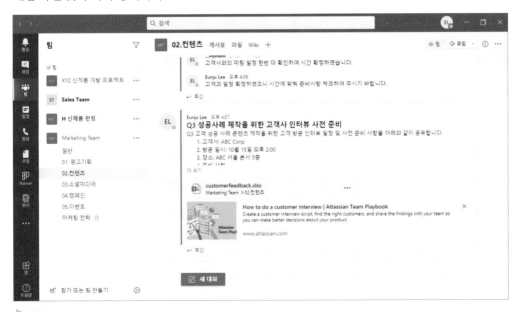

> **TIP**
>
> 게시물 작성 및 상세 사용 방법은 [Module 08 | Microsoft Teams로 소통하기]의 [Section 01 | 팀 단위 소통을 위한 채널 게시물]에서 살펴볼 수 있다.

## 2 [파일] 탭

[파일] 탭은 팀 구성원이 함께 협업하고 공유하기 위해 업로드한 모든 파일이 저장되는 영역이다. [파일] 탭에서 공유되는 모든 파일은 비공개 채널을 제외하고 모든 팀 구성원이 함께 편집하고 볼 수 있는 권한이 자동으로 부여되기 때문에 각 채널의 주제와 연관된 파일을 공유해야 한다. [파일] 탭에서 구성원은 폴더와 Office 문서를 생성하고, 파일을 업로드하거나 삭제할 수 있으며, 파일 다운로드 및 이동, 복사가 가능하다.

> **TIP**
> 파일 관리에 대한 상세한 사용 방법은 [Module 06 | 팀 구성원 간의 문서 협업]을 참고한다.

## 3 [Wiki] 탭

[Wiki] 탭은 채널의 전자 노트로, 채널 구성원과 함께 정보를 작성하여 공유하고 채팅도 할 수 있다. Wiki 페이지는 사내에서 지식을 공유하고 관리하기 위한 용도, 주간 회의록, FAQ, 표준 업무 프로세스 및 주간 업무 보고 등 다양한 용도로 활용할 수 있다. 따라서, 채널에서 탭 추가를 통해 필요한 용도에 맞게 다수의 Wiki 페이지를 생성하여 채널 환경을 구성할 수 있다.

## ▌ 구성 ▌

[Wiki] 탭은 페이지와 섹션으로 구성되어 있으며, 각 페이지는 하나 이상의 섹션으로 구성할 수 있다.

01  [Wiki] 탭을 클릭한 후, [제목 없는 페이지]를 클릭하여 페이지 제목을 입력한다. 주간 업무 보고 작성을 위해 제목으로 '7월 3주차 업무보고'라 입력한다.

02  [제목 없는 섹션]을 클릭하여 섹션의 제목을 추가한다. 업무 보고를 해야 하는 사용자의 이름을 섹션 제목으로 입력한다.

03  [콘텐츠는 여기에 추가]를 클릭하여 업무 목록을 입력한다.

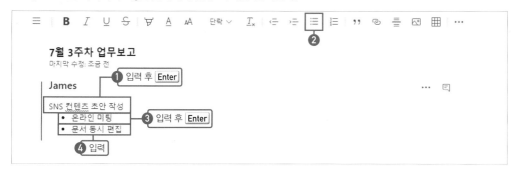

**04** 새로운 섹션 추가는 섹션을 추가하고자 하는 영역에 마우스 포인터를 위치하면 ⊕(추가)가 나타난다. [새 섹션을 여기에 추가]를 클릭하여 새로운 섹션을 추가한다.

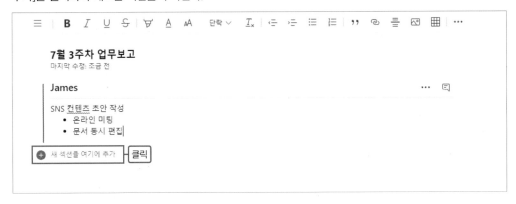

**05** 02~03 과정을 반복하여 새로운 섹션을 입력한다.

**06** 새로운 페이지는 ▤(Wiki 메뉴 확장)을 클릭한 후, 왼쪽 메뉴 하단에 위치한 [새 페이지]를 클릭하여 추가한다.

**07** 페이지 추가 시 새 페이지는 왼쪽 메뉴에 표시된다. 섹션은 페이지 이름 하단에 위치하여 표시된다.

**08** 섹션의 순서를 정렬하거나 삭제하려면 섹션 이름 오른쪽에 위치한 ⋯(기타 옵션)을 클릭한 후 [위로 이동], [아래로 이동] 또는 [삭제]를 클릭한다. 특정 섹션에 대한 내용을 공유하고자 하는 경우 섹션의 링크를 전달할 수 있다. 섹션 이름 오른쪽에 위치한 ⋯(기타 옵션)을 클릭하여 [링크 복사]를 선택한 후, 복사된 링크를 공유하면 된다.

**09** 페이지 역시 섹션과 동일한 방식으로 페이지의 정렬, 링크 공유 및 삭제가 가능하다.

10 탭에 표기되어 있는 'Wiki' 명칭은 Wiki를 사용하는 용도에 따라 이름 변경이 가능하다. [Wiki] 탭의 오른쪽에 위치한 ⌄ (탭 옵션)을 클릭하고 [이름 바꾸기]를 선택한다.

11 대화 상자가 나타나면 Wiki 이름을 '주간업무보고'로 변경한다.

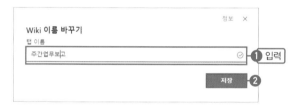

12 탭 이름이 변경된 것을 확인할 수 있다.

## ┃ 콘텐츠 작성 ┃

Wiki에서 제공되는 다양한 서식을 활용하여 보다 직관적이고 다양한 정보 작성이 가능하다.

**01** 콘텐츠를 작성할 섹션을 클릭하여 콘텐츠를 작성하고, 제공되는 다양한 서식을 활용해 본다.

**02** Wiki 내에서는 콘텐츠 영역 내에서도 @멘션 기능을 활용하여 팀의 구성원과 함께 소통하며 작업도 가능하다. 콘텐츠 작성 시 누군가의 리뷰 또는 다른 구성원에게 요청 사항이 있는 경우 명확하게 전달하여야 업무의 진행에 있어 누락되는 일이 없이 보다 효율적으로 협업이 가능하다. 이러한 경우 @멘션 기능을 활용하면 여러 사람이 함께 일하는 환경에서 보다 명확하게 의견을 공유할 수 있다. 멘션을 하기 위해 '@'를 입력하고 멘션하고자 하는 사용자 이메일 주소 또는 이름을 입력한다.

**03** 멘션한 사용자에게 전달하고자 하는 메시지를 입력한다.

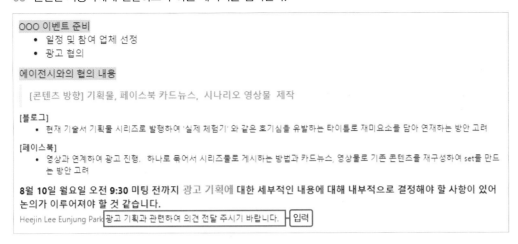

**04** 멘션된 사용자에게는 [활동]을 통해 멘션된 내용이 알림으로 전달된다. 내가 멘션된 내용을 포함한 콘텐츠 상단에는 @ (멘션)이 표시된다.

## | 소통(대화) |

Wiki는 정보를 함께 공유하며, 공유된 정보를 바탕으로 채팅을 통해 서로의 의견을 소통할 수 있다.

01 특정 섹션에서 채팅을 시작하기 위해서는 섹션이 시작하는 오른쪽 상단의 ◼(섹션 대화 표시)를 클릭하고 메시지를 입력한 후 ▷(보내기)를 클릭한다.

02 작성하여 전송된 메시지는 Wiki 섹션 링크와 함께 채널의 게시물이 자동 생성되어 [게시물] 탭에 게시된다.

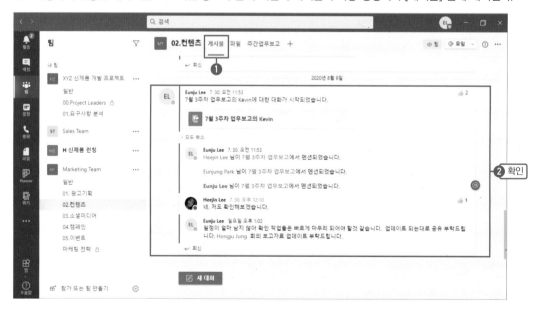

**03** 공유된 의견에 구성원들은 [회신] 기능을 활용하여 서로 논의하고 소통할 수 있다.

## Wiki 페이지 보관

• 생성된 Wiki 페이지는 Teams에서 팀 생성 시 자동으로 생성된 SharePoint Online 팀 사이트에 저장되며, 팀 사이트의 [사이트 콘텐츠]에서 [Teams Wiki Data]를 통해 확인이 가능하다.

• 팀의 Wiki 페이지는 Wiki 페이지가 생성된 채널 이름의 하위 폴더에 저장되어 있으며, 각 Wiki 페이지는 '.mht' 확장자의 파일로 저장되어 있다.

## 4  탭 추가

각 채널은 업무 주제를 기반으로 하고 있으며, 각 업무에서 요구되는 업무 목적에 맞게 구성하기 위해 기본적으로 제공되는 탭인 [게시물], [파일], [Wiki] 탭 이외에 추가적으로 탭을 추가할 수 있다.

01  탭 메뉴 오른쪽에 위치한 ⊞(탭 추가)를 클릭한다.

**02** 채널의 탭으로 추가하고자 하는 서비스를 클릭한다. 본 예제에서는 SharePoint Online 팀 사이트를 탭으로 추가하고자 한다. [SharePoint]를 클릭한다.

**03** 연결하고자 하는 페이지를 선택하고 [저장]을 클릭한다.

**04** 추가된 팀 사이트의 탭 이름을 변경하기 위해 탭 이름 오른쪽에 위치한 ☑(탭 옵션)을 클릭하고 [이름 바꾸기]를 선택한다.

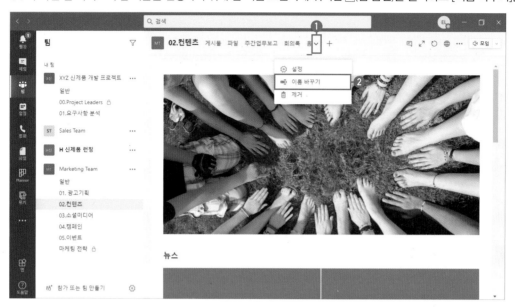

**05** [탭 이름]을 '팀사이트'로 변경하고 [저장]을 클릭한다.

### 5 탭 삭제

**01** 삭제하고자 하는 탭을 클릭한다.

**02** 탭 이름 오른쪽에 위치한 ☑(탭 옵션)을 클릭한 후, [제거]를 선택한다.

**03** 다시 한번 삭제 확인 메시지가 나타나면 [제거]를 클릭한다.

> **TIP**
>
> [Wiki] 탭을 제외하고, 탭을 통해 연결된 문서 또는 서비스는 탭을 삭제하더라도 연결되어 있던 문서 또는 서비스 자체가 삭제되지는 않는다. 다만 탭으로 연결되어 있던 메뉴를 제거하는 것이다.

## Section 04 유용한 기능

### 1 팀 및 채널 순서 변경

Microsoft Teams를 기반으로 업무가 활성화되면 구성원은 많은 팀의 일원으로 참여를 하게 된다. 표시되는 여러 팀 가운데 현재 활동적으로 참여하고 있는 팀을 팀 목록 상단에 위치하도록 설정할 수 있다. 팀 순서를 변경하려면 이동하고자 하는 팀 이름을 클릭한 상태에서 이동하고자 하는 위치로 Drag & Drop하여 이동한다.

팀 순서는 Drag & Drop으로 보여지는 팀 목록의 순서 변경이 가능하지만, 팀의 채널은 알파벳 순서에 의해 자동으로 정렬된다. 기본적으로 생성되는 일반 채널 아래에 이름 순서로 자동 정렬되기 때문에 채널의 순서를 조정하고 싶은 경우 채널명에 번호를 사용하면 채널의 순서를 원하는 순서로 정렬할 수 있다.

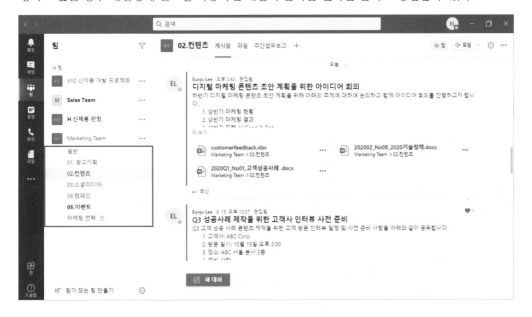

## ② 채널 고정 및 해제

각 팀은 여러 개의 채널로 구성이 되어 있기 때문에 현재 참여하고 있는 채널로 이동하기 위해서는 작업하고자 하는 채널이 포함된 팀을 찾아 이동해야 한다. 각 팀별로 여러 개의 채널이 생성되어 운영되고 있다면 매번 찾아 이동하며 작업하는 것도 다소 번거로울 수 있다. Microsoft Teams에서는 원하는 채널에 빠르게 액세스할 수 있도록 채널을 상단에 고정할 수 있는 기능을 제공한다.

**01** 채널을 고정하기 위해서는 고정하고자 하는 채널의 이름 오른쪽에 위치한 ···(기타 옵션)을 클릭한 후 [고정]을 선택한다.

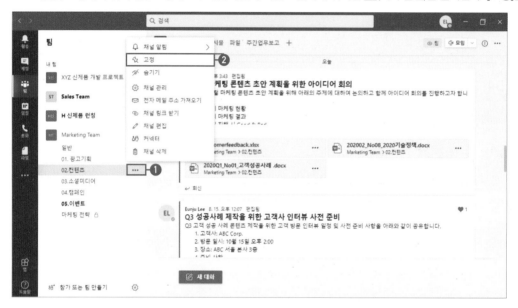

**02** 팀 목록 상단의 [고정됨] 카테고리 안에 채널이 고정된 것을 확인할 수 있다.

**03** 동일한 방식으로 현재 업무적으로 참여하고 있는 채널들을 상단에 고정해 본다.

**04** 고정된 채널을 해제하기 위해서는 고정된 채널 이름의 오른쪽에 위치한 ┄(기타 옵션)을 클릭하여 [고정 해제]를 선택한다.

**05** 선택한 채널이 [고정됨] 카테고리 안에서 사라진 것을 확인할 수 있다.

[Module 05]에서는 Microsoft Teams의 팀 단위 협업을 위한 팀의 구성 요소인 팀, 채널, 탭에 대하여 살펴봤다. 지금까지 일반적으로 조직 구성원은 팀에서 요구되는 업무를 처리하기 위해 다양한 애플리케이션으로 이동하며 작업했다. 하지만, Microsoft Teams를 통해 업무에 필요한 다양한 서비스를 팀 채널에 추가하여 별도로 이동하지 않고도 팀 구성원과 함께 정보를 확인하고 공유하며, 소통하고 협업할 수 있도록 통합된 팀 협업 환경을 구성할 수 있다. 다음 모듈에서는 팀 구성원이 채널을 통해 공유된 문서를 기반으로 협업하는 방식에 대하여 자세히 살펴보도록 한다.

# MODULE 06

# 팀 구성원 간의 문서 협업

Teams를 활용한 협업 시나리오 중 가장 많이 활용하고 필요한 부분은 조직 내부에서의 문서 협업 작업이다. 다양한 종류의 문서를 Teams에 업로드하면 팀에 초대된 모든 구성원은 문서를 볼 수 있고 편집할 수 있다. Office 앱으로 작업한 문서는 Teams 내에서 실시간으로 빠르게 동시 편집(Teams, Office 앱(설치형 버전), Office Online)을 할 수 있어 문서를 취합하거나 보고해야 하는 경우 효율적으로 활용할 수 있다. 그리고, 프로젝트 및 부서별 팀을 생성해 채널별로 문서를 업로드하면 관련 문서를 한 곳에서 관리할 수 있어 메일을 주고받는 횟수를 줄일 수 있다.

## Section 01  문서 저장 및 업로드

Teams에서 팀을 구성하면 [파일] 탭에서 문서를 저장하고 공유하고 동시 편집할 수 있다. 문서를 업로드하기 위해서는 [파일] 탭에서 문서를 새로 만들거나 개인 클라우드 저장소인 OneDrive for Business에 있는 문서를 복사하거나 내 컴퓨터에 저장된 문서를 가져오는 방법이 있다.

### 1 문서 저장

Teams 내에서 Office Online(Office 웹 브라우저)을 활용해 새로 만들기(Word, Excel, PowerPoint, OneNote, Excel용 Forms)로 문서를 만들고 저장할 수 있다.

**01** Teams를 실행한 후, [팀]에서 채널을 선택한다. 본 예제에서는 다음과 같이 미리 작성해 둔 팀과 채널 중 [Sales Team] 팀의 [03.제안서] 채널을 선택한다(임의의 팀과 채널을 만들어서 실습한다.).

**02** [파일] 탭을 클릭한 후, [새로 만들기]–[PowerPoint 프레젠테이션]을 선택한다.

**03** [PowerPoint 프레젠테이션] 대화 상자가 나오면 파일 이름을 입력하고 [만들기]를 클릭한다.

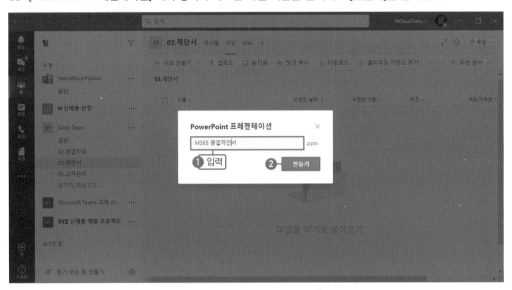

**04** PPTX 문서 작업 화면이 나타난다. 슬라이드 제목을 입력하면 오른쪽에 [디자이너] 창이 나타나 디자인을 제안한다. 제 안된 디자인 중 원하는 디자인을 선택한다.

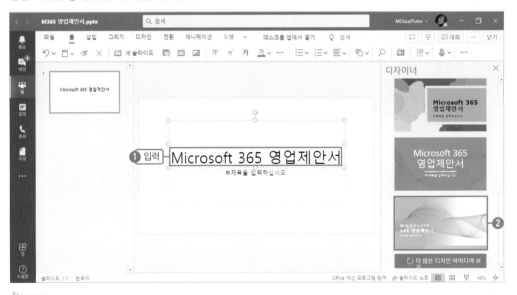

> **TIP**
>
> Teams에서 새 문서 작업 시 Office Online 버전의 경우 [저장] 단추는 없고, 문서는 자동으로 저장된다.

**05** 리본 메뉴에서 [새 슬라이드]를 클릭한 후, [Title and Content]를 선택하고 [슬라이드 추가]를 클릭한다.

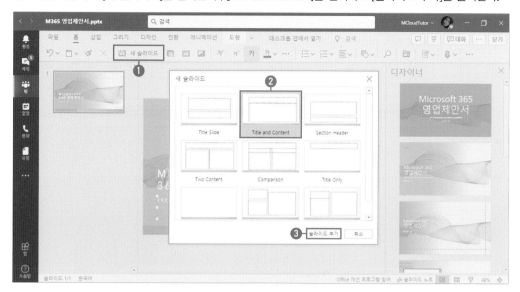

**06** 슬라이드에 내용을 입력하면 [디자이너] 창이 나타나 디자인을 제안한다. 원하는 디자인을 선택해 완성한 후 오른쪽 상단에 있는 [닫기]를 클릭하여 문서 작업을 완료한다.

**07** [파일] 탭에 문서가 저장된다.

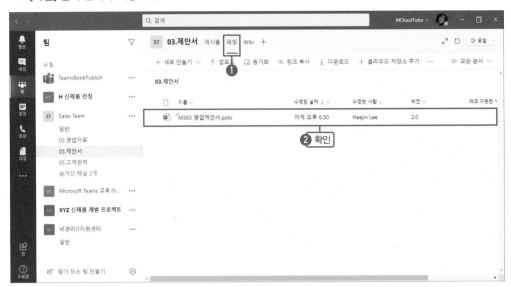

## 2 문서 저장 위치

Teams에서 [파일] 탭에 저장된 문서는 SharePoint Online(팀 클라우드 저장 공간)에 저장된다. [파일] 탭에서 […]
(선택한 항목으로 수행할 수 있는 다른 작업)을 클릭한 후, [SharePoint에서 열기]를 선택하면 SharePoint Online
사이트로 이동된다.

**01** [파일] 탭에서 […](선택한 항목으로 수행할 수 있는 다른 작업)을 클릭한 후 [SharePoint에서 열기]를 선택한다.

**02** 선택되어 있던 'Sales Team' 팀 이름으로 생성된 SharePoint Online 사이트로 이동된다.

> **TIP**
>
> Microsoft Teams에서 팀을 생성하면 팀 문서를 저장하기 위해 팀 이름과 동일한 이름으로 SharePoint Online(팀 클라우드 저장소) 사이트가 생성된다.

### 3 문서 업로드

내 컴퓨터에 저장된 문서를 Microsoft Teams에 업로드하거나 Windows 탐색기를 열어 문서를 드래그 앤 드롭으로 복사하여 업로드할 수 있다. 파일당 업로드 제한 용량은 100GB이다.

**01** [파일] 탭에서 [업로드]를 클릭한다. [열기] 대화 상자가 나오면 업로드할 파일을 선택하고 [열기]를 클릭한다.

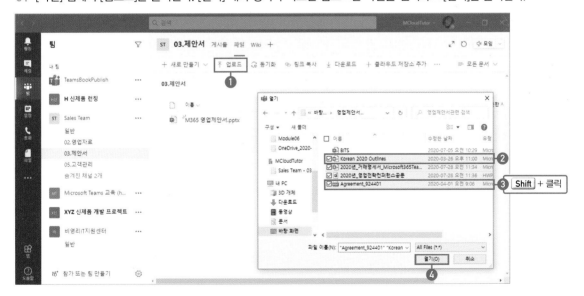

**02** 이번에는 Windows 탐색기를 열어 업로드할 파일을 드래그 앤 드롭으로 파일을 복사해서 업로드한다.

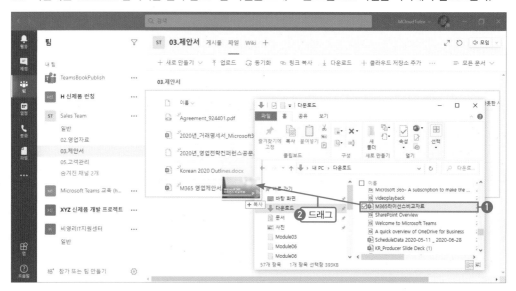

**03** 문서가 업로드된다.

> **TIP**
>
> Microsoft Office 문서가 아닌 아래한글(HWP), CAD 등 다양한 문서를 업로드할 수 있다. 단, 문서 편집 시 Microsoft Office 문서 외에는 클릭하면 바로 보거나 편집할 수 없고, 다운로드한 후 해당 프로그램을 열어서 편집해야 한다. PDF 문서는 클릭하면 문서 미리 보기가 가능하다.

Teams 파일을 관리하는 경우 [새로 만들기]-[폴더]를 만들어 문서를 관리하면 체계적으로 관리할 수 있다. 폴더를 생성한 후, 이동하거나 복사하고 싶은 경우에는 파일을 선택하고 상단 메뉴에서 [이동] 또는 [복사]를 선택한다. Microsoft Teams에서 폴더를 생성하면 SharePoint Online 사이트에도 생성된 폴더가 보인다. 반대로 SharePoint Online 사이트에서 폴더를 생성하면 Teams의 [파일] 탭에서는 표시되지 않으므로 주의해야 한다.

## 4 문서 보기 옵션

Teams의 [파일] 탭에 업로드된 문서의 보기 화면은 SharePoint Online에서 제공되는 문서의 보기 화면이다. 문서의 보기 화면은 목록, 간단한 목록, 타일로 변경할 수 있으며, 보기를 다음으로 저장 및 현재 보기 편집이 가능하다. Teams 문서 보기 화면을 변경하면 SharePoint Online으로 이동해도 동일한 문서 보기 화면을 확인할 수 있다.

01 Teams의 기본 보기 화면은 '목록' 보기이다. 화면 보기를 변경하려면 [파일] 탭에서 오른쪽 상단에 있는 ☰ 모든문서 ∨ (보기 옵션 전환)을 클릭한 후 [타일]을 선택한다.

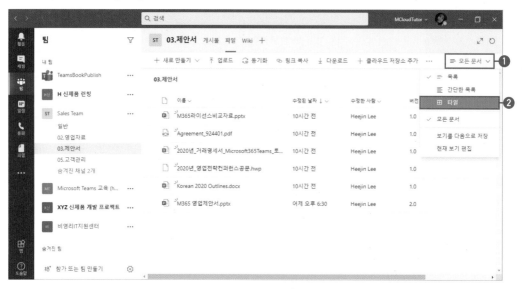

02 문서가 '타일' 보기로 변경된다.

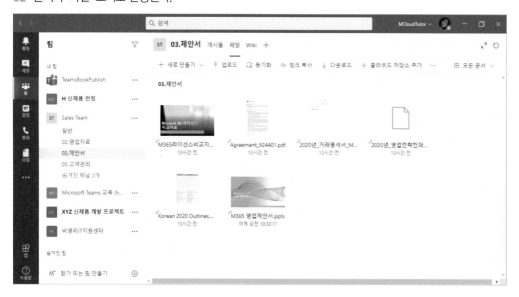

03 문서를 다시 기본 보기로 변경하려면 ⊞ 모든문서 ∨ (보기 옵션 전환)을 클릭한 후 [목록]을 선택한다.

**04** 현재 문서 보기 화면에 열을 추가하고 삭제하기 위해 〖☰ 모든 문서 ∨〗(보기 옵션 전환)을 클릭한 후 [현재 보기 편집]을 선택한다.

**TIP**

[현재 보기 편집]은 SharePoint Online 사이트의 문서 보기 화면을 편집하는 기능이다.

**05** SharePoint Online 사이트로 이동되고 [설정]-[보기 편집] 화면이 나오면 열을 추가하기 위해 '버전', '체크 아웃한 사용자', '체크 인 설명'을 선택하고, [확인]을 클릭한다.

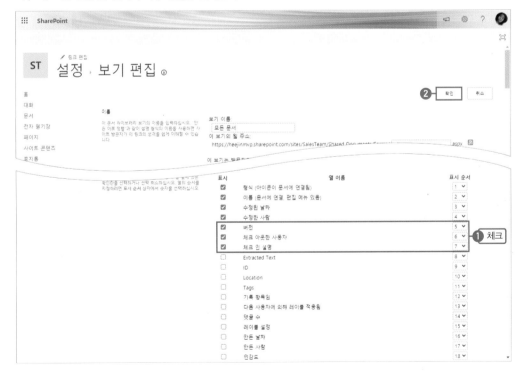

**06** SharePoint Online 사이트에 선택한 열이 추가되어 표시된다.

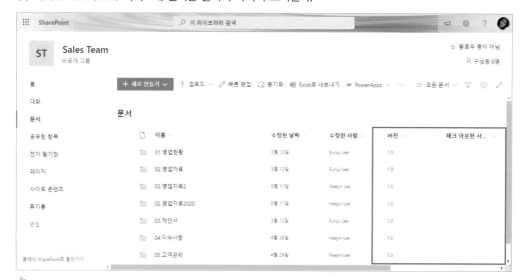

**TIP**

문서 상단 위치 고정

- [파일] 탭에 저장된 문서 중 자주 활용하는 문서는 상단에 고정할 수 있다. 문서를 선택한 후 상단 메뉴에서 [맨 위에 고정]을 클릭한다. 문서가 상단 위치에 고정된다.

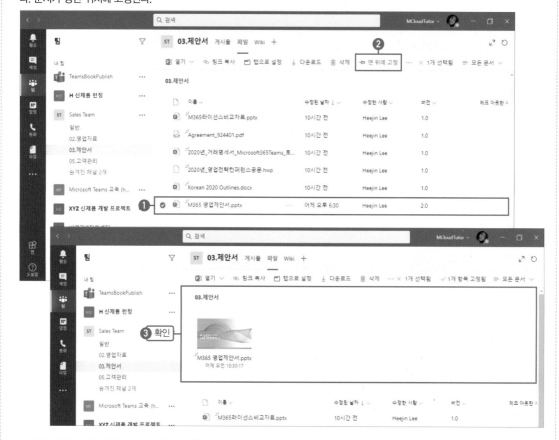

- 고정된 문서를 다시 해제하고 싶으면 상단 메뉴에서 [고정 편집]-[고정 해제]를 선택한다.

## 5 문서 삭제

Teams에 업로드된 문서 중 필요 없는 문서는 삭제할 수 있고, 실수로 삭제된 문서는 다시 복원할 수 있다.

**01** 본 예제에서는 업로드된 문서를 가지고 있는 [Sales Team] 팀 – [05.고객관리] 채널을 선택한다. 해당 채널의 [파일] 탭에서 업로드된 문서를 선택하고 [삭제]를 클릭한다.

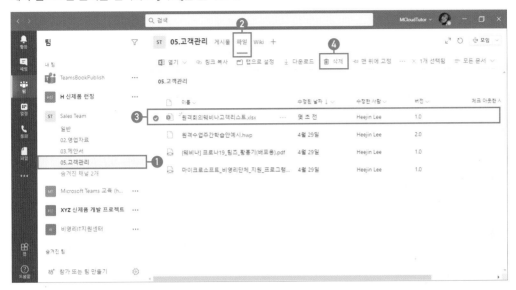

**02** [삭제하시겠습니까?] 대화 상자가 나오면 [예]를 클릭한다.

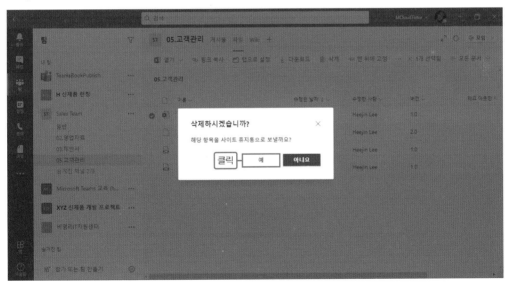

**03** 삭제된 파일을 [휴지통]에서 확인하기 위해 ⋯(선택한 항목으로 수행할 수 있는 다른 작업)을 클릭한 후 [SharePoint에서 열기]를 선택하여 SharePoint Online 사이트로 이동한다.

**04** SharePoint의 왼쪽 탐색 메뉴에서 [휴지통]을 선택하면 방금 삭제한 파일을 확인할 수 있다. 휴지통 전체를 비우려면 [휴지통 비우기]를 선택한다.

**05** 파일을 선택한 후 완전히 삭제하려면 [삭제], 다시 복원하려면 [복원]을 클릭한다.

> **TIP**
>
> SharePoint에서 항목은 원래 위치에서 삭제한 시점부터 93일 동안 보존된다. 다른 사용자가 휴지통을 삭제하거나 제거하는 경우를 제외하고는 전체 시간으로 계속 해서 사이트 휴지통에 저장된다. 이 경우 다음과 같은 경우가 아니면 항목은 사이트 모음 휴지통으로 이동하고 나머지 93일 동안 유지된다.
> – 사이트 모음 휴지통이 할당량을 초과하여 가장 오래된 항목 지우기가 시작된 경우
> – 사이트 모음 휴지통에서 사이트 모음 관리자가 항목을 수동으로 삭제하는 경우

조직 구성원들과 문서를 협업 시 기존의 문서 협업 방식에서는 문서를 순차적으로 작업했지만, 클라우드 서비스를 활용하면 동시에 접속해서 실시간으로 문서를 편집할 수 있다. 빠르게 문서를 취합해야 하는 경우 활용하면 좋다. 그리고, Teams에서 문서 동시 작업 시 대화 기능을 활용해 구성원들과 바로 커뮤니케이션을 하면서 문서 작업을 할 수 있다. 동시 작업 시 주고받은 대화는 Teams 게시물에 기록된다.

### 1 게시물에서 파일 동시 편집

팀의 채널마다 기본적으로 [게시물] 탭을 지원한다. 게시물에서는 메시지, 파일 삽입, 이모지, Giphy, 스티커, 공지 사항, 모임 시작 등을 게시할 수 있다.

**01** 게시물을 작성하기 위해 본 예제에서는 [Sales Team] 팀 – [02.영업자료2] 채널의 [게시물] 탭으로 이동한 후, 채널 화면 하단의 [새 대화]를 클릭한다. 메시지를 입력할 수 있는 대화 상자가 나타난다.

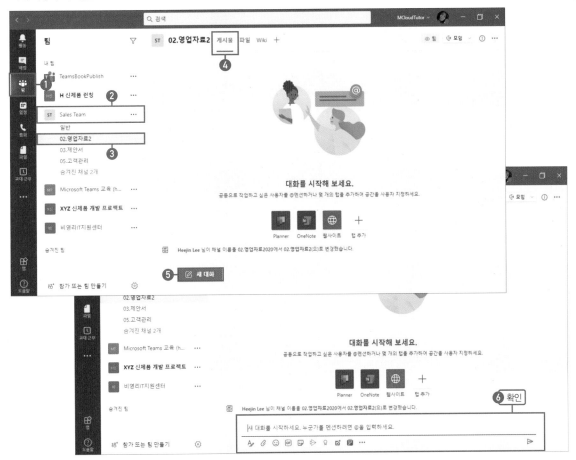

02 문서를 삽입하기 위해 대화 상자 아래쪽에서 ☐(첨부)를 클릭한 후, 파일의 위치와 파일을 선택한다. 여기서는 [내 컴퓨터에서 업로드]를 선택하여 [열기] 대화 상자가 나타나면 삽입할 파일을 선택하고 [열기]를 클릭한다.

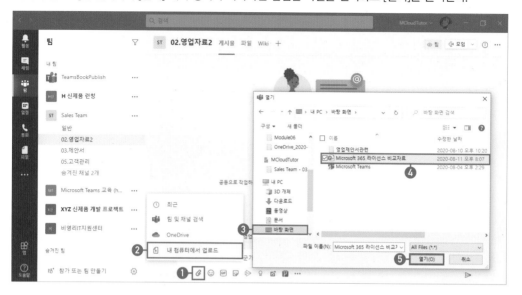

03 파일이 첨부되면 메시지를 입력하고, ▷(보내기)를 클릭하거나 Enter 키를 누른다. 메시지 입력 시 특정 사용자를 멘션 (언급)하고 싶으면 '@'를 입력하고 목록에서 사용자를 선택한다.

**04** 게시물에 메시지와 파일이 게시되면 파일 옆에 있는 ⋯(기타 첨부 파일 옵션)을 클릭한 후, [Teams에서 편집]을 선택한다.

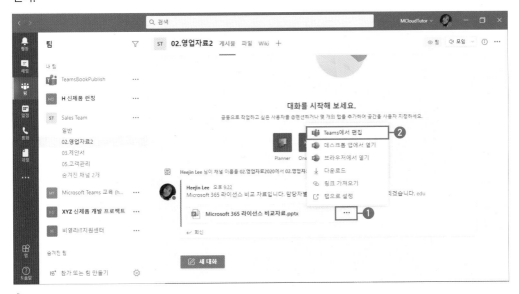

> ✏️ **TIP**
>
> ⋯(기타 첨부 파일 옵션)을 클릭한 후 [데스크톱 앱에서 열기]를 선택하면 설치형 프로그램으로 문서를 열기한다. [브라우저에서 열기]를 선택하면 Office Online 버전으로 문서를 열기한다.

**05** 팀의 다른 구성원(edu 계정)도 동시 편집을 하기 위해 [Sales Team] 팀 – [02.영업자료2] 채널의 게시물에 게시된 파일에서 ⋯(기타 첨부 파일 옵션)을 클릭하여 [Teams에서 편집]을 선택한다.

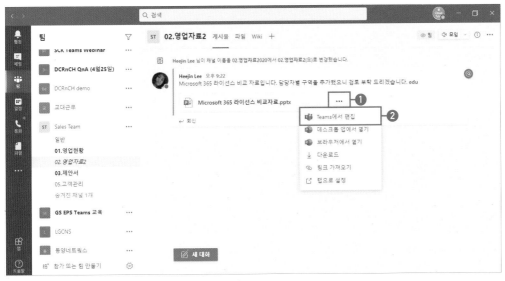

🔺 다른 Teams 사용자 화면

**06** 오른쪽 상단에 현재 동시 편집하는 사용자가 표시되고, 슬라이드에서 사용자가 수정하는 정보를 확인할 수 있다.

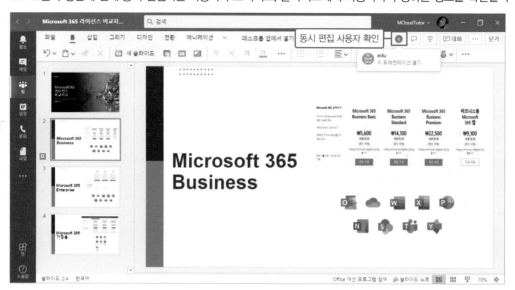

- 팀에서 파일을 편집할 때 리본 메뉴는 창의 맨 위에 있다. 리본 메뉴 오른쪽에는 [메모]와 [대화]도 표시된다.
  - 메모 : 이 위치에서 문서를 검토하는 동안 메모를 남길 수 있다. 모든 Office 앱에서도 활용할 수 있다.
  - 대화 : 이 작업을 수행하면 파일에 연결되는 팀 내부의 채팅 또는 채널 게시물에 표시된다.
  - □□□(기타 옵션) : 다운로드, 브라우저에서 열기를 선택할 수 있다.
  - 닫기 : 파일을 닫고 파일을 처음 열었을 때 팀의 위치로 돌아간다.
- Office 파일이 아닌 경우(HWP, CAD 등)는 팀에 업로드한 후에는 편집할 수 없다. 해당 프로그램에서 원본 파일을 업데이트한 다음 다시 업로드해야 한다.

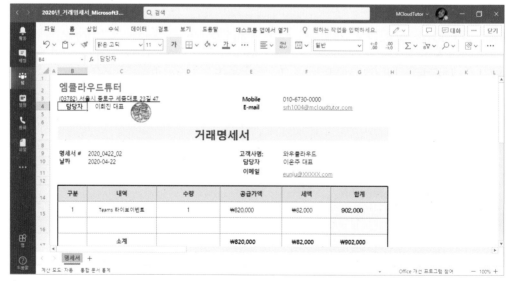

↑ Excel 파일을 Teams에서 열기

⬆ PowerPoint 파일을 Teams에서 열기

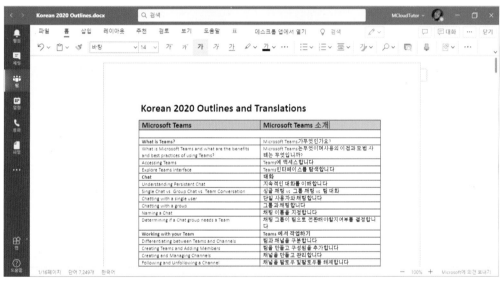

⬆ Word 파일을 Teams에서 열기

**07** 수정하는 구성원과 편집에 대한 의견을 교환하기 위해 오른쪽 상단에 있는 [대화]를 클릭하고, 대화 창이 나오면 대화 상자에 메시지를 입력한다. 상대방을 멘션(언급)하려면 '@'를 입력한 후 사용자 이름을 선택하고 메시지를 남긴다.

**08** 동시 편집이 완료된 경우 오른쪽 상단에 있는 [닫기]를 클릭해 Teams 편집 창을 나가기 한다.

**09** 게시물 목록에 편집 시 주고받은 대화가 기록된다.

## 2  업로드된 파일 동시 편집

채널에서 기본적으로 제공하는 [파일] 탭에 업로드된 파일은 소유자와 구성원은 편집 권한이 있어 동시 편집이 가능하다. 구성원들이 동시 편집 시 Office 앱, Office Online, Microsoft Teams 중 하나를 선택해서 편집하면 된다.

### ▌ Teams에서 동시 편집 ▐

[파일] 탭에 업로드된 문서는 Teams 화면에서 문서를 열어 동시 편집이 가능하다.

**01** [파일] 탭에서 동시 편집할 파일을 선택한 후, [열기]-[Teams에서 편집]을 선택한다.

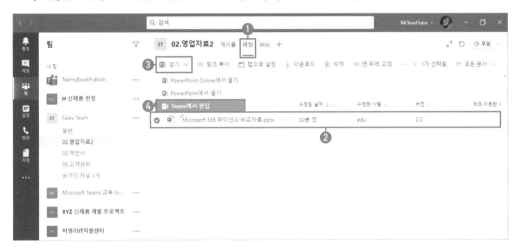

**02** Teams 화면이 나오면 오른쪽 상단에 동시 편집하는 사용자가 나타난다. 문서를 편집하고 편집이 완료되면 [닫기]를 클릭한다.

> **TIP**
> Teams에서 편집 시 설치형 버전으로 편집하고 싶은 경우 리본 메뉴에서 [데스크톱 앱에서 열기]를 선택하면 된다.

## ┃ Office 앱에서 동시 편집 ┃

[파일] 탭에 업로드된 문서는 설치된 Office 앱을 활용해 동시 편집이 가능하다.

01 [파일] 탭에서 동시 편집할 파일을 선택한 후 [열기]를 클릭하여 설치된 Office 앱을 선택한다. 본 예제에서는 PowerPoint 문서를 선택한 후 [열기]-[PowerPoint에서 열기]를 클릭한다.

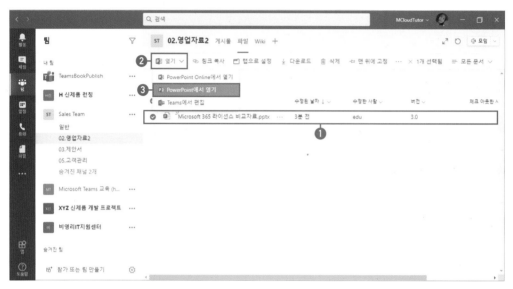

02 PowerPoint 프로그램이 실행되면 오른쪽 상단에 동시 편집 사용자가 나타난다.

**03** 오른쪽 상단에 있는 [메모]를 클릭한다. 메모 창이 나타나면 [새로 만들기]를 클릭해 바로 세부 의견을 교환하면서 커뮤니케이션할 수 있다. 여러 명과 동시 편집 시 특정 사람에게 의견을 전달하려면 '@'를 입력하고 사용자 이름 또는 아이디를 입력하면 된다. 메모 입력이 모두 완료되면 ⨯(닫기)를 눌러 메모 창을 닫기 한다.

**04** 문서 동시 편집이 완료되면 제목 표시줄에 '저장됨'이라 표시된다. 오른쪽 상단에 있는 ⨯(닫기)를 클릭해 문서를 종료한다.

## ┃ Office Online에서 동시 편집 ┃

Office 문서 동시 편집 시 설치된 Office 앱이 없는 경우, Office 웹 브라우저 버전인 Office Online을 통해 편집이 가능하다.

01  [파일] 탭에서 동시 편집할 파일을 선택한 후 [열기]를 클릭하여 Office Online을 선택한다. 본 예제에서는 PowerPoint 문서를 선택한 후 [열기]-[PowerPoint Online에서 열기]를 클릭한다.

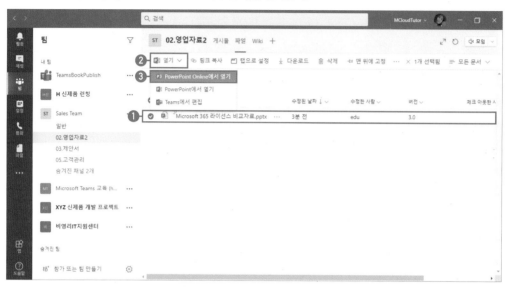

02  PowerPoint Online에서 파일이 열리면 오른쪽 상단에 동시 편집 사용자가 표시된다. [메모]를 클릭해 동시 편집하는 구성원들과 의견을 공유한다. 메모 창이 나오면 [새로 만들기]를 눌러 메모를 입력한 후 Ctrl + Enter 키를 누르거나 ▷(메모 게시)를 클릭한다. 메모 입력이 완료되면 ×(닫기)를 클릭해 메모 창을 닫기 한다.

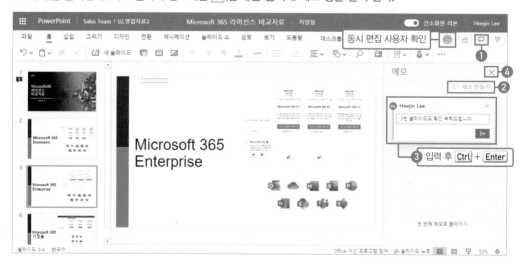

**03** 문서 작업이 완료되면 왼쪽 상단에 있는 채널명을 클릭한다. 본 예제에서는 [Sales Team 〉 02.영업자료2] 링크에서 [02.영업자료2]를 클릭한다.

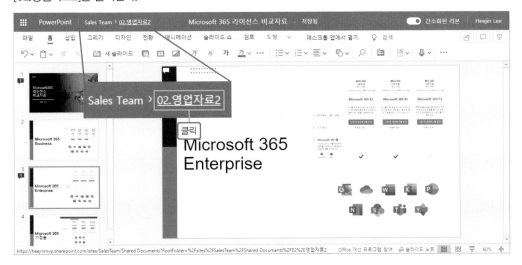

**04** SharePoint Online 사이트로 이동하면서 [문서] 라이브러리 화면이 나타난다.

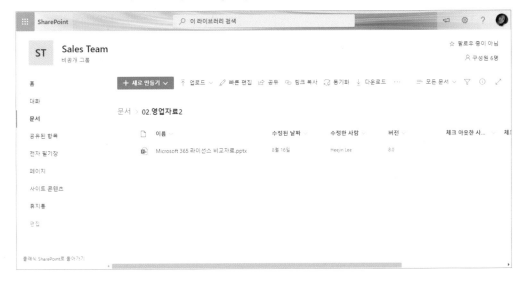

TIP

문서 다운로드

- [파일] 탭에 저장된 문서 중 Team 내에서 바로 편집할 수 없는 경우 [다운로드]를 클릭해 로컬 컴퓨터에 저장한 후 해당 프로그램을 열어 편집한다. [다운로드]를 클릭하면 현재 사용하는 웹 브라우저의 다운로드 위치(예 C:₩Users₩이희진₩Downloads)에 저장된다.

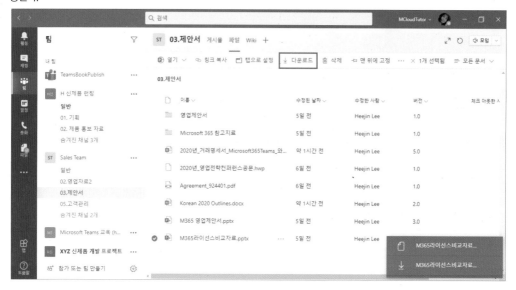

- 다운로드 저장 위치를 변경하려면 웹 브라우저 다운로드 위치 설정을 변경하면 된다.
  - 구글 Chrome을 사용하는 경우 오른쪽 상단의 ⋮(chrome 맞춤설정 및 제어)를 클릭한 후 [설정]-[고급]-[다운로드]에서 변경한다.
  - Microsoft Edge를 사용하는 경우 ⋯(설정 및 기타)를 클릭한 후 [설정]-[다운로드]에서 위치를 변경한다.

⬆ Chrome 다운로드 화면

⬆ Edge 다운로드 화면

## ┃ 체크 아웃 ┃

문서를 동시 편집하지 않고 순차적으로 편집할 수 있다. 이런 경우 내가 편집하는 동안 다른 사용자가 문서 편집을 못하도록 체크 아웃 기능으로 문서 편집을 차단한다.

**01** Teams의 [Sales Team] 팀 – [03.제안서] 채널 – [파일] 탭에서 편집할 문서를 선택한 후, └┄┘(선택한 항목으로 수행할 수 있는 다른 작업)을 클릭하고 [체크 아웃]을 선택한다.

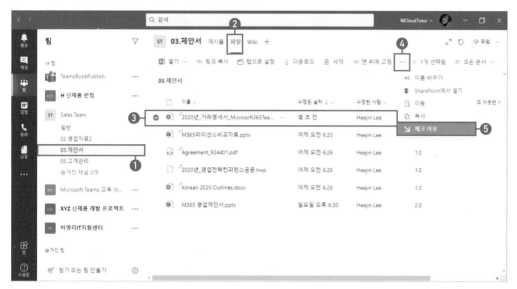

> **TIP**
>
> Teams의 [파일] 탭 화면에 열을 추가하고 싶으면 [ㅇ 모든 문서 ](보기 옵션 전환)을 클릭한 후 [현재 보기 편집]을 선택해 SharePoint Online 사이트로 이동한다. SharePoint의 [설정]–[보기 편집] 화면이 나오면 '버전', '체크 아웃한 사용자', '체크 인 설명' 열을 선택한 후 [확인]을 클릭한다.

**02** 선택한 문서 이름 옆에 체크 아웃 표시(🡒)가 나타난다.

> **TIP**
>
> 체크 아웃한 사용자는 체크 아웃한 파일에 마우스 포인터를 올려놓으면 바로 확인할 수 있다. 또는 체크 아웃한 파일을 선택하고 오른쪽 상단 메뉴에서 └┄┘(선택한 항목으로 수행할 수 있는 다른 작업)을 클릭한 후, [SharePoint에서 열기]를 선택해 SharePoint Online 사이트로 이동하면 바로 확인할 수 있다.

**03** 체크 아웃된 문서를 클릭한 후 Microsoft Teams 화면에서 문서 편집 작업을 한다. 문서 편집 작업이 종료되면 [닫기]를 클릭해 문서를 닫는다.

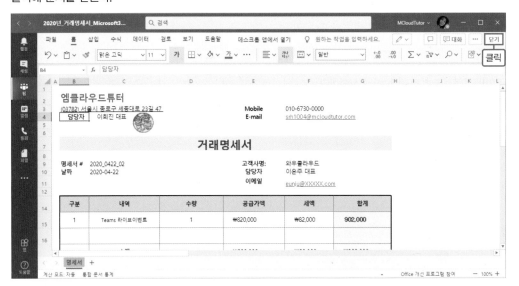

**04** 문서 이름 옆에 있는 ⋯(작업 표시)를 클릭한 후, [더 보기]-[체크인]을 선택한다. 체크 아웃을 잘못 설정한 경우는 [체크 아웃 취소]를 선택한다.

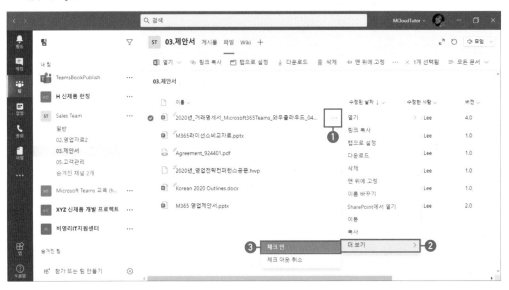

**05** [체크 인] 대화 상자가 나오면 편집 내용 및 추가 메모를 입력한 후 [체크 인]을 클릭한다.

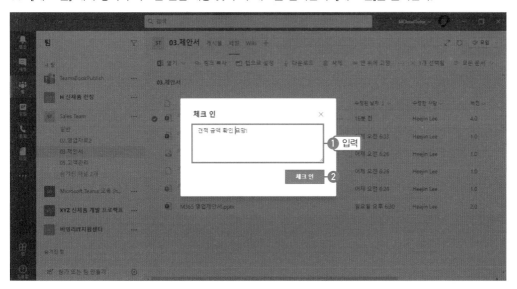

**06** [체크 아웃한 사용자] 열에 사용자 이름이 사라지고, [체크 인 설명] 열에 체크인 시 입력한 내용이 표시된다.

> **TIP**
> 체크 인 설명이 바로 보이지 않는 경우 다른 채널을 선택한 후 다시 선택하면 된다.

**07** 체크 아웃이 설정된 문서는 팀의 다른 구성원이 [파일] 탭을 클릭하면 체크 아웃 설정 표시가 나타난다.

↟ 다른 Teams 사용자 화면

**08** 체크 아웃된 문서를 열기하면 편집은 할 수 없고, 읽기 전용으로 문서가 열린다.

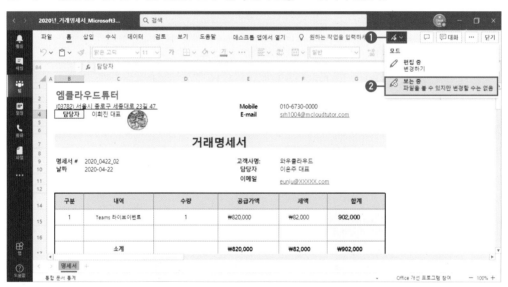

↟ 다른 Teams 사용자 화면

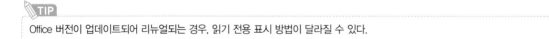

Office 버전이 업데이트되어 리뉴얼되는 경우, 읽기 전용 표시 방법이 달라질 수 있다.

채팅 중인 채널을 떠나지 않고 이전에 업로드한 파일의 링크를 복사할 수 있다. 팀 채널의 [파일] 탭으로 가서 파일명 옆의 ⋯(작업 표시)를 클릭하고 [링크 복사]를 선택한다. [파일] 탭에서 [링크 복사]를 선택하면 Teams와 SharePoint 링크로 구분해서 복사할 수 있다. 이제 링크를 채널이나 채팅 창에 붙여넣기 할 수 있다. 또한, 다른 팀에 속한 다른 채널에서도 링크를 공유할 수 있다. 이렇게 하면 동일한 파일의 사본을 여러 개 업로드하지 않고 활용할 수 있어 문서 관리가 편리하다.

### 1 Microsoft Teams 링크 가져오기

Teams에 업로드된 문서의 링크를 복사하면 Teams 채널의 게시물에 문서의 링크를 손쉽게 가져올 수 있다. 복사된 문서 링크를 클릭하면 Teams 내에서 문서를 읽거나 편집할 수 있다.

01 본 예제에서는 [Sales Team] 팀 – [03.제안서] 채널의 [파일] 탭에서 파일을 선택한 후 [링크 복사]를 클릭한다.

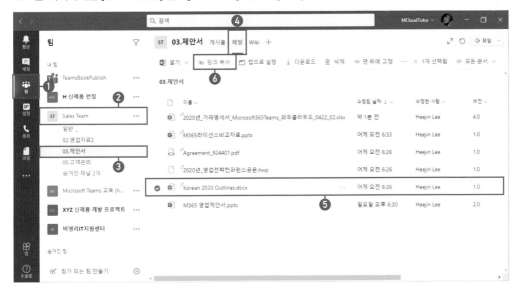

02 [링크 가져오기] 대화 상자가 나타나면 [Microsoft Teams] 탭을 선택한 후 [복사]를 클릭한다.

**03** 본 예제에서는 [Sales Team] 팀의 다른 채널(02.영업자료2)로 이동한다. [게시물] 탭에서 [새 대화]를 클릭한 후 대화 상자에 복사한 파일 링크를 붙여넣기 위해 마우스 오른쪽을 클릭해서 [붙여넣기]를 선택한다.

**04** ▷(보내기)를 클릭하거나 Enter 키를 누른다.

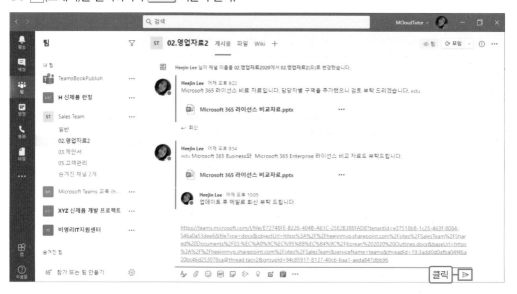

**05** 채널(여기서는 [02.영업자료2] 채널의 [게시물] 탭)에 등록된 링크를 클릭한다.

**06** Teams 내에서 문서가 열린다. 문서를 편집한 후 [닫기]를 클릭한다.

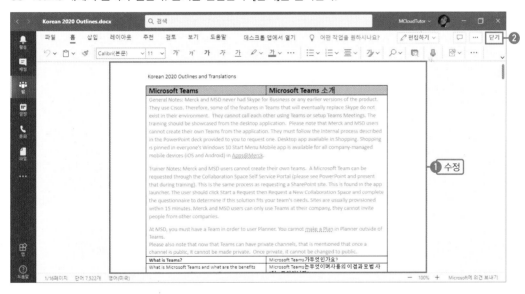

**07** 팀의 다른 구성원도 **05**와 같이 게시물에 복사된 링크를 클릭하면 문서를 편집할 수 있다.

### 2 SharePoint 링크 가져오기

Teams에 업로드된 문서의 SharePoint 링크 복사를 선택하면 SharePoint Online 사이트에서 문서를 편집할 수
있다.

**01** 본 예제에서는 [Sales Team] 팀 – [03.제안서] 채널의 [파일] 탭에서 파일을 선택한 후 [링크 복사]를 클릭한다.

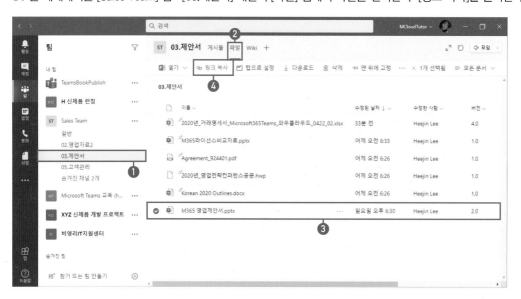

**02** [링크 가져오기] 대화 상자가 나오면 [SharePoint] 탭을 선택한 후 [복사]를 클릭한다.

**03** 본 예제에서는 [Sales Teams] 팀 – [02.영업자료2] 채널을 선택하여 [게시물] 탭의 대화 상자에 복사한 파일 링크를 붙여 넣기(Ctrl + V)한 후, ▷(보내기)를 클릭하거나 Enter 키를 누른다.

**04** [02. 영업자료2] 채널에 등록된 링크를 클릭하면 브라우저에서 열기로 문서가 열린다. 문서 편집이 완료되면 왼쪽 상단에 있는 [Sales Team > 03.제안서]에서 [03.제안서]를 클릭한다.

**05** SharePoint Online 사이트로 이동된다.

### 3  게시물에서 링크 공유하기

[게시물] 탭의 대화 상자 하단에 있는 클립 모양(⊘)을 선택해서 Teams 내에 있는 문서의 링크를 복사할 수 있다.

**01** 본 예제에서는 [Sales Teams] 팀 – [02.영업자료2] 채널을 선택한 후 [게시물] 탭의 대화 상자 하단에 있는 ⊘(첨부)를 클릭한다. 파일이 저장된 위치 목록이 나타나면 [팀 및 채널 검색]을 선택한다.

**02** ↑를 클릭하여 [Sales Team] 팀의 채널 목록을 표시한 후, 링크를 복사할 파일이 있는 [03.제안서] 채널을 선택한다.

**03** [03.제안서] 채널의 파일 목록이 나타나면 링크를 복사할 파일을 선택하고, [링크 공유]를 클릭한다.

**04** 선택한 문서가 대화 상자에 삽입되면 메시지를 입력한 후, ▷(보내기)를 클릭하거나 Enter 키를 눌러 게시한다.

**05** 채널에 게시된 파일을 클릭하면 [Microsoft Teams에서 편집] 화면이 나타난다.

TIP

Teams의 다른 팀에 링크를 잘못 복사한 경우 권한이 없기 때문에 링크를 클릭하면 '이 파일에 액세스할 수 없습니다'라고 표시된다.

### 4 복사본 다운로드

Teams에서 권한 설정이 다른 팀과 팀 간의 파일을 공유하려면 복사본 다운로드로 업로드해야 한다.

**01** 다른 팀에서 채널을 선택(본 예제에서는 [Marketing Team] 팀 – [01.광고기획] 채널)한 후, [게시물] 탭의 대화 상자 하단에 있는 🖉(첨부)를 클릭하고 [팀 및 채널 검색]을 선택한다.

**02** ⬆를 두 번 클릭해서 팀 목록이 표시되는 단계로 이동한다.

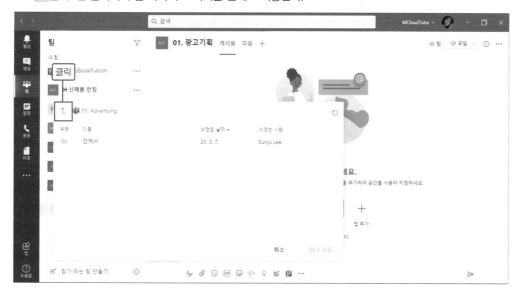

**03** 팀 목록이 나타나면 복사할 파일이 있는 팀(여기서는 [Sales Team] 팀)을 선택한다.

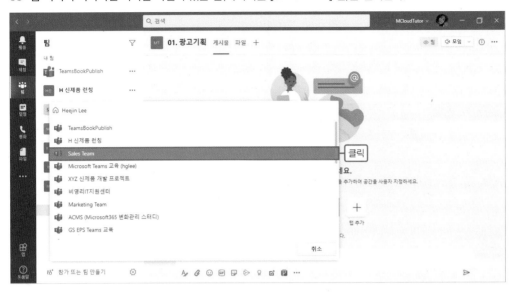

**04** 채널 목록이 나타나면 복사할 파일이 있는 채널(여기서는 [03.제안서] 채널)을 선택한다.

**05** 복사할 파일을 선택한 후 [복사본 업로드]를 클릭한다.

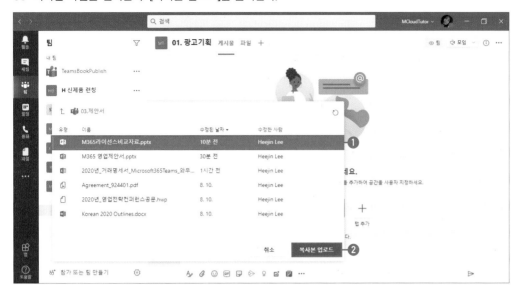

**06** 메시지를 작성한 후 ▷(보내기)를 클릭한다.

**07** [Marketing Team] 팀 - [01.광고기획] 채널의 [파일] 탭에 선택한 문서가 저장된다.

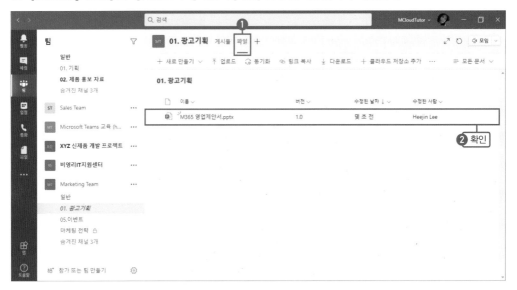

## Section 04  문서 동기화

Teams의 [파일] 탭에 업로드된 문서를 동기화 설정을 하면 Windows 탐색기에서 동기화된 채널의 문서를 자유롭게 관리할 수 있다. Teams 채널에 파일을 동기화하면 비즈니스용 OneDrive 앱을 통해 동기화하지만, One-Drive 폴더와는 구분되어 Teams의 채널 이름으로 동기화된다.

### 1  동기화 설정하기

각 팀의 채널을 선택하고 [파일] 탭에서 [동기화]를 클릭하면 Windows 탐색기에서 동기화된 팀의 채널에 있는 폴더나 파일을 바로 관리할 수 있다. 동기화 설정을 하게 되면 복사본이 다운로드가 되는 형태가 아니라 온라인으로 접속할 수 있는 온라인 보기로 동기화가 설정된다. 동기화 상태 정보는 마우스 오른쪽을 클릭하면 나타나는 바로 가기 메뉴에서 변경할 수 있다.

**TIP**

Windows 10용 OneDrive 요청 기반 파일 관리를 사용하면

- 파일을 온라인 전용으로 만들어서 장치의 공간을 절약할 수 있다.
- 파일 및 폴더를 장치에서 로컬로 항상 사용할 수 있도록 설정할 수 있다.
- 파일에 관한 중요한 정보(예) 해당 파일이 공유되었는지 여부)를 확인할 수 있다.
- 열려 있는 필수 응용 프로그램이 설치되어 있지 않은 경우에도 300개 이상 다양한 파일 형식의 축소판 그림 보기로 확인할 수 있다.

**01** 동기화할 채널을 선택(본 예제에서는 [Sales Team] 팀 – [03.제안서] 채널)한 후, [파일] 탭을 클릭하고 상단 메뉴에서 [동기화]를 선택한다.

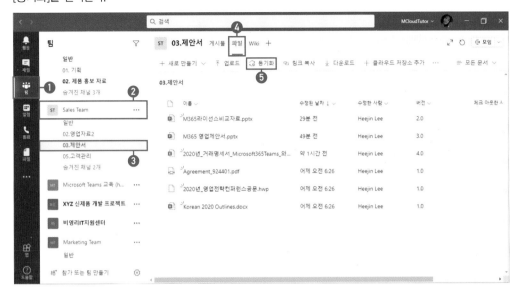

**02** 'OneDrive 설치' 화면이 나타난 대화 상자가 표시되면 Teams 계정을 입력한 후 [로그인]을 클릭한다.

**03** 'OneDrive 폴더' 단계 화면이 나타나면 [다음]을 클릭해 동기화를 진행한다.

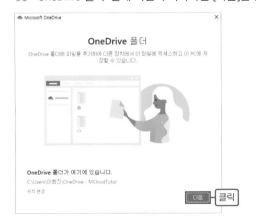

**04** OneDrive 폴더를 선택한다. 새 폴더를 선택하려면 [새 폴더 선택]을 클릭하고, 현재 폴더를 선택하려면 [이 폴더 사용]을 클릭한다.

**05** 'OneDrive에 대해 알아보세요.' 단계 화면이 나타나면 [다음]을 클릭한다.

**06** '파일 및 폴더 공유' 단계 화면이 나타나면 [다음]을 클릭한다.

**07** '모든 파일, 준비 및 요청 시' 단계 화면이 나타나면 [다음]을 클릭한다.

**08** '모바일 앱 가져오기' 단계 화면이 나타나면 [모바일 앱 가져오기] 또는 [나중에]를 클릭한다.

**09** 'OneDrive가 준비되었습니다.' 단계 화면이 나타나면 [내 OneDrive 폴더 열기]를 클릭한다.

**10** Windows 탐색기에 동기화된 Microsoft 365 테넌트 이름(예 MCloudTutor)은 회사 건물 모양 아이콘(▥)과 함께 표시되고, 그 아래 동기화된 채널 이름(예 Sales Team – 03.제안서)이 표시된다.

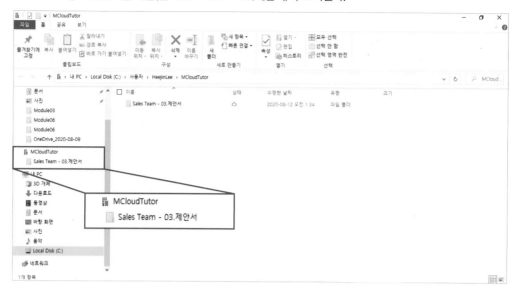

**11** 폴더(예 Sales Team – 03.제안서)를 선택하면 동기화된 파일이 나타난다.

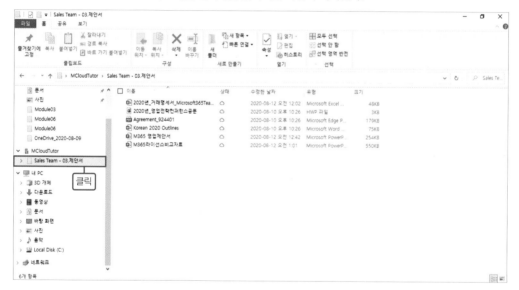

## 2 동기화 폴더 선택하기

동기화된 파일이나 폴더는 언제든 자유롭게 선택하거나 해제할 수 있다.

**01** [Sales Team] 팀 – [03.제안서] 채널에 폴더가 없는 경우 [홈] 탭 – [새로 만들기] 그룹의 [새 폴더]를 클릭해 폴더를 생성한다. 또는 마우스 오른쪽을 클릭한 후 바로 가기 메뉴에서 [새로 만들기] – [폴더]를 선택한다.

**02** Windows 탐색기에서 [상태] 표시에 있는 △(OneDrive)에서 마우스 오른쪽을 클릭한 후 바로 가기 메뉴에서 [설정]을 선택한다.

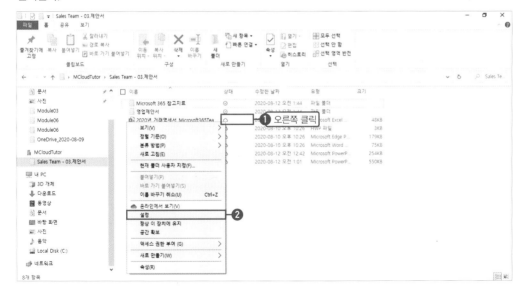

03 [Microsoft OneDrive] 대화 상자가 나타나면 [Sales Teams – 03. 제안서]의 [폴더 선택]을 클릭해 동기화 폴더를 선택하거나 해제할 수 있다.

04 [폴더 선택] 대화 상자가 나오면 동기화하고 싶은 폴더에 없는 파일이나 폴더를 해제하거나 체크한 후 [확인]을 클릭한다.

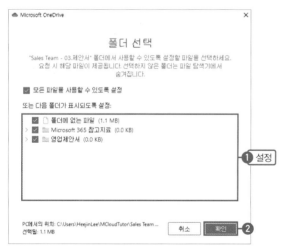

동기화 중지하기

동기화 설정에 문제가 있거나 잠시 동기화 설정을 중지할 수 있다. 중지된 동기화 설정을 바로 해지하면 다시 동기화를 설정할 수 있다.

— **방법-1** : Windows 탐색기의 [상태] 표시에 있는 ⬜(OneDrive)에서 마우스 오른쪽을 클릭한 후 바로 가기 메뉴에서 [설정]을 선택한다. [Microsoft OneDrive] 대화 상자가 나타나면 동기화된 채널 이름 옆에 [동기화 중지]를 클릭한다.

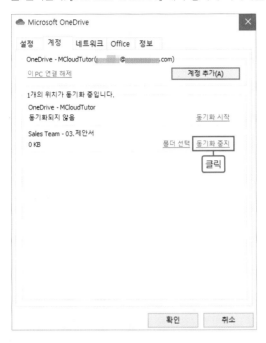

— **방법-2** : Windows 작업 표시줄의 오른쪽 하단에 동기화된 ☁(OneDrive)를 클릭한 후 [도움말 & 설정]-[동기화 일시 중지]를 선택한다.

프로젝트가 종료되거나 관련 부서에서 다른 부서로 이동하는 경우, 소속된 Teams 팀에 더 이상 접속하지 않는 경우는 Windows 탐색기에 동기화 연결 설정을 해제해야 한다.

**01** Windows 탐색기의 [상태] 표시에 있는 ⃝(OneDrive)에서 마우스 오른쪽을 클릭한 후 바로 가기 메뉴에서 [설정]을 선택한다.

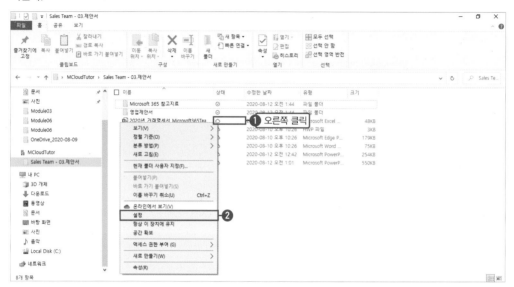

**02** [Microsoft OneDrive] 대화 상자가 나타나면 [이 PC 연결 해제]를 클릭한 후 [확인]을 클릭한다.

[Module 06]에서는 Teams의 [파일] 탭에 문서를 새로 만들고 업로드하는 방법 및 문서를 관리하는 방법, 업로드된 문서를 Microsoft Teams, Office 앱, Office Online에서 실시간으로 동시 편집하는 방법, Windows 탐색기에 동기화하는 방법에 대해 알아보았다.

# 탭 추가하기와 앱 사용하기

Microsoft Teams에서는 앱을 제공하고 있어 손쉽게 팀의 채널이나 채팅에 앱을 통합할 수 있다. 팀의 채널에서는 기본적으로 문서 라이브러리에 해당하는 [파일] 탭과 [게시물] 탭이 제공되어 있다. 필요하다면 팀에서 자주 사용하는 앱이나 서비스를 상단 탭에 추가하여 팀 구성원과 협업에 활용할 수 있다. 앱 스토어에서 봇 앱을 추가하면 채팅에서 다른 앱의 정보를 검색해 팀 구성원과 공유할 수 있고, 봇 앱을 연결하면 앱에서 시간이 되면 알림을 보내 약속 시간을 잊지 않게 할 수도 있다.

Teams 앱을 통해 여러 서비스, 앱을 손쉽게 통합하여 구성원과의 협업을 보다 더 효과적으로 진행할 수 있으며, 별도로 서비스 페이지나 애플리케이션을 별도로 열지 않아도 사용자가 필요한 데이터를 Teams에서 쉽게 액세스하고 관리할 수 있다.

여기에서는 채널에 탭을 추가하고 사용하는 기본적인 방법을 알아보고, 활용에 도움이 되는 여러 서비스를 탭에 추가하여 사용해본다. 또한, 앱 활용에 대한 내용과 Power Automate를 활용하는 방법을 살펴본다.

'탭 추가하기'와 '앱 사용하기'에 대한 설명은 Office 365 E3 라이선스 환경에서 설명한다. Microsoft Teams 무료 라이선스에서는 추가할 수 있는 앱에서 차이가 있다.

## Section 01  탭 소개

Teams 앱에서 탭에 추가될 수 있는 앱이 있으며, 자주 사용하는 서비스를 탭으로 추가할 수 있다. 팀의 채널에는 [게시물]과 [파일] 탭 등이 기본적으로 제공되며, 다른 탭을 추가할 수 있다. 또한, 팀의 채팅에도 탭을 추가할 수 있다. 필요하다면 탭을 추가하여 팀 구성원과 소통, 협업하는 데 활용할 수 있다. 여기서는 간단히 탭을 소개하며, 탭 사용 시 고려 사항을 살펴본다.

### 1  탭 알아보기

탭을 추가하지 않은 팀의 채널을 액세스하면 대화 및 토론을 할 수 있는 [게시물] 탭과 SharePoint의 문서 라이브러리인 [파일] 탭을 확인할 수 있다.

**H신  03. Go to Market Strategy**  게시물  파일  +

탭을 추가한 채널의 경우 추가한 탭이 나타난다. 탭을 여러 개 추가할 수 있으며, 클릭하여 다른 탭을 액세스할 수 있다.

해당 탭을 클릭하여 Teams 클라이언트에서 콘텐츠를 액세스할 수 있다.

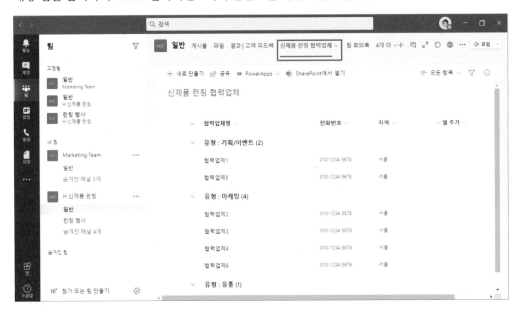

또는 콘텐츠에 따라 탭에서 ▣(탭 대화 표시)를 클릭하여 탭의 콘텐츠에 대해 팀의 구성원과 대화를 시작할 수 있다.

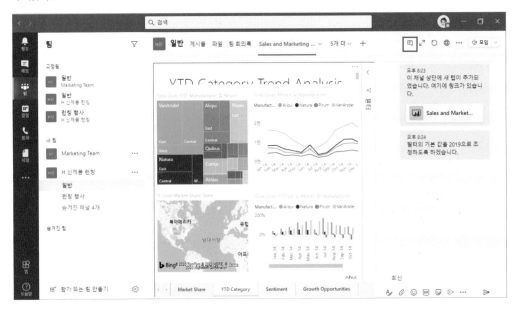

## 2  탭 추가하기

탭에서 ⊞(탭 추가)를 클릭하여 탭을 추가할 수 있다.

탭 추가에서는 앱이나 서비스를 선택하여 진행하게 되며, 해당 앱에 따라 로그인이 필요하거나 특정 개체를 선택해야 할 수 있다. 설정을 다 마치게 되면 채널 상단에 탭이 나타나게 된다.

## 3 탭 이름 변경, 탭 제거하기

탭을 추가한 후 탭의 이름을 변경해야 할 경우는 해당 탭을 선택한 후 탭을 마우스 오른쪽으로 클릭하면 된다. [이름 바꾸기]를 선택하여 탭 이름을 변경하면 된다. 또는 탭 이름 옆의 ⬚(탭 옵션)을 클릭해도 된다.

탭을 제거해야 할 경우, 동일한 방법으로 탭을 제거할 수 있다. 탭을 제거하면 탭은 영구적으로 삭제되며, 일반적으로 해당 서비스의 콘텐츠는 계속 유지가 된다(서비스에 따라 다를 수 있다.).

> **TIP**
> [게시물] 탭과 [파일] 탭은 이름을 변경하거나 삭제할 수 없다.


## 4 탭 사용 시 고려 사항

### ▍구성원 권한 ▍

- 탭을 추가, 변경, 삭제할 수 있는 권한은 팀 정책에 따라 다를 수 있다. 기본적으로 구성원의 경우 탭을 추가, 변경, 삭제할 수 있다. 또한 팀 구성원은 다른 사람이 생성한 탭을 추가, 변경할 수도 있다.
- 팀의 소유자가 팀 관리의 구성원 권한을 변경하여 구성원은 탭을 추가, 변경, 삭제할 수 없도록 설정할 수 있다.

### ▍탭 순서 변경 ▍

추가한 탭이 많은 경우, 특정 탭의 순서를 변경하여 [파일] 탭 뒤에 나타나게 해야 할 요구 사항이 있게 된다. 그런 경우는 탭을 클릭하여 [파일] 탭 뒤로 이동하면 된다. [게시물] 탭과 [파일] 탭은 고정되어 있으므로 [파일] 탭 뒤로 이동할 수 있다.

### ▍라이선스 및 권한 ▍

탭을 추가한다고 해당 서비스의 라이선스와 권한까지 할당되는 것은 아니므로, 해당 탭의 서비스에 대한 라이선스와 권한은 별도로 지정해야 한다. 예를 들어, [Power BI] 탭을 추가할 경우 탭을 클릭하는 사용자는 Power BI Pro 라이선스 사용자이면서 보고서를 볼 수 있는 권한이 있어야 탭이 이상 없이 표시된다.

### ▍게스트 사용자 ▍

게스트 사용자는 탭을 추가 또는 제거할 수 없지만, 탭을 사용할 수는 있다. 필요시 게스트 사용자에게 해당 탭의 서비스에서 권한을 별도로 지정해야 한다.

## | [채팅]에서의 탭 |

- [채팅]에서도 채널과 동일한 방법으로 탭을 추가할 수 있으며, 기본적으로 [채팅]과 [파일], [활동], [조직] 탭이 추가되어 있다.
- [팀]의 채널과 [채팅]의 탭 추가는 동일하지만, 추가할 수 있는 앱에서 차이가 있다. 예를 들어, [채팅]의 탭에서는 Planner 앱이 나타나지 않아 추가할 수 없다.

---

## Section 02  탭 추가하기

여기에서는 기본적이고 유용한 앱을 탭으로 추가하여 소통과 협업에 활용할 수 있다는 것을 알아본다. 해당 서비스의 로그인 계정 또는 라이선스, 권한 등이 필요할 수 있다. 그리고, 해당 서비스의 기능을 상세히 알고 있거나 해당 서비스의 관리자 또는 개발자와 협업해야 할 수 있다. 채널에서 탭을 추가하는 것을 위주로 설명한다.
채널에 탭을 추가하려면 채널의 상단 탭에서 +(탭 추가)를 클릭한 후 [탭 추가] 대화 상자에서 원하는 서비스를 선택하여 진행하면 된다.

### 1 문서 라이브러리와 SharePoint

## | 문서 라이브러리 |

- 기본적으로 제공하는 [파일] 탭은 문서 라이브러리로, 팀의 Office 365 그룹에 연결된 문서 라이브러리로써 팀 구성원과 문서 협업을 할 수 있다. 문서 라이브러리는 SharePoint Online에서 제공하는 문서 협업 공간으로 필요시 탭으로 추가하여 협업할 수 있다.

- [탭 추가] 대화 상자에서 '문서 라이브러리'를 선택한 후 [문서 라이브러리]에서 협업을 위해 관련 사이트를 선택하거나 문서 라이브러리 링크를 붙여 넣으면 된다. 다른 사이트 모음을 추가하게 되면 해당 사이트 모음에서 해당 팀의 Office 365 그룹에 참가자 권한을 할당해야 한다.

- [탭 이름 지정]에서 탭에 표시할 이름을 지정하고 [저장]을 선택하면 탭이 추가된다.

- 문서 라이브러리 탭을 통해 Teams 클라이언트에서 협업을 진행할 수 있다.

## | SharePoint |

- Microsoft Teams 무료 라이선스의 경우에는 [탭 추가] 대화 상자에서 'SharePoint' 항목이 나타나지 않는다. 여기서는 Office 365 E3 라이선스로 설명한다.
- 문서 라이브러리뿐만 아니라 작업, 일정, 문제점 관리, 사용자 지정 목록 등 SharePoint의 목록과 페이지를 탭에 추가할 수 있다.
- [탭 추가] 대화 상자에서 'SharePoint'를 선택한 후, 페이지나 목록을 선택하거나 URL을 붙여 넣으면 된다.

- 다음은 협력 업체 연락처 사용자 지정 목록을 탭으로 구성한 예제이다. SharePoint의 다양한 목록과 페이지를 추가할 수 있다.

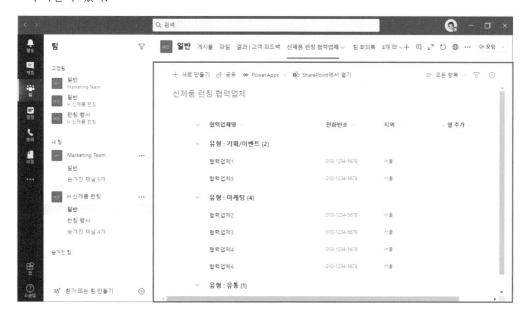

## 전자 필기장

- OneNote를 이용하여 팀 회의록, 의견 공유 등을 통해 팀 구성원과 쉽게 협업할 수 있다.
- [탭 추가] 대화 상자에서 'OneNote'를 추가하면 되고 [새 전자 필기장 만들기]를 통해 생성하거나 기존 전자 필기장의 [새 섹션 만들기]를 클릭하면 된다. 섹션의 이름이 탭 이름으로 표시된다.

- 전자 필기장을 통해 소통과 협업을 진행하면 된다. 기본적으로 읽기 전용으로 나타나며, 전자 필기장을 편집하여 회의록을 작성하는 등 협업에 활용할 수 있다.

## ▌ 위키 ▐

- 위키를 이용하여 설명서, 도움말, 지식 공유 등을 진행할 수 있다. 문서 초안을 작성하여, 팀 구성원과 협업으로 문서를 완성해가면서 아이디어를 공유하고 협업할 수 있다.
- 위키를 탭으로 추가하려면 [탭 추가] 대화 상자에서 '위키'를 선택하고 탭 이름을 입력하면 된다.

- 위키 탭에서 초안 작업을 진행하고, 구성원들이 협업하여 문서를 완성해 나갈 수 있다.

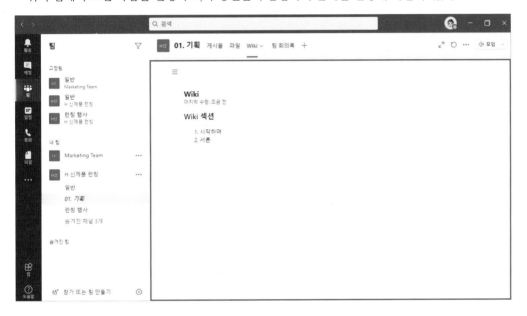

### ③ Excel, PowerPoint, Word와 PDF

Office와 PDF 문서를 탭에 추가하여 팀 구성원들에게 해당 문서를 빠르게 찾고 집중할 수 있도록 할 수 있다.
문서를 탭에 추가하려면 [탭 추가] 대화 상자에서 'Excel', 'PowerPoint', 'Word' 또는 'PDF'를 선택하면 된다.

> **TIP**
> [Excel], [PowerPoint], [Word] 및 [PDF] 탭을 추가하려면 먼저 문서를 [파일] 탭에 업로드하고 난 후 진행한다.

탭을 통해 문서에 집중하도록 할 수 있고, 팀 구성원들이 문서를 쉽게 찾고 협업에 활용할 수 있다. 또한 Excel 등 Office 문서를 다른 팀 구성원과 동시에 편집하는 공동 작업이 가능하다. 탭으로 문서를 추가해 쉽게 액세스할 수 있도록 하여 효과적으로 협업할 수 있다.

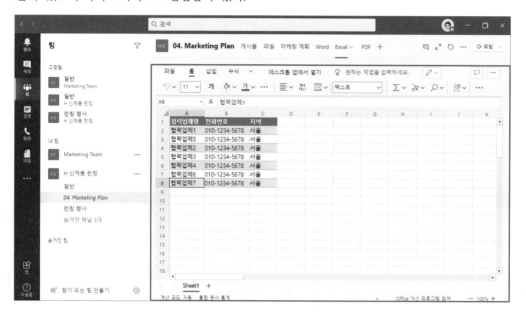

파워포인트 문서에 대한 탭의 경우 슬라이드 쇼를 Teams 클라이언트에서 시작할 수 있다.

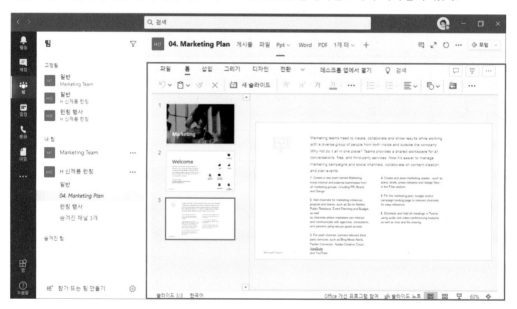

## 4 설문 조사

Microsoft Forms로 설문 조사, 퀴즈 또는 투표를 만들고 구성원들에게 링크를 전달하여 의견을 수집하고 해당 결과를 손쉽게 확인할 수 있다. Teams의 탭에서 Microsoft Forms를 통해 구성원들에게 설문, 퀴즈를 제공하고 의견을 수집할 수 있으며 결과를 표시할 수도 있다. 설문 링크를 대화에 추가하여 설문을 구성원들에게 제공할 수 있지만, 구성원들이 설문을 손쉽게 확인할 수 있도록 팀 채널의 탭에 추가할 수 있다.

탭을 추가하려면 설문 양식이 있어야 하는데, Teams 클라이언트에서 탭을 추가하면서 [Forms]를 클릭하여 설문 양식을 생성하거나 Microsoft Forms에서 생성된 기존 설문 양식을 활용할 수 있다.

> **TIP**
> Microsoft Teams 무료 라이선스의 경우에는 [탭 추가] 대화 상자에서 'Forms' 항목이 나타나지 않는다. 여기서는 Office 365 E3 라이선스로 설명한다.

양식을 생성하는 방법은 탭에서 추가하여 진행할 수 있다. 구성원들과 공동으로 작업하여 설문 양식을 완성할 수도 있다.

기존 양식을 추가하여 진행하면서 응답 양식을 선택하게 되면 구성원들에게는 설문 채우기 양식이 표시되며, 탭을 통해 구성원들은 설문을 손쉽게 확인하여 의견을 제공할 수 있다.

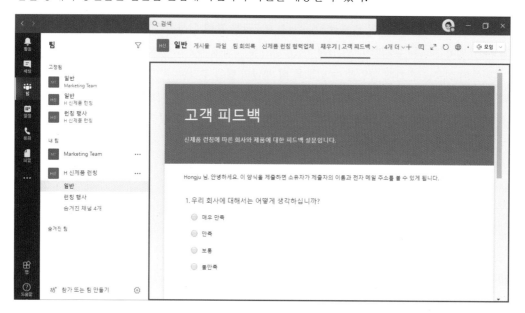

설문 채우기에 대한 결과는 작성자가 Microsoft Forms에서 확인할 수도 있지만, 설문 결과를 구성원들과 손쉽게 공유할 수도 있다. 탭을 추가하면서 [기존 양식 추가]에서 해당 양식을 선택한 후 [결과 표시]를 선택하면 된다.

설문 결과에 해당하는 탭을 통해 설문 결과를 구성원들과 공유하여 협업할 수 있다.

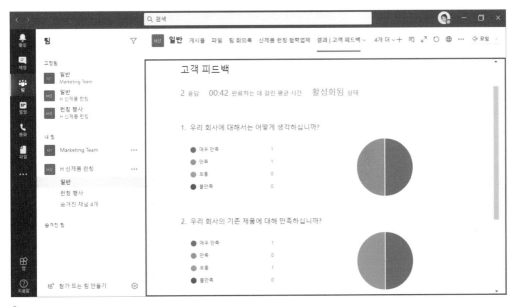

> **TIP**
>
> Forms 설문은 봇으로 추가하여 활용할 수도 있다.

## 5  Planner

Planner를 팀의 채널에 탭으로 추가하여 팀 구성원의 작업, 프로젝트 일정 등을 보다 더 쉽게 관리할 수 있다. 팀 구성원에게 작업을 할당하고 작업을 버킷 기준으로 그룹화하여 일정을 관리하고, 보드/차트/일정을 통해 진행 상황을 파악할 수 있다.

탭에 추가하기 위해서는 [탭 추가] 대화 상자에서 'Planner'를 선택하여 기존 계획을 사용하거나 새 계획을 생성할 수 있다.

> **TIP**
>
> Microsoft Teams 무료 라이선스의 경우에는 [탭 추가] 대화 상자에서 'Planner' 항목이 나타나지 않는다. 여기서는 Office 365 E3 라이선스로 설명한다.

채널에서 버킷 기준 그룹화 일정, 차트를 통해 진행 상황을 손쉽게 확인할 수 있다.

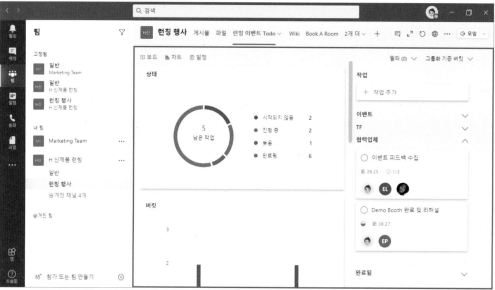

## 6

Power BI

Power BI는 데이터를 손쉽게 다양한 분석 및 시각화할 수 있는 클라우드의 서비스로, 보고서를 구성원에게 손쉽게 공유할 수 있다. 팀의 채널에 보고서를 추가하여 팀 구성원과의 소통과 협업에 활용할 수 있다.
[탭 추가] 대화 상자에서 'Power BI'를 선택하여 보고서를 선택하면 탭에 보고서가 추가된다.

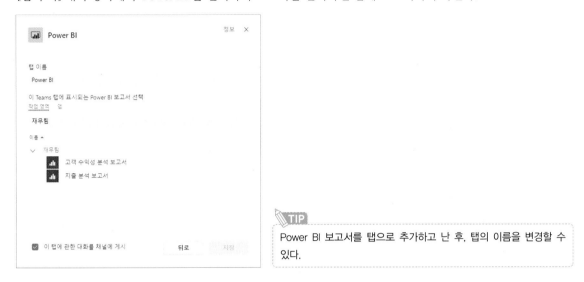

> **TIP**
> Power BI 보고서를 탭으로 추가하고 난 후, 탭의 이름을 변경할 수 있다.

탭에 Power BI 보고서 또는 앱을 추가해서 해당 보고서에 대하여 팀 구성원과 대화, 토론할 수 있다.

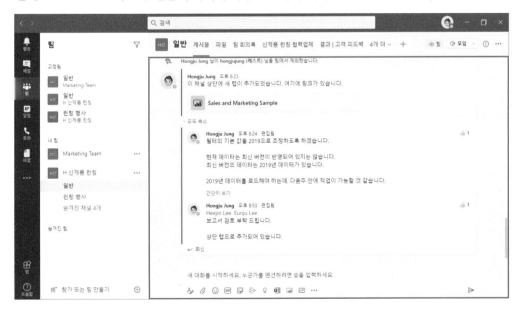

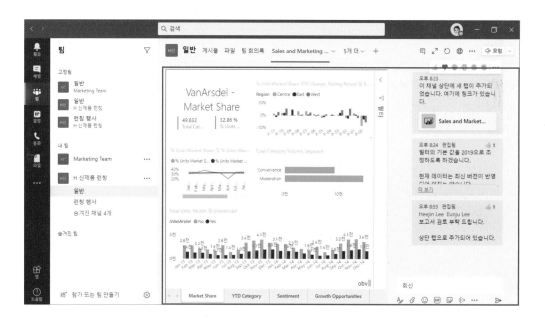

라이선스와 권한은 Power BI에서 지정해야 한다. 권한이 없는 사용자의 경우 보고서를 확인할 수 없고 액세스 권한을 요청하는 페이지가 나타난다.

TIP

보고서를 탭으로 추가하지 않고 Power BI의 보고서에서 시각적 개체를 이미지로 복사한 후, 대화에 붙여넣기 하여 다른 구성원과 토론 할 수도 있다.

## 7

Power Apps

Power Apps는 브라우저, 모바일 장치에서 원활하게 동작하는 비즈니스 앱을 손쉽게 빌드할 수 있다. Power Apps에서 빌드한 비즈니스 앱을 팀의 채널에 추가하여 팀 구성원과의 협업에 활용할 수 있다. 팀의 채널에서 앱을 추가하려면 Power Apps 관리자나 개발자가 미리 앱을 생성한 후 추가할 수 있다. 또는 Power Apps 샘플 앱을 이용하여 탭에 추가하여 테스트할 수 있다.

[탭 추가] 대화 상자에서 'Power Apps'를 선택한 후, 원하는 앱을 선택하고 [저장]을 클릭하면 비즈니스 앱이 Teams에 추가되어 손쉽게 비즈니스 앱을 통합할 수 있다.

TIP
Microsoft Teams 무료 라이선스의 경우에는 [탭 추가] 대화 상자에서 'Power Apps' 항목이 나타나지 않는다. 여기서는 Office 365 E3 라이선 스로 설명한다.

탭에서 사용자의 요구 사항에 맞는 비즈니스 앱을 통해 데이터를 확인하거나 입력, 수정할 수 있어 협업에 효과 적으로 활용할 수 있다.

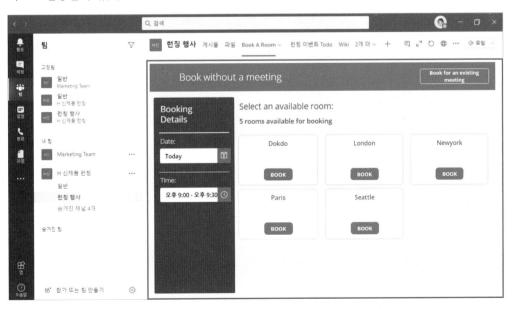

TIP
Power Apps의 앱을 생성할 경우 태블릿 형식 또는 휴대폰 형식으로 앱을 생성할 수 있다.

비즈니스 앱을 사용하여 채널의 대화를 추가해 업무 생산성을 증대할 수 있다. 채널의 탭에 추가되는 앱도 있으며, 탭에 추가되지 않는 앱도 있다. 예를 들어, Help Desk에서는 봇 앱을 통해 지원 항목을 확인할 수 있으며 Who 앱을 통해 조직 사용자를 검색하고, Remind를 통해 시간이 되면 알람을 받을 수 있다. 그리고 커넥터를 연결하여 지속적으로 채널에 알림을 추가하게 할 수도 있다. 여기서는 간략히 봇 앱을 위주로 앱을 소개하고 봇 앱을 활용하는 방법을 알아본다.

## 1 앱 소개

앱 스토어에서는 많은 앱이 존재하고 있는데, 앱을 확인하려면 왼쪽 탐색 메뉴에서 [앱]을 클릭하여 앱 스토어에서 원하는 앱을 검색하고 앱을 추가할 수 있다.

> **TIP**
>
> AppSource에서도 Teams 앱을 확인할 수 있다.
>
> https://appsource.microsoft.com/ko-kr/marketplace/apps?product=office%3Bteams&page=1

또는 상단 명령 상자에서 앱 이름을 입력한 후, 앱을 클릭하여 팀이나 채팅에 추가할 수 있다.

## 2 앱 사용하기

### ┃ Who ┃

Who 앱은 Microsoft 365의 임직원을 검색하고, 특정 주제와 관련된 임직원을 찾을 때 활용할 수 있다.

**01** 앱 스토어에서 Who 앱을 검색하여 선택한다. 앱에 대한 정보와 사용 권한을 확인하고, [추가]를 클릭한다.

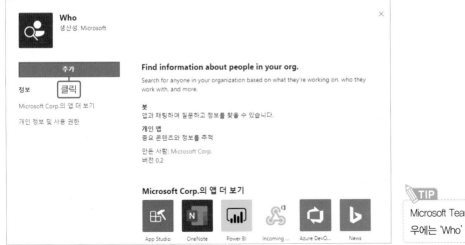

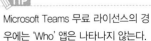

> **TIP**
> Microsoft Teams 무료 라이선스의 경우에는 'Who' 앱은 나타나지 않는다.

**02** Who 앱에 대한 [채팅], [조직] 및 [예정된 모임] 탭을 가진 채팅이 생성된다.

**03** 질문을 입력하기 위해 아래쪽 질문 상자를 클릭한 후, 표시되는 [어떻게 해야 합니까?]를 선택한다.

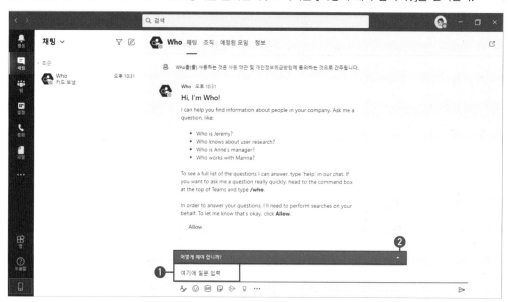

**04** 표시되는 예시 문장처럼 질문을 입력한다. '홍길동을 찾아주세요' 등은 실행되지 않고 'Who is Jeremy?'와 같이 영문으로 실행해야 한다. Jeremy 대신 임직원의 이름을 입력하면 된다.

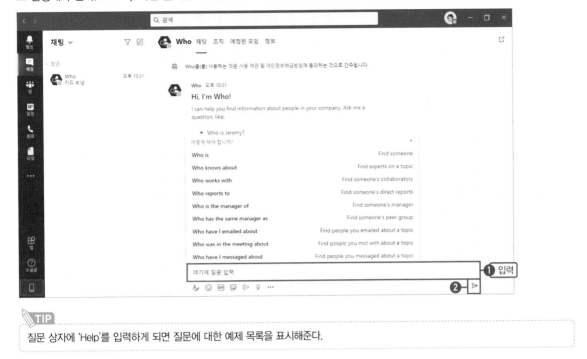

**TIP**
질문 상자에 'Help'를 입력하게 되면 질문에 대한 예제 목록을 표시해준다.

**05** 검색된 임직원의 결과를 반환해준다. 관리자와 동료를 확인할 수 있으며 조직을 확인하고 채팅, 메일, 통화 등으로 임직원과 협업할 수 있다.

명령 상자에서 '/who'를 통해서 질문을 실행할 수도 있다.

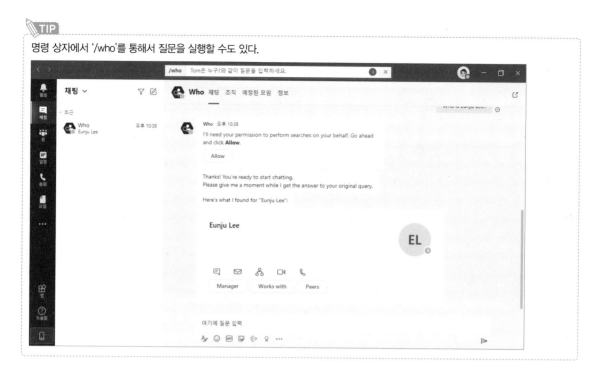

앱을 더 이상 사용하지 않으려면 왼쪽 탐색 메뉴의 […]을 클릭한 후, 앱을 마우스 오른쪽으로 클릭하고 [제거]를 선택하면 된다.

## ▌ Remind ▌

Remind 앱은 알람처럼 예약을 걸어 두면 Remind 메시지를 보내주는 앱으로, 바쁜 시간 관리에 활용할 수 있다.

**01** 앱 스토어에서 Remind 앱을 검색하여 채팅에 추가하거나, 팀에 추가할 수 있다. 여기서는 팀에 추가하여 진행한다.

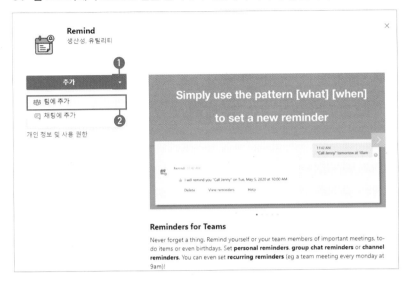

**02** 팀 이름을 검색하거나 선택하고 [봇 설정]을 클릭한다.

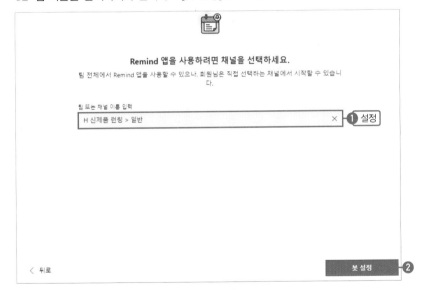

**03** 봇을 설정하게 되면 앱과의 채팅이 생성되며 채팅에서 '@'를 통해 봇 앱을 가져올 수도 있다. 채널의 대화 상자에 '@Remind help'를 입력하게 되면 예제를 확인할 수 있다.

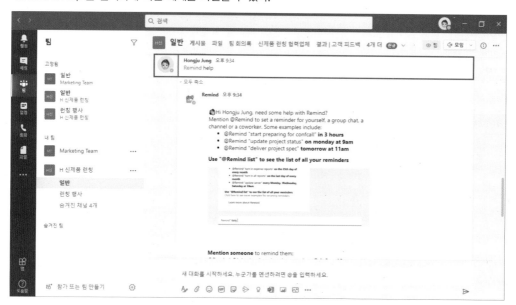

**04** 간단히 '@Remind "미팅 10분전" in 20 minutes'라고 입력하면 알람이 설정된다.

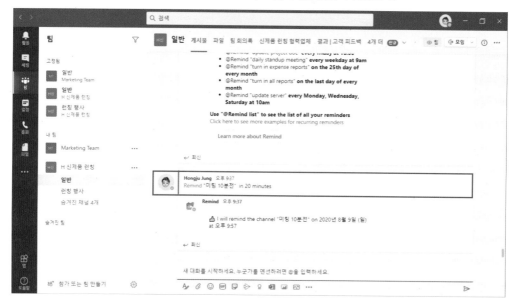

05 시간이 되면 채팅으로 알림이 떠서 중요한 약속, 미팅, 임직원 생일 등을 관리할 때 효율적으로 사용할 수 있다.

TIP
'@'를 사용하여 다른 사람에게도 Remind를 설정할 수 있으며, 반복적으로 알림을 설정할 수 있다.

06 설정된 알람 목록을 확인하려면 '@Remind list'를 대화 상자에 입력하여 확인할 수 있다. 채팅으로 알람의 목록을 보여주며, 설정된 알람을 삭제하거나 완료로 설정할 수 있다.

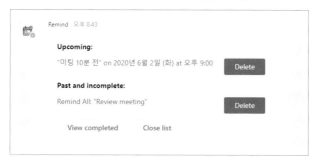

## | Forms |

구성원들이 쉽게 찾을 수 있도록 채널의 탭에서 설문 조사를 추가할 수 있지만, 대화에서 봇으로 설문 조사를 통합할 수도 있다.

01 채널의 대화 상자에 '@'를 입력하면 [봇 가져오기]를 확인할 수 있다. [봇 가져오기]를 선택한다.

02 설문 조사를 봇으로 진행하기 위해 [봇 추가] 대화 상자에서 [Forms]를 선택한다.

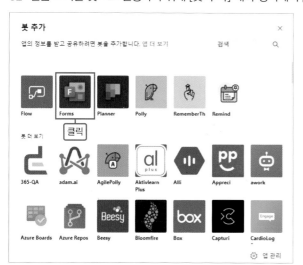

TIP
Microsoft Teams 무료 라이선스의 경우에는 [봇 추가] 대화 상자에 'Forms'가 나타나지 않는다.

**03** 채널의 대화 상자에 Forms가 나타나면 [어떻게 해야 합니까?]를 클릭한 후, 새 설문 조사를 생성하기 위해 [새 설문 조사 만들기]를 선택한다.

**04** [Forms] 대화 상자가 나타나면 새 설문 조사를 위해 질문과 옵션을 수정하고 [다음]을 클릭한다. 봇으로 설문 조사를 추가할 경우, 한 개의 질문으로 간단한 투표를 진행할 수 있다.

**05** 미리 보기에서는 질문과 옵션 사항을 확인한다. 다시 질문과 옵션을 수정하려면 [편집]을 클릭하고, 작업을 완료했다면 [보내기]를 클릭한다.

**06** 대화 창에 Forms 질문과 응답 대화가 나타난다.

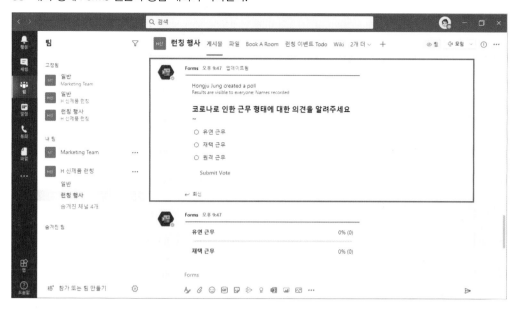

**07** 질문에 대한 투표를 하고 나면 응답의 결과가 업데이트되는 것을 확인할 수 있다.

Power Automate에서는 흐름을 생성하여 다단계 흐름, 요청 승인, 조건 추가, 데이터를 연결하여 비즈니스 작업을 자동화하여 반복적인 작업을 줄일 수 있다. 흐름을 생성할 때 Teams와 관련된 다양한 트리거와 동작을 제공하고 있어 Power Automate를 Teams에서 통합하여 아주 유용하게 활용할 수 있다.

TIP

Power Automate의 이전 이름은 Flow이다. 탭 추가 또는 앱 검색에서 'Flow'로 검색할 수 있으며, 향후 이름이 변경될 수 있다.

## 1 Power Automate 흐름에서 Teams 트리거와 동작

Power Automate는 별도의 클라우드 서비스로 흐름을 생성하여 자동화할 수 있으며, 별도의 라이선스가 필요할 수 있다.

Power Automate에서 흐름을 생성하는 등의 작업을 하려면 다음 사이트에 로그인해야 한다.

http://powerautomate.microsoft.com/

Power Automate에서는 다양한 트리거와 동작을 제공하고 있으며, 미리 정의된 템플릿을 통해 흐름을 손쉽게 생성할 수 있다.

Power Automate에서는 흐름을 생성할 때 트리거는 어떤 이벤트가 일어날 경우에 해당되며, 동작은 수행하는 작업에 해당된다. 새 채널 메시지가 추가될 때, 채널 메시지에서 내가 멘션될 때, 새 팀 멤버가 추가되는 경우의 트리거를 제공하고 있다.

메시지 가져오기, 메시지 게시 등의 다양한 동작을 제공하고 있다.

Teams와 관련된 트리거와 동작을 살펴보면 다양하다는 것을 알 수 있으며, 사전에 미리 정의된 많은 템플릿을 통해서도 흐름을 생성할 수 있다.

## 2 Teams와 Power Automate 통합

Teams와 Power Automate를 통합하는 방법은 여러 가지 방법이 있으며, 필요에 따라 적절하게 사용할 수 있다.

### ▌ 탭으로 흐름 생성 ▌

- 탭으로 추가하여 Teams 클라이언트에서 흐름을 생성하고 편집할 수 있다.
- ⊞(탭 추가)를 이용하여 'Flow'로 검색해 탭에 추가할 수 있다.

- 탭으로 추가하게 되면 흐름을 생성할 수 있는 화면이 나타나며, 탭에서 흐름을 생성하게 되면 팀 흐름으로 생성이 된다.

- 흐름을 생성할 경우 Power Automate를 열어서 작업하지 않고 탭에서 바로 생성이 가능하다. 기존 생성된 팀 흐름을 확인하거나 편집할 수 있다.
- 흐름을 생성하는 방법은 Power Automate에서 생성하는 방법과 동일하다.

## 봇으로 흐름 생성

- 봇으로 흐름을 추가할 수 있으며, 앱과 채팅하여 질문하고 정보를 찾을 수 있다.
- 봇으로 추가하는 방법은 Teams 클라이언트의 왼쪽 탐색 메뉴에서 [앱]을 클릭하여 'Flow'로 검색하여 [추가]를 클릭하면 된다.

- 봇으로 추가하게 되면 [채팅]에 Flow가 생성되는데 [채팅], [흐름], [승인] 탭이 나타나게 된다.
  - [채팅] 탭에서는 질문을 입력하여 흐름을 실행하거나 흐름의 목록을 확인할 수 있다. 일정에 따라 트리거되는 흐름이거나 입력 없이 수동으로 트리거되는 흐름일 경우 실행하거나 확인할 수 있다.

  - [흐름] 탭에서는 흐름을 새로 만들거나 흐름을 확인할 수 있다. Power Automate에서 직접 생성해도 되며, 흐름을 만드는 방법은 동일하다.

– [승인] 탭은 Power Automate에서 승인 관련 흐름을 생성하게 되면, 요청 내역을 메일로 확인하지 않고 [승인] 탭에서 요청 내역을 확인하고 승인 또는 거부를 선택할 수 있다. [전송됨]과 [기록]을 통해서 자세한 사항을 확인할 수도 있다.

## ┃ Power Automate에서의 흐름 생성 ┃

• Power Automate에서 Teams와 관련된 트리거와 동작으로 흐름을 직접 생성하면 된다.

• 승인 프로세스, Teams 메시지 가져오기, Teams에 메시지 게시하기 등과 SharePoint, 이메일, Forms 등 여러 커넥터와 연결하여 흐름을 생성할 수 있다.

• 보통 [파일] 탭에 문서를 업로드해도 팀 구성원이나 채널에 메시지로 알림을 해주지 않지만, 흐름을 통해서 조건을 설정하면 [파일] 탭(SharePoint)에 문서를 업로드하는 경우 Teams에 메시지를 게시할 수 있다.

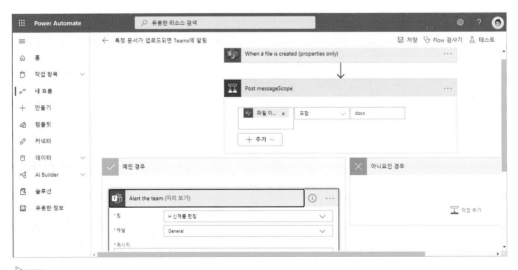

> **TIP**
>
> 흐름은 채널의 [Flow] 탭이나 Flow 봇의 [흐름] 탭 또는 Power Automate에서 동일한 방법으로 생성할 수 있다.

Teams 채널의 탭이나 채팅에 앱을 통합하는 방법을 알아보았다. 여러 프로그램이나 사이트를 열지 않고도 앱을 Microsoft Teams에 탭으로 추가하거나 봇으로 추가하여 팀 구성원과의 협업과 소통에 활용할 수 있다. 탭에 추가하려면 라이선스와 권한을 확인해야 하며, 개발자의 도움이 필요할 수 있다. 그리고, Power Automate를 활용하게 되면 아주 효과적으로 Teams와 통합할 수 있다.

MODULE

# 08 Microsoft Teams로 소통하기

많은 기업에서는 업무와 관련하여 그룹 또는 팀 단위의 통합된 협업 환경을 제공하고 있지 않기 때문에 일반적으로 업무 관련 정보 공유 및 소통을 위한 채널로 이메일, 채팅, 전화, 대면 회의 등을 활용한다. 하지만, 조직 내업무 관련 소통 채널이 다양하고, 각각의 사용자의 사용 편의성에 따라 선택된 채널에 의한 소통으로 이루어지기 때문에 정보는 분산되어 공유된다. 따라서, 새로운 팀원이 팀에 합류한 경우, 팀원의 조직이 변경되는 경우, 또는 퇴사하는 경우 등 업무 인수인계 시 업무에 관련된 그동안의 정확한 이력 확인 및 최신 정보 검색이 어려워진다.

Microsoft Teams에서는 하나의 통합된 환경에서 팀 단위로 함께 정보를 공유하고 소통할 수 있는 환경을 제공하며, 조직 구성원 간 빠르게 소통하고 연결할 수 있도록 채팅, 음성 통화, 화상 통화 및 온라인 미팅 등 소통을 위한 다양한 기능을 제공한다.

## Section 01 팀 단위 소통을 위한 채널 게시물

팀 구성원은 참여하고 있는 팀의 각 채널에서 기본적으로 제공되는 [게시물] 탭을 통하여 팀 채널의 구성원과업무와 관련한 정보를 함께 공유하며 의견을 교환할 수 있다. 팀 채널의 게시물은 팀 구성원과 대화를 위한 영역이 아닌 업무와 관련한 주제를 기반으로 정보를 공유하고 소통하는 영역이다. Teams에서 팀 게시물로 작성가능한 유형은 크게 일반 게시물과 공지 사항으로 두 가지 종류를 제공한다.

Teams에서 게시물 기반으로 어떻게 정보를 작성하고 함께 협업하는지 살펴보자.

### 1 게시물 작성

앞서 언급한 바와 같이 게시물은 팀 채널 구성원과 업무와 관련하여 정보를 공유하는 공간이다. 따라서, 게시물작성 시 한 가지 유의할 점은 하나의 게시물은 하나의 단위 업무 주제를 기준으로 작성해야 한다는 것이다. 다양한 주제를 하나의 게시물에 복합적으로 작성하게 되면 여러 가지의 업무 주제가 하나의 게시물에 혼재되어해당 정보를 기반으로 함께 협업하는 데 어려움이 있기 때문이다.

**01** 게시물을 작성하기 위해 [팀]의 채널로 이동한 후, 채널 화면 상단의 [게시물] 탭을 클릭하고 하단의 [새 대화]를 클릭한다. 본 예제에서는 다음과 같이 미리 작성해 둔 팀과 채널 중 [Marketing Team] 팀의 [02.컨텐츠] 채널에서 살펴본다(임의의 팀과 채널을 만들어서 실습한다.).

**02** 대화 상자가 나타나면 대화 상자 하단의 ⟨서식⟩(서식)을 클릭하여 대화 상자를 확장한다.

> **TIP**
> • 게시물 작성 시 대화 상자에 메시지를 직접 입력하여 작성할 수 있으며, 이 경우 일반 텍스트 위주의 메시지 작성을 지원한다.
> • 서식 있는 텍스트는 게시물 작성 시 게시물의 제목과 본문의 상세 내용을 분리하여 작성할 수 있으며, 다양한 서식을 적용할 수 있는 옵션을 제공한다. 따라서, 업무 관련 게시글의 경우 굵은 글씨로 표시되는 제목과 다양한 서식을 포함한 게시물은 정보에 대한 가독성을 높이기 때문에 서식 있는 텍스트로 작성하는 것을 권장한다.

**03** 게시물의 제목과 상세 내용을 입력한다. 게시물의 상세 내용은 필요에 따라 상단 서식을 활용하여 작성한다.

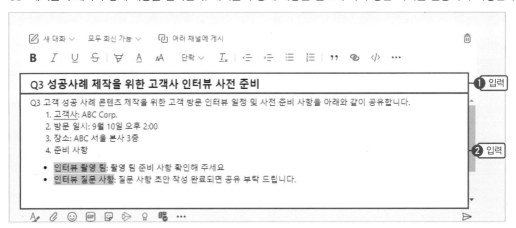

**04** 게시물 작성 시 팀 구성원에게 요청 사항 또는 피드백이 있거나 반드시 메시지가 팀 구성원 또는 채널 구성원이 숙지해 야 하는 내용이라면 @멘션을 통해 팀 구성원 또는 팀, 채널을 멘션한다. @구성원 이름, @팀 이름, 또는 @채널 이름을 입 력하고 메시지를 입력한다.

TIP

팀은 공동의 목적을 위해 그룹된 사용자가 함께 일하는 공간으로, 업무와 관련하여 많은 정보를 공유하며 함께 소통하는 공간이다. 따라서 정보를 공유함에 있어 요청 사항 및 중요 사항을 대상자에게 명확히 전달하여 업무적으로 누락되지 않도록 할 필요가 있다. 이때 사용하는 것이 @멘션이다. @멘션하기 사용 관련 상세 내용은 본 섹션의 [7 @멘션하기]를 참고한다.

**05** 게시물에 함께 공유할 사이트 링크가 있다면 상단 서식에서 ⬡(링크 삽입)을 클릭한다. [링크 삽입] 대화 상자가 나타나면 [표시할 텍스트]와 [주소]를 입력하고 [삽입]을 클릭한다.

**06** 파일 첨부를 위해서 대화 상자 하단의 🖉(첨부)를 클릭한 후, 본 예제에서는 [팀 및 채널 검색]을 선택한다.

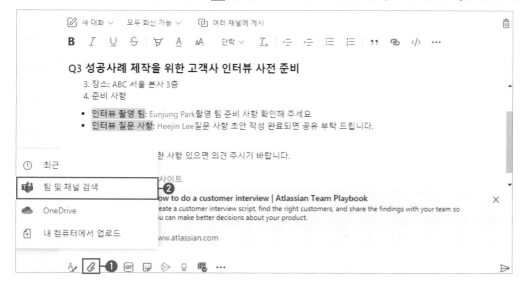

**07** 공유하고자 하는 파일이 저장된 위치를 찾아 파일을 선택한 후, [링크 공유] 또는 [열기]를 클릭해 파일 링크를 공유한다.

**TIP**

일반적으로 파일을 체계적으로 관리하기 위해 관련 파일들을 폴더로 구분하여 관리한다. 하지만, 팀 채널 게시물에서 현재의 팀 이외의 위치에 저장된 파일을 공유하는 경우, 공유한 모든 파일은 게시물을 작성하는 팀 채널의 [파일] 탭 최상위 영역에 저장되게 된다. 따라서, 사전에 파일을 원하는 팀 채널의 [파일] 탭에 작성된 폴더로 업로드한 후 공유하지 않는다면 모든 파일은 [파일] 탭 최상위 영역에 위치하게 되어 향후 관리를 위해 추가적으로 폴더를 생성하고 파일을 이동해야 하는 번거로움이 발생하게 된다. 따라서, 문서 공유 시 파일을 [파일] 탭의 원하는 폴더 위치에 먼저 업로드하고 이를 공유하는 것이 문서를 관리함에 있어서는 보다 효율적이다.

**08** 게시물을 게시하기 위해 ▷(보내기)를 클릭한다.

**게시글 작성 취소**

만일, 게시물 작성 중 작업중인 게시물을 삭제하고자 하는 경우라면 입력하고 있는 확장된 대화 상자에서 오른쪽 상단의 🗑(삭제)를 클릭하여 삭제한다.

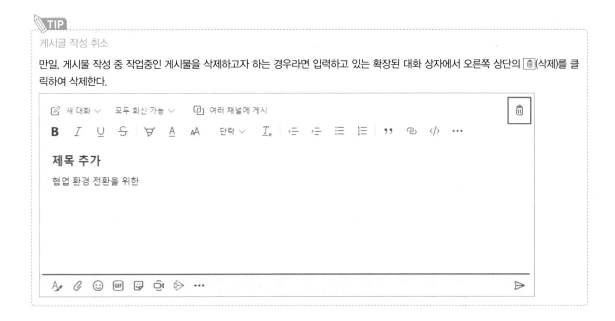

## ② 공지 사항 작성

공지 사항은 일반 게시물과는 구분하여 사람들의 눈에 잘 띄도록 별도의 공지 사항 템플릿을 제공하고 있다.

**01** 공지 사항을 작성하기 위해 [팀]의 채널로 이동한 후, 채널 페이지 상단의 [게시물] 탭을 클릭한다. 화면 하단의 [새 대화]를 클릭한다.

**02** 대화 상자가 나타나면 대화 상자 하단의 ⌨(서식)을 클릭하여 대화 상자를 확장한 후, 상단의 [새 대화]를 클릭하고 [알림]을 선택한다.

**03** 공지 사항 게시물의 배경은 특정 색상 또는 이미지로 설정이 가능하다. 이미지 설정을 위해 [헤드라인 입력] 오른쪽에 위치한 🖼(배경 이미지)를 클릭한다.

**04** [배경 이미지 추가] 대화 상자에서 [이미지 업로드]를 클릭하여 원하는 이미지를 업로드한다.

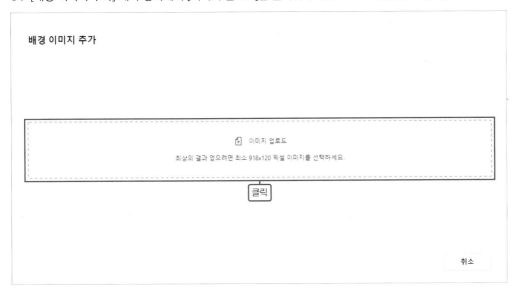

**05** 이미지를 창에 잘 맞도록 사이즈 및 위치를 조정하고 [완료]를 클릭한다.

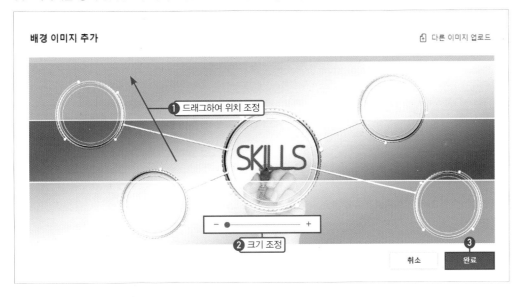

**06** [헤드라인 입력]을 클릭한다.

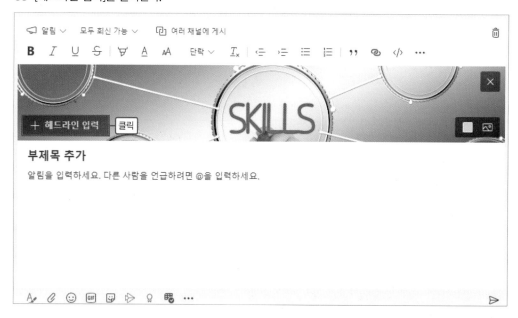

**07** 공지 사항의 제목을 입력한다. 이어서 공지 사항의 부제목을 입력하고, 공지 상세 내용을 추가한다.

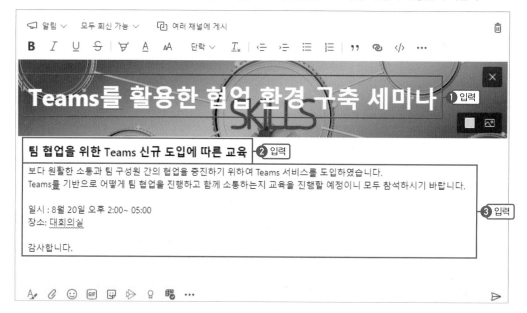

## 3 게시물 회신 제한 설정

게시물은 유형에 따라 모든 구성원이 함께 자유롭게 회신을 통해 의견을 나누고 취합해야 하는 게시물도 있고, 공지 사항과 같이 의견 수집이 아닌 정보 전달에 목적을 두고 있는 게시물도 있다. 게시물들은 설정을 통해 구성원들이 해당 게시물에 회신을 할 수 없도록 제한할 수 있다.

01  대화 상자 상단의 [모두 회신 가능]을 클릭한다.

02  [회원님 및 중재자가 회신 가능]을 선택한다.

게시물에 작성자 및 중재자만 회신 가능하도록 설정하면 해당 게시물은 게시물 작성자와 채널의 중재자로 지정된 사용자만이 회신을 할 수 있도록 설정된다. 따라서, 지정된 사용자 이외의 팀 구성원이 게시글에 회신하지 못하도록 설정하기 위해서는 사전에 채널 관리를 통해 채널 중재 환경을 사용하도록 설정하고 중재자를 지정해 놓아야 한다.

**4** **여러 채널에 게시물 게시**

정보를 공유함에 있어 동일한 정보를 여러 채널에 함께 공유해야 할 경우 [여러 채널에 게시] 기능을 활용하면
손쉽게 한 번에 여러 채널에 게시물 공유가 가능하다.

01 대화 상자 상단의 [여러 채널에 게시]를 클릭한 후, [채널 선택]을 클릭한다.

02 게시하고자 하는 채널을 선택하고 [업데이트]를 클릭한다.

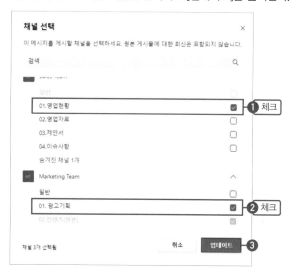

03 ▷(보내기)를 클릭하여 게시물을 게시한다.

**04** 공지 사항은 일반 게시물과 달리 게시물 오른쪽 상단에 ◉(알림) 아이콘이 표시되는 것을 확인할 수 있다.

### 5 게시물 수정

게시물 수정은 본인의 게시물에 한하여 수정이 가능하다. 단, 게시된 본인의 게시물 정보의 수정은 팀의 소유자가 팀 설정에서 [구성원에게 본인의 메시지를 편집하는 옵션 제공]을 허용하도록 설정된 경우에만 가능하다.

**01** 수정하고자 하는 게시물에 마우스 포인터를 올리면 오른쪽 상단에 나타나는 메뉴 중 ⋯(기타 옵션)을 클릭한 후, [편집]을 선택한다.

02 게시물의 수정을 완료한 후 오른쪽 하단에 있는 ☑(완료)를 클릭한다.

## 6 게시물 회신

팀 채널을 통해 공유된 게시물을 기준으로 팀의 구성원이 함께 아이디어를 공유하고 의견을 교환하도록 각각의 게시물은 회신 기능을 제공한다. 그리고, 게시물에 회신된 모든 내용은 기존의 게시물과 함께 하나의 게시물로 관리되어 이후에도 게시물과 관련된 여러 의견과 모든 이력에 대하여 바로 확인이 가능하다.

01 회신하고자 하는 게시물 하단의 [회신]을 클릭한다.

**02** 의견을 추가하고 ▷(보내기)를 클릭한다.

**03** 입력한 회신 내용이 게시된 것을 확인할 수 있다.

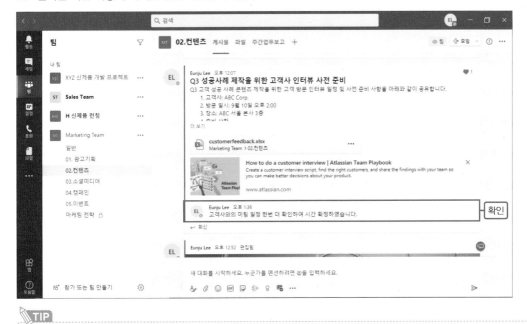

TIP

특정 게시물에 회신할 경우에는 게시물 하단의 [회신]을 통해 회신하여야 한다. 하지만, 간혹 회신을 위해 새로운 게시물을 생성하여 회신하는 경우가 있다. 이러한 경우 특정 게시물의 회신이 아닌 독립된 새로운 게시물이 생성되어 기존 게시물과 하나로 관리되지 않는다. 때문에 게시물 회신 시 게시물 하단의 [회신]을 활용한다는 것을 유념하여야 한다.

안심Touch

## 7 @멘션하기

각 팀의 채널 게시물은 팀 구성원 전체가 함께 공유하고 협업하는 공간으로, Teams 중심으로 협업하고 소통하는 업무 환경이 활성화됨에 따라 많은 게시물들이 Teams를 통해 공유될 것이다. 따라서, 게시물 작성 시 관계자가 해당 내용을 인지하고 알아서 회신을 해줄 것이라는 기대는 하지 않는 것이 좋다. 보다 효과적으로 협업하고 소통하기 위해서는 정보 공유 시 특정 구성원의 회신 또는 검토가 필요한 경우 해당 구성원을 @멘션하여 명확하고 빠르게 필요한 내용을 전달하고, @멘션된 사용자는 전달받은 내용을 인지하고 우선적으로 선별하여 작업할 수 있도록 한다.

### ▌특정 사용자 ▌

- 특정 사용자를 멘션하기 위해서는 대화 상자에 '@'+ 멤버 이름을 입력한다.
- 특정 멤버가 멘션되면 멘션된 사용자에게 알림이 간다.

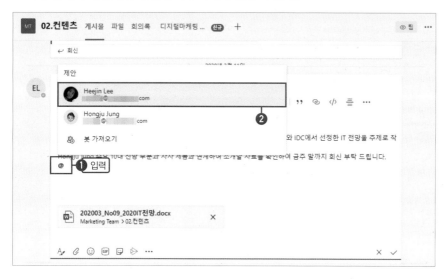

### ▌특정 채널 ▌

- 팀의 채널 전체를 멘션하기 위해서는 대화 상자에 '@'+ 채널 이름을 입력한다.
- 채널이 멘션되면 해당 채널에 대하여 알림을 받도록 설정한 모든 사용자에게 알림이 간다. 단, 기본적으로 채널 알림은 비활성화되어 있으므로 채널 멘션 알림을 받기 위해서는 채널 알림을 받도록 설정해야 한다.

### ▌특정 팀 ▌

- 팀 전체를 멘션하기 위해서는 대화 상자에 '@'+ 팀 이름을 입력한다.
- 팀이 멘션되면 팀의 모든 구성원에게 알림이 간다.

> **TIP**
>
> 팀 내에서 팀 또는 채널 멘션을 사용하도록 설정되었더라도 팀 또는 채널이 멘션되면 모든 관련 구성원에게 알림이 전달되기 때문에 반드시 필요한 경우에 한하여 팀 또는 채널 멘션을 사용한다. 또한, 팀 소유자는 팀 설정을 통해 @팀 또는 @채널, 또는 둘 다에 대하여 멘션에 대한 옵션을 비활성화할 수 있다.

## 8  게시물 좋아요

일반적으로 많은 사람들은 SNS 상에서 게시물을 공유할 때 다른 사람들이 게시물에 대하여 어떻게 반응할지에 대한 압박감을 느낀다고 한다. 하지만, SNS 상에서 함께 공감하고 소통해 본 사용자라면 공유하는 정보에 사람들이 반응하고 좋아해주었을 때 보람도 느끼고 보다 활발한 활동의 원동력이 되기도 한다는 것을 알 것이다. 업무적인 공간이지만 SNS와 마찬가지로 Teams 역시 인터넷 환경 내에서 조직 구성원들과 함께 정보를 공유하고 소통하며 협업을 하는 공간이기에 이러한 공감 표현은 매우 중요하다. 나와 관련된 정보 또는 관심 주제의 유용한 정보가 공유되었을 때 공감의 표현은 조직 구성원 간의 관계 증진은 물론 점차 조직의 소통 장벽을 허무는데 많은 도움이 된다. Teams에서도 게시물에 '좋아요'와 같은 반응을 표시할 수 있다.

**01** 공유된 게시물에 마우스 포인터를 올린다. 게시물 오른쪽 상단에 나타난 메뉴에서 반응 마크를 선택한다.

**02** 게시물 오른쪽에 선택한 반응 마크가 표시된다.

Teams 중심으로 업무 환경이 전환됨에 따라 점차 많은 정보가 Teams를 통해 공유되기 때문에 사용자는 넘쳐나는 정보들 가운데서 나와 관련이 있거나 중요 정보를 선별하고 저장해 놓을 필요가 있다. 이때 사용할 수 있는 기능이 메시지 저장 기능이다. 메시지 저장 기능은 특정 게시물을 저장해 놓고 저장된 게시물들만 구분하여 볼 수 있도록 한다.

## ▌ 게시물 저장 및 보기 ▌

01 저장할 게시물에 마우스 포인터를 올린다. 게시물 오른쪽 상단에 나타난 메뉴에서 ⋯(기타 옵션)을 클릭한 후 [이 메시지 저장]을 선택한다.

02 Teams 오른쪽 상단의 사용자 프로필을 클릭한 후, [저장됨]을 선택한다.

**03** [저장됨]에서 저장된 게시물 목록을 확인할 수 있다.

## ┃ 게시물 저장 해제 ┃

저장됨에 나열된 게시물 목록의 🔖(이 메시지 저장 안 함)을 클릭하거나 저장을 해제하기 원하는 게시물의 ⋯ (기타 옵션)을 클릭하고 [이 메시지 저장 안 함]을 선택한다.

## 10  게시된 게시물 삭제

이미 게시된 게시물의 삭제는 팀 소유자가 팀의 구성원이 메시지를 삭제할 수 있도록 권한을 설정한 경우에 한하여 본인의 게시물만 삭제가 가능하다.

**01** 삭제하고자 하는 게시물에 마우스 포인터를 올린다. 게시물 오른쪽 상단에 나타난 메뉴에서 ⋯(기타 옵션)을 클릭한 후 [삭제]를 선택한다.

**02** 게시물이 삭제되었음이 표시된다. 필요하다면 [실행 취소]를 통해 삭제한 게시물을 다시 복원할 수 있다.

> **TIP**
> 게시물 삭제는 본인이 작성한 게시물에 한하여 삭제된다. 다시 말해 삭제하고자 하는 게시물에 다른 팀 구성원이 회신했던 내용이 있다면 회신했던 내용은 모두 그대로 유지된다.

스마트폰이 활성화되면서 모바일 메신저는 우리의 일상에서 협업과 실시간 소통을 위한 굉장히 중요한 수단으로 이용되고 있다. 메신저는 모바일을 활용하여 언제 어디서나 사용자 간 즉각적이고 빠른 소통이 가능하며, 외부 관계자와의 협업에도 편리하여 개인 메신저를 업무에 활용하고 있는 기업도 많아지고 있다. 하지만, 회사의 중요 정보를 개인 채널을 활용하여 공유하는 것은 중요 정보 자산에 대한 관리 및 보안에 있어 매우 취약하며, 개인 메신저의 업무 활용은 사적인 메시지와 업무 메시지가 혼용되어 사용되는 부분에 있어 직원들이 느끼는 스트레스가 매우 높기 때문에 업무용과 개인용 메신저는 분리하여 사용하는 것이 업무의 생산성을 높이는 데 있어 도움이 된다. Microsoft Teams는 기업 업무에 최적화된 협업 도구로, 조직에서 요구하는 보안 수준의 보안과 조직 구성원 간 실시간으로 소통할 수 있는 채팅 기능을 제공하고 있다.

## 1  1:1 채팅

### ❙ 채팅 시작 ❙

1:1 채팅의 시작은 여러 방법을 통해 가능하다.

❶ 새로운 채팅

🖉(새로운 채팅)을 클릭한다. [대상]에 채팅할 사용자의 이름 또는 이메일 주소를 입력한 후, 하단의 대화 상자에 메시지를 입력하고 ▷(보내기)를 클릭한다.

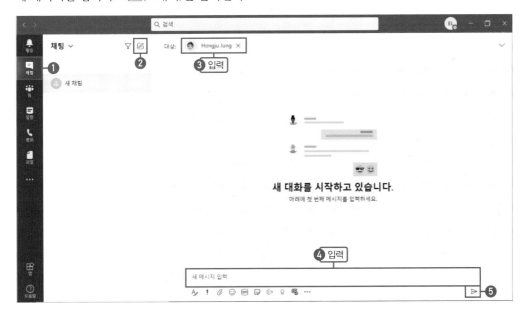

**❷ 사용자 프로필**

채팅하고자 하는 사용자 프로필에 마우스 포인터를 올리고 사용자 프로필 카드 정보의 □(채팅)을 클릭하거나
대화 상자에 메시지를 입력한 후 ▷(보내기)를 클릭한다.

**❸ /chat**

명령 상자에 '/chat'을 입력한 후 Space Bar 또는 Tab 키를 누르고 채팅할 사용자 이름 또는 이메일 주소를 입력한
다. 메시지를 입력하고 ●(보내기)를 클릭한다.

## ❹ @멘션

명령 상자에 '@'+사용자 이름을 입력하여 채팅할 대상자를 @멘션한다. 메시지를 입력하고 ●(보내기)를 클릭한다.

## ▌ 채팅 메시지 전송 옵션 설정 ▌

채팅 메시지는 메시지의 중요도와 긴급성에 따라 일반, 중요, 긴급으로 지정하여 전달이 가능하다.

❶ 일반 : 채팅 메시지의 기본값으로, 일반적인 메시지 전송 시 사용한다.

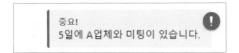

❷ 중요 : 메시지 상단에 '중요'라는 문구와 메시지 오른쪽에 중요 마크가 표시된 메시지를 전달한다.

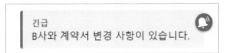

❸ 긴급 : 메시지 상단에 '긴급'이라는 문구와 메시지 오른쪽에 긴급 마크가 표시된 메시지를 전달한다. 단, 긴급 메시지는 메시지 수신자가 메시지를 수신할 때까지 20분 동안 2분 간격으로 알림이 간다. 따라서 메시지의 긴급성을 잘 판단하여 메시지를 보내는 것을 권장한다.

**01** 메시지 전송 옵션 설정을 '중요'로 설정하기 위해서는 대화 상자 하단의 ⚠(전송 옵션 설정)을 클릭하여 [중요]를 선택한다.

TIP

선택된 전송 옵션을 변경하려면 다시 ⚠(전송 옵션 설정)을 클릭하여 변경한다.

**02** '중요'라는 문구가 표시되면 메시지를 입력하고 ▷(보내기)를 클릭한다.

**03** 전송 메시지에 '중요'라는 문구와 중요 마크(❗)가 표시되는 것을 확인할 수 있다.

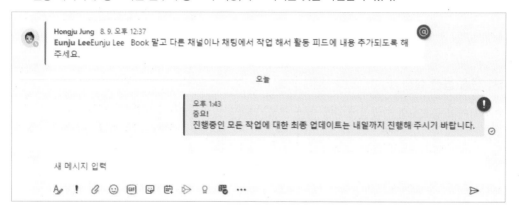

## 2 그룹 채팅

그룹 채팅을 새로 시작하는 방법은 1:1 채팅의 시작과 동일하다.

**01** 1:1 채팅과 마찬가지로 상단의 ☑(새로운 채팅)을 클릭한다.

**02** [대상] 영역에 채팅 대상자들의 이름 또는 이메일 주소를 입력한다. 그룹 이름을 입력하려면 ☑(새 그룹 채팅 만들기)를 클릭한다.

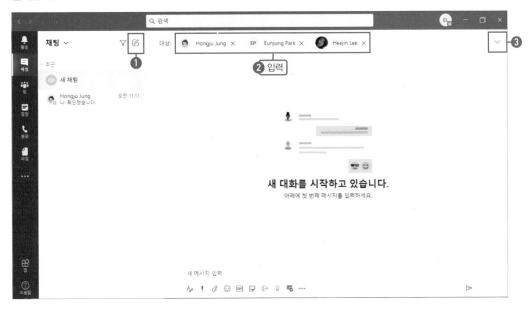

**03** 그룹 이름을 입력한다.

### TIP

그룹 이름을 입력하지 않은 경우 다음과 같이 그룹 채팅 참가자 명단이 표시된다.

**04** 그룹 채팅 이름이 설정된 것을 확인할 수 있다. 대화 상자에 메시지를 입력하고 ▷(보내기)를 클릭한다.

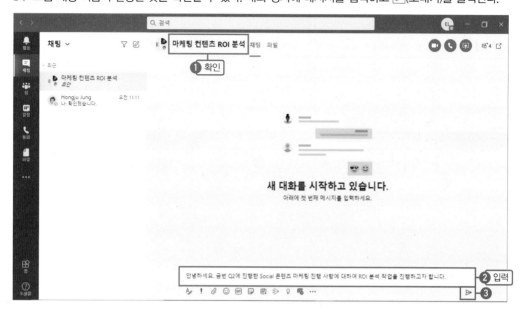

또한 그룹 채팅을 진행하는 중간에 사용자를 추가할 수 있다.

**01** 그룹 채팅 창 오른쪽 상단의 ⁺⁴(참가자 보기 및 추가)를 클릭한 후, [사람 추가]를 선택한다.

**02** 추가하고자 하는 사용자의 이름 또는 이메일 주소를 입력한다. 신규로 추가하는 사용자와 기존의 그룹 멤버들과 나누었던 채팅 기록의 공유 정도를 선택하고 [추가]를 클릭한다.

### 3  음성 통화/영상 통화

Teams에서는 채팅 이외에도 조직의 구성원 또는 그룹과 소통할 수 있는 채널로 인터넷 기반의 음성 통화와 영상 통화를 지원한다. Teams에서는 사용자가 현재 작업 중인 환경에서 가장 빠르고 쉽게 사용자를 연결할 수 있도록 여러 방법을 통해 통화를 시작할 수 있는 옵션을 제공한다. 채팅에서 지원하는 Teams 음성/영상 통화는 현재 최대 20명까지 참가가 가능하다.

음성 통화/영상 통화로 연결하는 방법은 다음과 같다.

### ▌ [통화]를 사용하여 통화하기 ▌

**01** 왼쪽 탐색 메뉴에서 [통화]를 선택한 후, [전화 걸기]를 클릭한다.

**02** [이름 입력]란에 사용자의 이름을 입력한다.

**03** 그룹 통화를 시도하는 경우 통화하고자 하는 사용자의 이름을 추가적으로 입력한다. 통화 시작을 위해 하단의 ⓒ(음성 통화) 또는 ⓒ(화상 통화)를 클릭한다.

## ▐ [채팅] 중 통화하기 ▐

채팅 중에 있는 사용자 또는 그룹과 통화를 진행하려면, 채팅 창 오른쪽 상단에 위치한 ☎(음성 통화) 또는 ▣ (화상 통화)를 클릭한다.

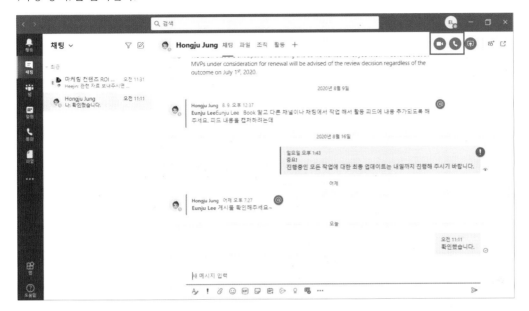

## ▐ [팀]의 채널 작업 중 통화하기 ▐

사용자 프로필 카드 정보를 통해서도 ☎(음성 통화) 또는 ▣(화상 통화)를 시작할 수 있다.

만일 사용자가 현재 팀 채널을 통해 작업중에 있다면, 명령 상자에 '/call' 명령어를 입력하고 사용자 이름을 입력하여 바로 음성 통화로 연결할 수 있다.

## 4 화면 공유

조직의 구성원 또는 그룹과 채팅 중에 직접 화면을 공유하면서 작업을 해야 하는 상황이라면 채팅 창에서 즉각적으로 화면 공유가 가능하다. 채팅 창 오른쪽 상단의 ⬆(화면 공유)를 클릭하면 채팅 대상자 또는 그룹을 기준으로 화면 공유가 가능하다.

01 ⬆(화면 공유)를 클릭하고 공유하고자 하는 화면 또는 창을 선택한다.

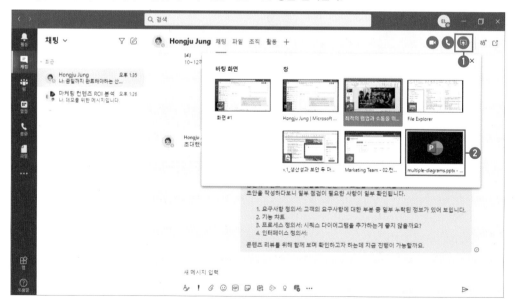

02 화면 공유에 참석하는 다른 구성원들에게는 화면 공유에 대하여 수락할 것인지 알림이 가며, [화면 공유 허용] 또는 채팅 창 오른쪽 상단의 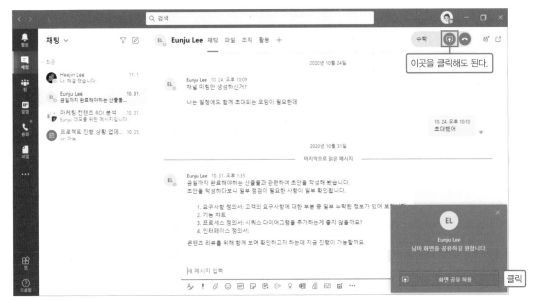(참가 공유)를 클릭하면 공유된 화면을 볼 수 있게 된다.

🔺 다른 구성원의 Microsoft Teams 화면

🔺 다른 구성원의 공유 화면

**03** 공유를 중지하려면 화면 상단의 [프레젠테이션 중지] 또는 모임 제어 창의 ▣(공유 중지)를 클릭한다.

**04** 통화를 종료하려면 모임 제어 창에서 ▬(전화 끊기)를 클릭한다.

## Section 03  즐겁게 소통하기

소통은 즐거워야 한다. 업무적인 소통이든지 개인적인 소통이든지 즐거움은 더욱 적극적인 참여를 유도하게 되며 서로 많은 의견을 나누게 한다. 글로 표현하기에는 조금 애매한 감정을 재치 있게 전달하고 함께 공감하기 위한 이모지, Giphy, 밈(Memes) 등은 SNS를 통해 이미 많이 사용되고 있다. 채팅 기반의 업무 협업 환경인 Microsoft Teams는 비록 업무 공간이지만 조직 구성원 간 서로 연결되어 함께 정보를 공유하고 소통하는 공간으로, 좀 더 재미있고 자유롭게 의견을 공유하며 창의적으로 즐겁게 일할 수 있도록 이모지, Giphy, 스티커 및 밈(Memes)을 제공한다. 직원의 업무 성과에 대하여 칭찬의 요소로, 일을 진행함에 있어 어려움이 있다면 서로 의지를 다지기 위한 메시지 전달에 있어 일반 텍스트보다 훨씬 효과적으로 감정을 공유하며 소통할 수 있는 도구이기도 하다. 이모지, Giphy, 스티커 및 밈(Memes)은 1:1, 그룹 채팅은 물론 팀 채널의 게시물 및 회신을 포함한 모든 Teams 메시지에서 사용이 가능하다.

## 1 이모지 / Giphy

이모지는 [회신] 또는 하단의 대화 상자를 클릭한 후, 옵션 중 ☺(이모지)를 클릭해 제공된 이미지 중 적합한 이미지를 선택해 삽입할 수 있다. 또한, GIF 이미지도 하단의 옵션 중 ⨳(Giphy)를 클릭해 삽입할 수 있다.

이모지 및 Giphy는 하나 또는 여러 개를 선택하여 추가할 수 있고, 필요 시 추가적인 메시지를 입력하여 공유한다.

⬆ 이모지

⬆ Giphy

스티거와 밈(Memes)은 [회신] 또는 대화 상자의 옵션 중 ⌨(스티커)를 클릭하여 삽입할 수 있다.

**01** [회신]을 클릭한 후, 하단의 옵션 중 ⌨(스티커)를 클릭하고 스크롤을 이용하여 원하는 밈이나 스티커를 찾아 선택한다.

**02** 메시지를 수정하고 [완료]를 클릭한 후, ▷(보내기)를 클릭한다.

**03** 메시지가 입력된 스티커가 간단히 생성되는 것을 확인한다.

## 3 설문 조사

Teams에서는 Microsoft 365 서비스에서 설문 조사를 위해 제공하고 있는 Forms 서비스를 연결하여 사용이 가능하다. 채널 구성원을 대상으로 의견을 수렴함에 있어 채널 게시물 영역에서 바로 설문 조사를 만들고 구성원들로부터 회신을 받을 수 있도록 Forms 봇 기능을 사용할 수 있다.

**01** 대화 상자에 '@forms'를 멘션하도록 입력하고 Tab 키를 누르거나 [Forms]를 선택한다.

**02** 설문 조사를 만들기 위한 구문 예시를 확인하기 위해 [어떻게 해야 합니까?]를 클릭한다. 설문 조사를 위한 구문은 '질문?선택옵션사항, 선택옵션사항, 선택옵션사항…' 형식으로 입력하면 된다. Forms에서는 최대 6개의 옵션 지정이 가능하다.

**03** 설문 조사를 만들기 위해 설문 조사 질문 사항과 선택 옵션을 입력하고 ▷(보내기)를 클릭한다. 본 예시에서는 워크숍 장소 설문을 위해 '워크숍설문 조사?서울본사 회의실, 강원도 연수원, 제주도 연수원, 창원 연수원'을 입력한다.

**04** 자동으로 구문이 분석되어 다음과 같이 설문이 자동으로 만들어지는 것을 확인할 수 있다.

**05** 채널의 구성원이 채널에 표시된 설문 조사에서 원하는 옵션을 선택하면 자동으로 설문 조사에 응답으로 처리되며, 이렇게 모여진 의견은 실시간으로 하단의 옵션별 선택 현황에 표시된다.

설문을 생성한 사용자는 Microsoft 365 사이트에서 Forms 서비스를 액세스하여 진행한 설문에 대하여 각각의 사용자가 응답한 현황을 실시간 결과 조회 또는 Excel로 내보낼 수 있다.

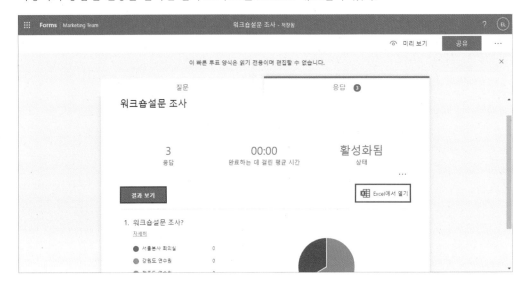

## Section 04 기타 유용한 기능

Teams에서는 조직 구성원 간, 팀 구성원 간 또는 외부 관계자와 함께 일하고 소통함에 있어 현재 작업하고 있는 환경에서 여러 요구 사항을 접목하여 보다 효율적이고 편리하게 사용할 수 있도록 다양한 기능을 제공하고 있다.

### 1 그룹 채팅 이름 지정

여러 사람과 함께 그룹 채팅을 하게 되면 그룹 채팅 상단에는 채팅에 참가하는 사용자의 일부 이름만을 표시해 준다. 따라서, 채팅 이력이 많을수록 채팅방을 구분하고 원하는 채팅방을 찾는 데 어려움이 있다. 또한, [최근] 목록에서 보여지는 채팅 기록은 최근 30일간의 채팅 기록만을 보여주고 이전 채팅은 목록에서 사라진다. 채팅 목록에서 사라졌다고 해서 채팅에서 나눈 대화 메시지가 사라지는 것은 아니다. 조직 내 Microsoft Teams 관리 자가 별도로 채팅 메시지 보존 정책에 대하여 설정해 놓지 않은 상태라면, 특정 사용자 또는 그룹의 사용자를 채팅 대상자로 추가하게 되면 이전에 나누었던 모든 채팅 메시지는 모두 그대로 유지되어 채팅 화면에 표시된 다. 하지만, 많은 사용자로 구성된 그룹 채팅의 경우 채팅 참가자 모두를 기억하는 것이 어려울 수 있으므로 특 정한 목적을 가지고 진행되는 그룹 채팅이라면 채팅방에 이름을 설정하여 직관적으로 해당 채팅이 어떠한 목 적을 위해 만들어진 채팅방인지 구분할 수 있다.

새로운 채팅 시 그룹 이름을 지정하는 방법은 본 모듈의 [Section 02]-[ 2 그룹 채팅]에서 살펴보았다. 여기서 는 미처 그룹 이름을 지정하지 않은 경우 그룹 이름을 지정하는 방법으로 살펴본다.

**01** 그룹 이름을 지정하기 위해서 그룹 채팅 상단의 그룹 채팅 참가자 명단 오른쪽에 위치한 ⬚(그룹 채팅 이름 지정)을 클릭한다.

**02** 그룹 이름을 입력하고 [저장]을 클릭한다.

**03** 그룹 채팅 이름이 설정된 것을 확인할 수 있다.

그룹 채팅 이름을 지정해 놓으면 채팅 이력이 최신 목록에서 사라진 경우에도 검색을 통해 바로 채팅방을 찾을 수 있다.

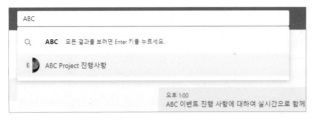

### 2 Teams 메시지 읽음 확인

Teams 채팅을 통해 메시지 전송 시 상대방 또는 채팅 그룹의 사용자가 전송된 메시지를 읽었는지 확인이 가능하다.

### ┃ 메시지 읽음 확인하기 ┃

01 채팅 메시지를 전송하면 메시지 오른쪽에 메시지 읽음 여부를 확인할 수 있는 ◎(전송됨)이 표시된다.

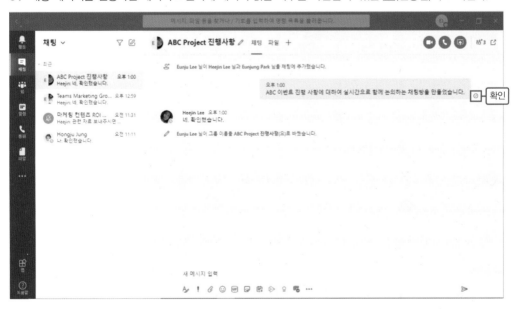

**02** 전송된 메시지는 1:1 채팅 시에는 상대방이 메시지를 확인했을 때, 그룹 채팅 시에는 그룹 채팅 참가자 모두가 읽었을 때 메시지 읽음 확인 상태가 ◎(전송됨)에서 ◉(확인함)으로 변경된다.

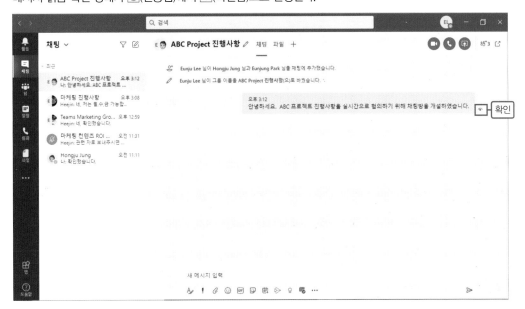

## 메시지 읽은 사람 확인하기

그룹 채팅에서 메시지 전송 후 누가 메시지를 읽었고 누가 확인하지 않았는지 확인이 가능하다.

**01** 전송한 메시지에 마우스 포인터를 올리고 ⋯(기타 옵션)을 클릭한 후, ◉(읽음 확인)을 선택한다.

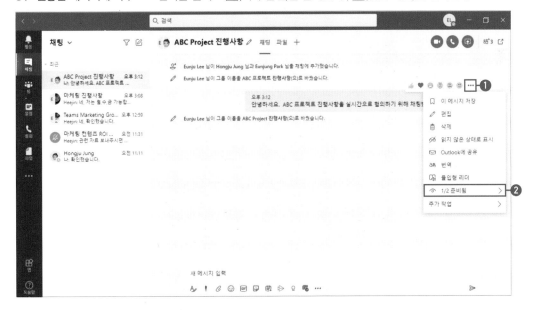

**02** 메시지에 대하여 읽음 확인이 확인된 사용자의 목록이 표시된다.

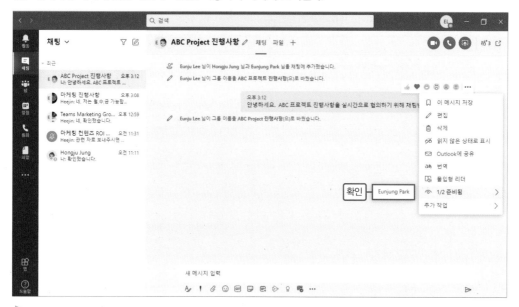

- 메시지 읽음 확인은 책을 쓰고 있는 시점을 기준으로 최대 20명 또는 이하로 구성된 그룹 채팅에만 지원된다.
- 메시지 읽음 확인은 데스크톱 및 모바일에서만 제공되며, 웹에서는 지원되고 있지 않다.
- 메시지 수신자가 채팅 창을 클릭해서 메시지를 읽어야 읽음 확인으로 확인되며, 알림을 통해 메시지를 확인하거나 배너를 통해 메시지를 읽고 회신하는 경우에는 읽음 확인으로 표시되지 않는다.
- 읽음 확인은 읽음 확인 기능이 설정된 사용자에 대하여만 지원된다. 따라서, 채팅 참가자 중 읽음 확인이 해제되어 있지 않은 사용자의 경우에는 메시지를 읽더라도 읽음 확인이 표시되지 않는다.
- 읽음 확인 설정 및 해제 방법
  01 Teams 오른쪽 상단의 사용자 프로필을 클릭한 후, [설정]을 클릭한다.

02 [개인정보취급방침]을 클릭하고, [읽음 확인]을 설정한다. 기본값은 '읽음 확인' 설정으로 되어 있다.

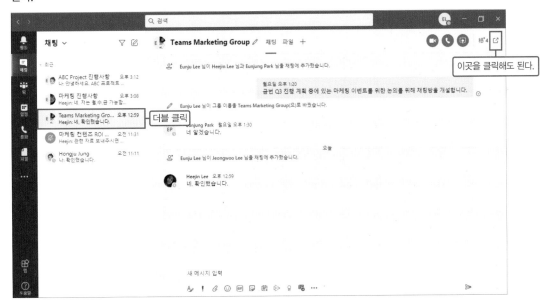

## ▌채팅 창 분리하기 ▌

Teams 채팅은 사용자가 팀 작업을 진행하며 진행 중인 채팅에 회신하기 위해 [채팅]으로 이동하지 않고 실시간으로 회신할 수 있도록 채팅을 새로운 창으로 분리할 수 있다.

01 채팅 목록에서 채팅 창을 분리하기 위한 채팅을 더블 클릭하거나 채팅 방 오른쪽 상단에 위치한 [ ](채팅 열기)를 클릭한다.

**02** 채팅 창이 별도로 분리된 창으로 표시되는 것을 확인할 수 있다.

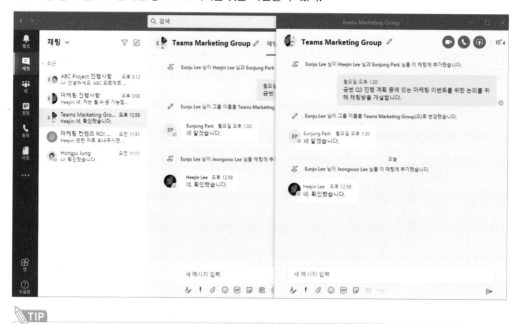

TIP

1:1 채팅의 경우 사용자 프로필을 더블 클릭하면 해당 사용자와의 채팅 창이 분리되어 표시된다.

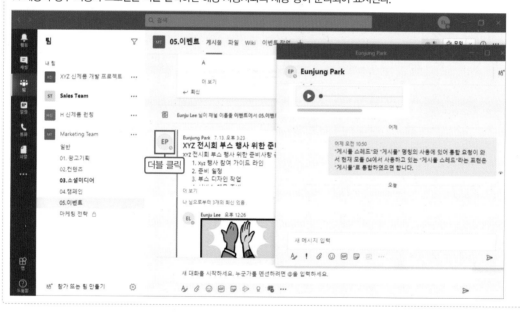

## 3 번역

업무 환경이 글로벌화되면서 많은 기업에서는 업무를 위해 다양한 언어권의 사람들과 의사 소통하고 함께 협업하는 것이 거의 일상이 되어 가고 있다. 하지만, 언어는 여전히 많은 사람들에게 있어 소통의 장벽으로 여겨진다. 보다 효과적이고 심도 있는 소통을 위해서는 상대방의 언어를 바로 이해하고 즉각적으로 대응해야 하는데, 실시간 소통에 있어 별도의 번역기를 활용하기에는 너무나 번거로운 작업이다. Teams를 사용하여 채팅을 하게 되면 이러한 번거로운 작업은 더 이상 필요 없다. 언어가 다른 사용자들과 채팅 시 타 언어를 나의 언어로 번역하는 기능이 제공되기 때문이다. 단, 번역 서비스를 사용하기 위해서는 조직의 관리자가 Teams 관리자 사이트를 통해 번역 기능을 사용하도록 활성화하는 작업이 우선되어야 한다.

**01** 채팅 창에서 타 언어로 작성된 메시지의 ⋯(기타 옵션)을 클릭한 후, [번역]을 선택한다.

**02** 다시 원본 메시지로 복원하기 위해서는 번역된 채팅 메시지에서 ⋯(기타 옵션)을 클릭하고 [원본 메시지 보기]를 선택한다.

# 4 모임 예약

채팅에서 동료 또는 동료들과 채팅 중 채팅 참가자들과 미팅 일정을 계획하는 경우 채팅 창에서 바로 일정 예약이 가능하다.

**01** 대화 상자 하단의 🖽(모임 예약)을 클릭한다.

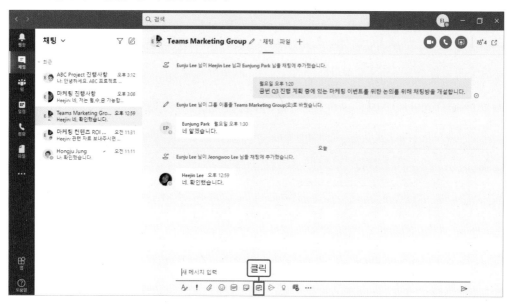

**02** 채팅 참가자가 미팅 대상자로 모두 추가된 새 모임 창에서 모임 일정을 입력하고 [보내기]를 클릭한다.

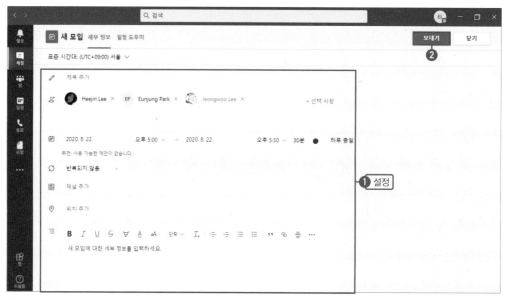

> **TIP**
>
> 모임 일정에 참가자들의 일정이 가능한지 [일정 도우미]를 통해 확인이 가능하다. 단, [일정 도우미]는 각 개인들의 아웃룩 일정을 기준으로 보여 준다. 모임 일정 예약 및 진행 방법과 관련한 상세한 내용은 [Module 09 ㅣ 온라인 모임]을 참고한다.

**5** **고정**

사용자들과 나눴던 채팅 대화 기록은 기본 설정으로는 영구 보존되지만, [채팅]에서 보여지는 채팅 목록은 최근 30일간의 채팅 목록만 보여준다. 물론, 새 채팅에서 이전에 채팅했던 이력이 있는 사용자 또는 사용자들을 추가하면 과거 채팅 대화 기록이 모두 보이지만, 30일이 지나면 최근 채팅 목록에서는 사라진다. 만일 지속적으로 소통하는 사용자 또는 그룹이 있다면 해당 채팅 목록을 고정하여 기간과 관계없이 사라지지 않도록 고정해 놓을 수 있다.

**01** 채팅 목록에서 고정하고자 하는 채팅의 ⋯(기타 옵션)을 클릭한 후, [고정]을 선택한다.

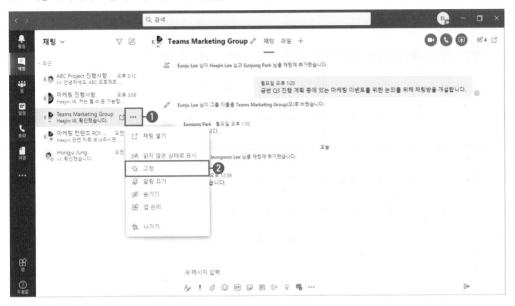

**02** 채팅 목록 상단의 [고정됨] 영역에 채팅이 고정된 것을 확인할 수 있다.

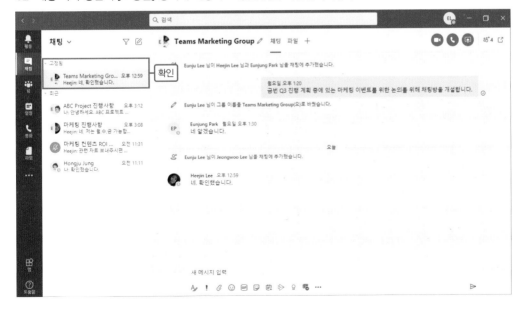

**03** 고정된 채팅을 해제하려며 고정된 채팅에서 ⋯(기타 옵션)을 클릭하고 [고정 해제]를 선택하면 된다.

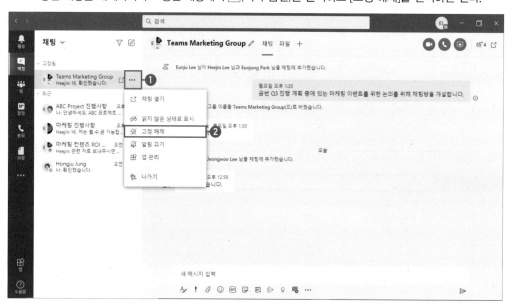

## 6  알림 끄기

Teams가 조직의 주요 소통 채널로 활용됨에 따라 사용자들은 빈번하게 1:1 또는 그룹 채팅에 참여하게 된다. 하지만, 채팅의 중요성에 따라 불필요한 실시간 알림은 업무에 방해 요소가 되기도 한다. Teams에서는 업무 집중을 방해할 수 있는 채팅 알림을 끌 수 있는 옵션을 제공하고 있다.

**01** 알림을 해제하고자 하는 채팅의 ⋯(기타 옵션)을 클릭한 후, [알림 끄기]를 선택한다.

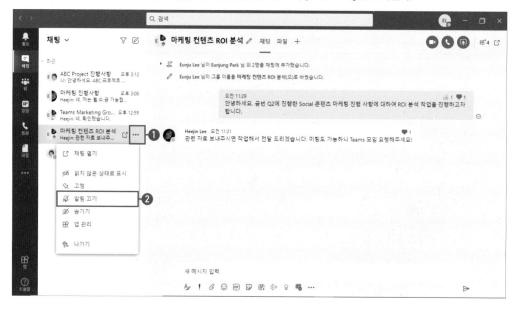

**02** 알림을 다시 수신하려면 ⋯(기타 옵션)을 클릭하고 [음소거 해제]를 선택하면 된다.

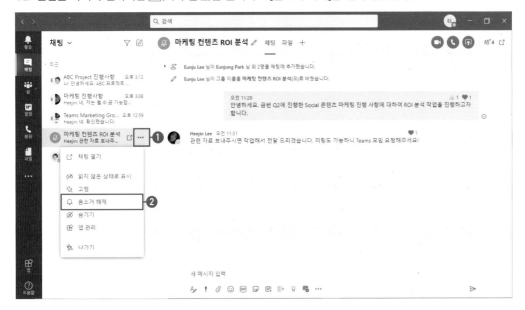

빠르고 정확한 소통은 조직 구성원이 제한된 시간 안에 보다 효율적이며 생산적으로 일할 수 있도록 하는 데 매우 중요한 부분을 담당한다. Teams에서는 조직 구성원이 하나의 통합된 환경에서 팀 구성원과 업무를 공유하고 이를 기반으로 협업하며, 실시간으로 채팅, 음성 및 화상 통화, 원격 연결 기능까지 업무에서 필요로 하는 다양한 소통 기능을 모두 제공하고 있다. 또한, 모든 기능은 모빌리티를 제공하여 사용자의 위치, 시간, 사용하고 있는 장치에 제한을 두고 있지 않기 때문에 사용자는 언제 어디서나 사용 가능한 장치를 이용하여 업무를 공유하고 소통할 수 있다. 게다가 재미 요소까지 더해 소통의 즐거움을 한층 더 높여 직원 간 소통의 장벽을 허물 수 있는 최고의 기업용 소통 도구라고 할 수 있다.

**MODULE**

**09**

# 온라인 모임

2018년부터 개정된 근로기준법에 따라 주 52시간 근무제가 시행되고, 많은 기업에서 유연 근무제 및 재택 근무 시행이 늘어남에 따라 시간과 장소에 관계없이 효율적으로 함께 일할 수 있는 협업 환경과 화상 회의를 통해 지리적으로 분산되어 있는 동료 간 또는 고객 및 파트너와의 원활한 소통은 새로운 업무 방식에 있어 매우 중요한 핵심 요소로 자리를 잡았다.

본 모듈에서는 Microsoft Teams에서 제공하는 여러 기능 중 온라인 모임 기능에 대하여 살펴보고자 한다. Microsoft Teams에서는 모임과 라이브 이벤트 기능을 제공한다. 모임 기능은 원격에 있는 사용자들이 화상을 통해 함께 의견을 나누고 정보를 공유하며 업무를 논의할 수 있도록 하며, 라이브 이벤트는 세미나와 같은 대규모 청중에게 온라인으로 이벤트를 생중계하는 일대다 통신 방식의 콘텐츠를 전달하는 모임 기능을 제공한다.

## Section 01 모임 사전 준비, 예약하기

사전에 안건을 공유하고 참석자들에게 모임 일정을 알리게 되면 모임에서는 더 효율적으로 의견을 교환하고 소통하여 효과적인 모임이 가능하다.

### 1 모임 사전 준비

#### ▌모임 안건 미리 공유 ▌

Teams의 게시물이나 채팅으로 또는 Teams 모임에 초대를 보낼 때 모임 안건을 사전에 공유하여 효과적인 모임이 되도록 한다.

#### ▌참가할 구성원 및 외부 게스트의 가능한 모임 일정 확인하기 ▌

참가할 구성원을 확인하고, 구성원과 외부 게스트의 가능한 일정을 확인한다. 모임 일정이 정해지면 조직의 구성원 및 외부 게스트에 대해 Teams 모임 예약을 보내면 된다.

#### ▌이전 모임 노트 녹음/녹화 액세스하기 ▌

이전 모임의 노트와 녹음/녹화 파일이 있다면 쉽게 액세스하여 더 많은 자료를 준비할 수 있다.

> **TIP**
>
> Teams 앱에서 [일정] 메뉴가 보이지 않는 경우에는 Exchange Online 라이선스가 없는 경우이므로 라이선스 구매 또는 조직의 라이선스 체크가 필요하다.
> 참고 사이트 : https://docs.microsoft.com/ko-kr/office365/servicedescriptions/teams-service-description

## 2 모임 예약하기

Teams에서 모임을 예약하는 방법은 여러 가지가 있다.

### ▌ [채팅]에서 모임 예약하기 ▌

01 [채팅]에서 새 메시지를 입력하는 상자 아래에 위치한 🗓(모임 예약)을 클릭한다.

02 제목 및 일정 시간 범위를 선택한다. 채팅 상의 사용자가 필수 참석자에 자동으로 입력되어 있다. [보내기]를 클릭하여
채팅에 참여 중인 사용자와 모임을 예약한다.

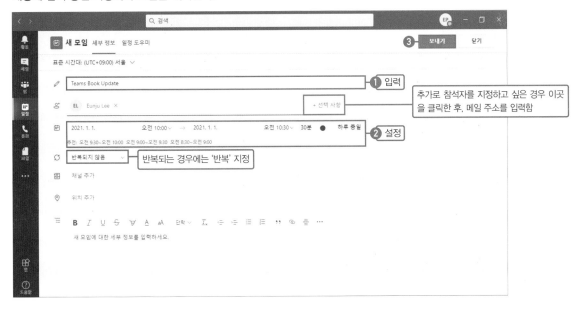

## ▌ [일정]에서 새 모임 예약하기 ▐

01 [일정]에서 [새 모임]을 클릭한다.

02 일정 관리 양식에서 모임 제목을 지정하고, 사용자를 초대하고, 모임 세부 정보를 추가한다. 세부 정보를 입력한 후 [저장]을 클릭한다. 이렇게 하면 일정 관리 양식이 닫히고 모든 사용자의 Outlook 받은 편지함으로 초대를 보내게 된다.

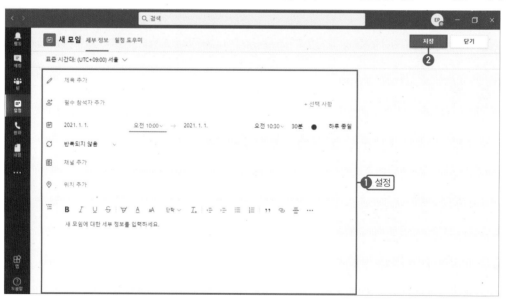

**03** 채널에 함께 공지가 필요한 경우 [채널 추가]라고 표시된 곳에 채널 이름을 입력한다.

**04** [일정 도우미]를 통해 모든 사용자에게 적합한 시간을 찾을 수 있다. [보내기]를 클릭한다.

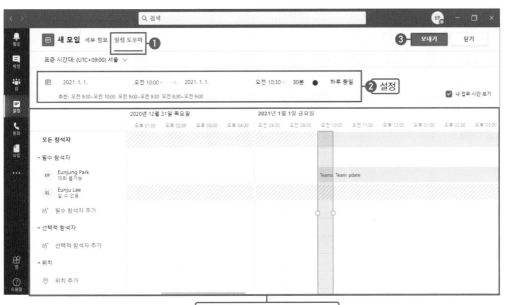

참석자의 일정 정보를 확인할 수 있다.

## ▍ Outlook에서 Teams 모임 예약하기 ▍

Teams에는 Outlook에서 직접 새 Teams 모임을 만들 수 있는 Outlook 추가 기능이 포함되어 있다. 또한, 사용자가 어느 앱에서나 모임을 보거나 수락하거나 참석할 수 있다.

> **TIP**
>
> Outlook은 설치형 Outlook뿐만 아니라 웹 버전과 모바일 버전에서도 일정 등록 및 확인이 가능하다.

**01** Outlook을 실행한 후, ▦(일정 보기)를 클릭한다.

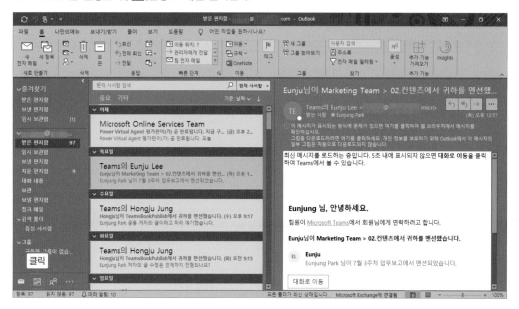

**02** 일정 보기로 전환된다. 리본 메뉴의 [홈] 탭-[Teams 모임] 그룹에서 [새 Teams 모임]을 클릭한다.

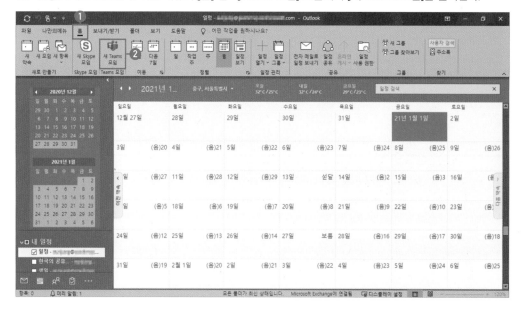

**03** 받는 사람 필드에 초대 대상자를 추가한다(Outlook에서 조직 외부 사용자를 초대할 수도 있다.). 모임 제목, 위치, 시작 시간 및 종료 시간을 추가한 후 [보내기]를 클릭한다.

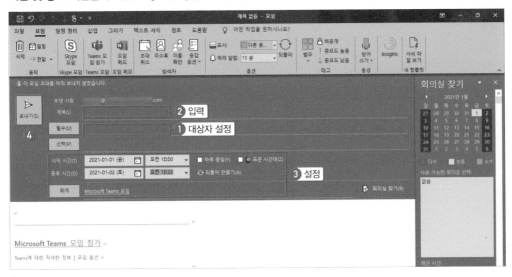

> **TIP**
>
> 현재 Outlook에서는 Teams 모임을 예약할 수 있지만, 참여할 채널을 선택할 수는 없다.

## 3 모임 예약 등록 확인하기

### ┃ 조직 사용자 ┃

[일정]에는 Teams, Exchange 또는 Outlook에 예약된 모든 일정이 표시된다. Teams의 일정은 Exchange 일정에 연결된다. 즉, Outlook에서 모임을 예약하면 Teams에 모임이 표시되고, 그 반대의 경우도 마찬가지이다.

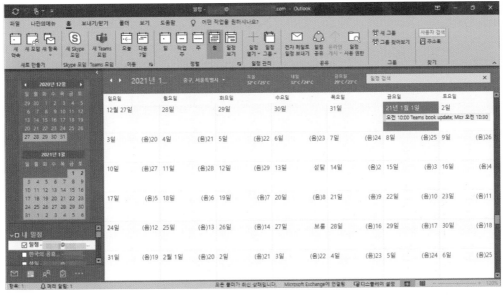

↑ Outlook에서의 일정 화면

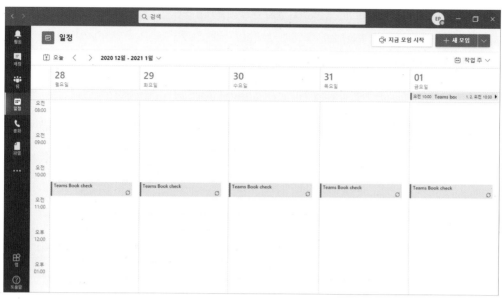

↑ Teams에서의 일정 화면

현재 Teams에서 일정은 [일], [주], [작업 주]로 표시된다.

[일정]에서 이벤트를 마우스 오른쪽으로 클릭하여 참석 여부 알림 요청에 응답하고, 일정이 취소되면 제거하거나 초대를 열어 모임 세부 정보를 확인할 수 있다. 이벤트가 Teams 모임이면 [온라인으로 참가] 및 [참가자와 채팅]을 할 수 있는 옵션도 제공한다.

모임을 팀의 채널에 예약을 하였다면 채널에서 모임 확인이 바로 가능하며, 모임 시간이 되면 [참가]를 클릭하여 모임에 참여할 수 있다.

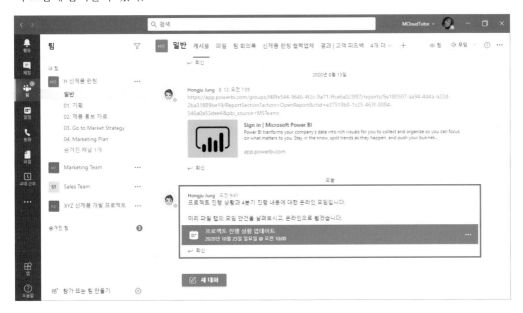

## ▌ 이끌이 ▌

이끌이는 모임을 예약하고 나서 모임 옵션에서 필요한 옵션을 수정해야 할 경우가 있다. 모임 옵션을 확인하거나 변경하려면 모임 예약을 편집하여 [모임 옵션]을 클릭한다. 또는 메일 링크에서 모임 내용을 확인하면서 [모임 옵션]을 클릭해도 된다.

[모임 옵션]에서는 대기실, 알림, 발표자, 음소거 해제에 대한 옵션을 확인하거나 변경할 수 있다. 모임에 참석하기 전에 모임 이끌이는 [모임 옵션]에서 대기실 허용 여부 및 발표자 설정을 확인하길 추천한다.

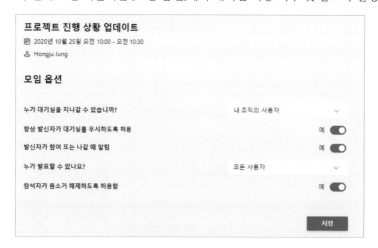

모임 일정과 내용이 변경되었다면 이끌이는 모임을 편집하고 난 후 [업데이트 보내기]를 클릭하여 변경 사항을 구성원들에게 알리면 된다.

TIP

만약 예정되지 않은 모임인데 즉시 진행해야 하는 경우에는 [팀]에서 [모임]의 목록 단추(∨)를 클릭한 후 [지금 모임 시작]을 선택하면 별도의 모임 예약 없이도 사용이 가능하다.

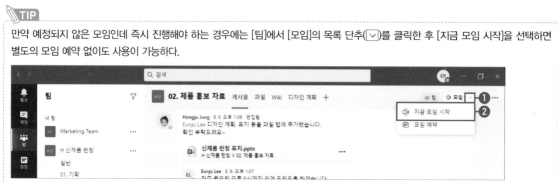

## Section 02 모임 진행하기

언제 어디서나 다양한 장치를 활용해 Teams 모임에 참가할 수 있다. Teams 데스크톱 앱 또는 모바일 앱(iOS 또는 Android)을 다운로드받아 참가할 수 있다. 또는 'https://teams.microsoft.com'의 웹에서 Teams에 접속할 수도 있다. Microsoft 365 계정 사용자는 Teams 데스크톱 앱과 모바일 앱을 설치해서 활용하길 추천하고, 외부 사용자는 Teams 웹 앱 또는 모바일 앱을 활용하길 추천한다.

### 1 Teams 모임의 역할

Teams 모임을 진행하기 전에 모임의 역할을 알아보고 모임을 진행해보자.

Teams 모임은 여러 가지 참가자 유형이 존재한다. 이끌이는 참가자에 역할을 지정하여 모임에서 발표를 할 수 있는 사용자를 지정할 수 있다. 참가자는 모임에 참가하는 모든 사용자를 의미한다.

– **이끌이** : 모임을 생성하고 다른 참가자를 초대하는 역할로 전체 음소거, 참석자 목록 다운로드 등을 수행할 수 있다.

– **발표자** : 모임 중에 할 수 있는 모든 작업을 수행할 수 있다.

– **참석자** : 모임 중에 채팅에 참여하고, 마이크를 사용하여 음성 채팅을 할 수 있다.

| 기능 | 이끌이 | 발표자 | 참석자 |
|---|:---:|:---:|:---:|
| 말하기 및 비디오 공유 | ✓ | ✓ | ✓ |
| 모임 채팅 참가 | ✓ | ✓ | ✓ |
| 콘텐츠 공유 | ✓ | ✓ | |
| 다른 사용자가 공유한 PowerPoint 파일을 비공개로 보기 | ✓ | ✓ | ✓ |
| 다른 사용자의 PowerPoint 프레젠테이션을 관리 | ✓ | ✓ | |
| 다른 참가자 음소거 | ✓ | ✓ | |
| 참석자가 음소거 해제되지 않도록 방지 | ✓ | ✓ | |
| 참가자 제거 | ✓ | ✓ | |
| 대기실에서 사용자 입장 | ✓ | ✓ | |
| 다른 참가자의 역할 변경 | ✓ | ✓ | |
| 녹음 시작 또는 중지 | ✓ | ✓ | |

## 2 모임 참가하기

모임에 참가하는 방법은 여러 방법으로 제공된다.

### ▌[일정]에서 참가하기 ▌

**01** Teams에서 [일정]을 선택하여 모임을 확인한 후, 원하는 모임을 찾아 클릭한다.

**02** 세부 정보를 확인한 후, [참가]를 선택한다. 또는 모임 초대에서 [모임에 참여하려면 여기를 클릭]을 클릭하여 웹에서 참가하거나 데스크톱 앱을 다운로드할 수 있는 페이지로 이동한다. Teams 앱이 이미 있는 경우 모임이 앱에서 자동으로 열리게 된다.

## ┃ [일정]에서 온라인으로 참가하기 ┃

일정에서 데스크톱 앱이 아닌 온라인 참여도 가능하다.

**01** Teams에서 [일정]을 선택하여 모임을 확인한다.

**02** 원하는 모임을 찾아 마우스 오른쪽으로 클릭한 후, [온라인으로 참가]를 선택한다.

## ┃ 메일에서 링크로 참가하기 ┃

메일(Exchange Online)에 연동되어 있는 경우 메일로 초대 S+ 알림이 도착하며, 웹에서도 동일하게 모임 참가 링크만 클릭하면 접속할 수 있다.

**01** 'office.com'에 접속한 후 로그인을 한다. 메일에서 초대 알림을 선택한 후 [모임에 참여하려면 여기를 클릭]을 클릭한다.

**02** 일정 보기에서 원하는 모임을 선택한 후 [참가]를 클릭한다.

**03** [모임에 참여하려면 여기를 클릭]을 클릭한다.

사용자에게 Teams 계정이 없고 이끌이가 이를 허용한 경우 이름을 입력하여 모임에 게스트로 참가하는 옵션을 사용할 수 있다. Teams 계정이 있는 경우 [로그인]을 선택하여 모임 채팅 등에 액세스하여 참가할 수 있다.

01  초대받은 개인 메일에 접속하여 모임 내용을 확인하고 [모임에 참여하려면 여기를 클릭]을 클릭한다.

02  모임에 참가하는 방법을 선택한다. Teams 앱을 다운로드하거나 설치되어 있는 앱을 열기할 수 있으며, 프로그램을 다운로드하거나 설치하지 않고 웹 브라우저에서도 모임에 참가할 수 있다. 여기서는 [이 브라우저에서 계속]을 클릭하여 살펴본다.

**03** 오디오 또는 비디오 안내를 확인하고 [오디오 또는 비디오 없이 계속]을 클릭한다.

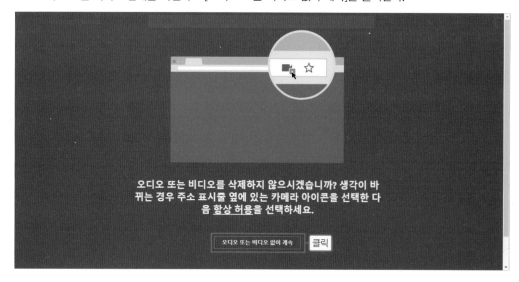

**04** 오디오 및 비디오 설정을 선택하고, 참가자 이름을 입력하고 [지금 참가]를 클릭한다.

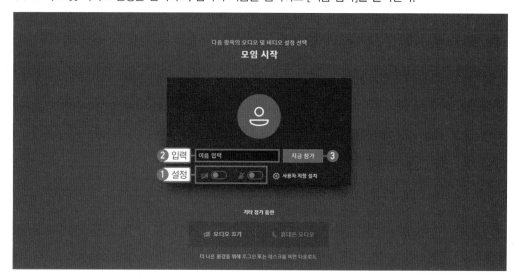

## ▌ [팀]의 채널에서 참가하기 ▌

채널에서 모임이 열리는 경우 채널에서 모임을 확인할 수 있으며, 모임에 참가 중인 사용자를 볼 수 있다. [참가]를 클릭하여 모임에 참가하면 된다.

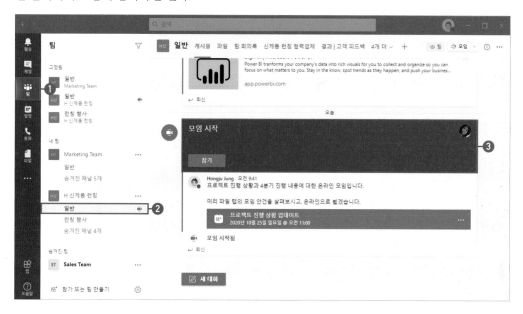

## ▌ [채팅]에서 참가하기 ▌

모임이 이미 시작된 경우 최근 채팅 목록에 나타난다. 채팅 목록에서 모임을 선택한 다음 채팅 맨 위에 [참가]를 선택하면 바로 모임에 참가할 수 있다.

> **TIP**
>
> 웹 또는 앱을 사용할 수 없는 경우 전화 번호를 호출하여 모임에 참가할 수 있다. PSTN Call 전화 기능은 라이선스가 별도로 필요하다.

팀 모임에 참가한 후 모임을 시작하고, 참가하려면 다음 화면에서 [지금 참가]를 클릭한다.

마이크 설정이 잘못되어 잡음이 생기거나 동작이 안 되는 경우가 있을 수 있는데, 이때는 톱니바퀴 모양의 ⚙ (설정)을 클릭하여 카메라와 마이크 설정을 확인하고 변경한다.

## ③ 모임에서 소통하기

### (1) 비디오 사용하기

**▎비디오 사용(모임 전)▎**

모임을 시작하기 전에 비디오는 [켬] 또는 [끔]을 설정하여 변경 가능하다. 비디오를 켜려면 참가하기 전에 📷⬤(카메라 끔)을 클릭하여 📷⬤(카메라 켬)으로 지정하면 된다.

**▎비디오 사용(모임 중)▎**

모임 진행 중에도 언제든지 모임 제어의 📷(카메라 끔)이나 📷(카메라 켬)을 클릭하여 비디오를 켜거나 끌 수 있다.

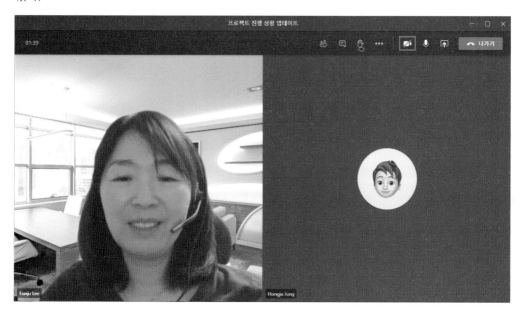

## │ 비디오 배경 변경(모임 전) │

비디오에서 사용자에게 표시되는 배경을 흐리게 하거나 제공된 이미지 중 하나로 완전히 바꿀 수 있다. 모임 전에 오디오 및 비디오를 설정하는 경우 배경 효과 표시(▨)를 클릭한다. 오른쪽에 [배경 설정] 창이 나타나면 변경할 배경을 선택한다.

원하는 배경이 적용된 결과를 확인할 수 있다.

## ❚ 비디오 배경 변경(모임 중) ❚

모임 중에도 모임 제어에서 ▦(기타 작업)을 클릭한 후 [배경 효과 적용]을 선택하면 배경 이미지 미리 보기 및
적용이 가능하다.

## (2) 콘텐츠 공유하기

모임을 진행하면서 바탕 화면, 문서, 슬라이드 발표 자료를 공유하여 참석자들이 볼 수 있도록 할 수 있다. 또한, 제어권을 통해 동시 작업이나 원격 지원이 가능하여 효과적인 작업을 수행할 수 있다.

### ┃ 콘텐츠 공유 방법 ┃

- 모임에서 화면을 공유하려면 모임 제어에서 ▣(콘텐츠 공유)를 클릭한 후 바탕 화면, 창, PowerPoint 파일 또는 화이트보드를 표시하도록 선택한다.
- 공유가 완료되면 모임 제어로 이동하여 ▣(공유 옵션 숨기기)를 클릭한다.

| 공유 | 설명 |
|------|------|
| 바탕 화면 | 알림과 기타 데스크톱 활동을 포함하여 전화 화면 표시 |
| 창 | 창 하나만 표시하고 알림 또는 기타 데스크톱 활동 표시 안 함 |
| PowerPoint | 다른 사용자들이 상호 작용할 수 있는 PowerPoint 파일 표시 |
| 화이트보드 | 실시간으로 다른 사용자와 공동 작업 |

Mac을 사용 중인 경우 화면을 공유하기 전에 개인 정보 설정을 변경하라는 메시지가 표시된다. 또한 Linux 사용자는 창 공유를 사용할 수 없다.

## ┃ 슬라이드 공유하기 ┃

공유하는 방법은 동일하여 여기서는 슬라이드 공유로 살펴본다. 모임을 진행하면서 가장 많이 공유하는 콘텐츠가 슬라이드다.

**01** 모임 제어에서 ⬆(콘텐츠 공유)를 클릭한 다음 [PowerPoint] 섹션에서 원하는 파일을 선택한다.

– [PowerPoint] 섹션에는 팀 SharePoint Online 사이트 또는 OneDrive에서 열었거나 편집한 최근 파일이 표시된다. 이러한 파일 중 하나를 선택하여 발표할 경우 모든 모임 참가자는 모임 중에 슬라이드를 볼 수 있다.

– 이전에 Teams에 업로드하지 않은 PowerPoint 파일을 발표를 위해 [찾아보기]를 통해 선택하는 경우 모임의 일부로 업로드된다. 공개 모임에서 프레젠테이션하는 경우 파일은 모든 팀 구성원이 액세스할 수 있는 채널의 [파일] 탭에 업로드되고, 비공개 모임에서 프레젠테이션하는 경우 파일이 OneDrive에 업로드되며 해당 파일은 모임 참석자만 액세스할 수 있다.

**02** 파일을 업로드한 후, 모임에서 PowerPoint 슬라이드가 공유되기 시작한다.

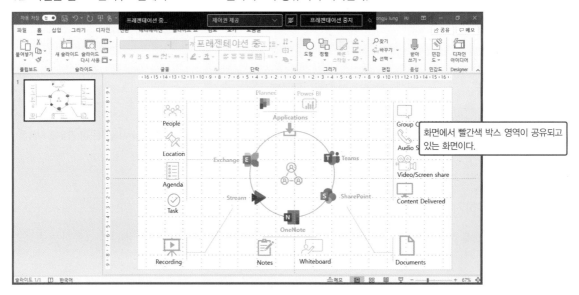

## (3) 제어권

이끌이만 공유한 콘텐츠의 제어권을 가지고 있는 것은 아니며, 다른 참석자가 제어권을 요청해 화면을 제어하면서 모임을 진행할 수 있다.

### ┃ 제어권 제공하기(발표자 – 모임 이끌이) ┃

발표자(모임 이끌이) 외에 다른 모임 참가자가 파일을 변경하거나 프레젠테이션을 돕거나 데모를 시연해야 하는 경우 다른 모임 참가자에게 제어권을 제공할 수 있다.

**01** 발표자(모임 이끌이)가 모임의 다른 참가자에게 제어권을 제공하려면 공유한 화면 상단에서 [제어권 제공]을 클릭한 후 제어권을 제공할 사용자의 이름을 선택한다.

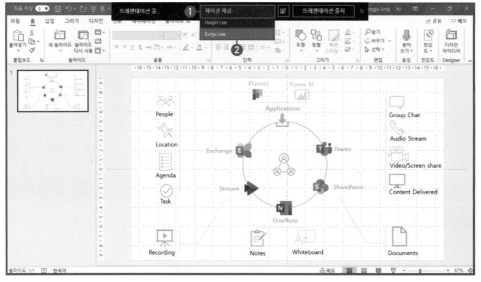

⬆ 발표자의 화면

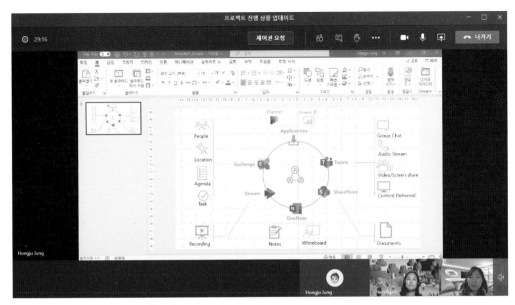

▲ 참가자의 화면(제어권을 제공받기 전)

02 선택된 참가자의 화면에서 공유되고 있는 화면에 빨간색 테두리가 표시되고 [제어권 요청] 부분이 [제어 중지]로 자동 변경되며, 화면 제어가 가능해진다.

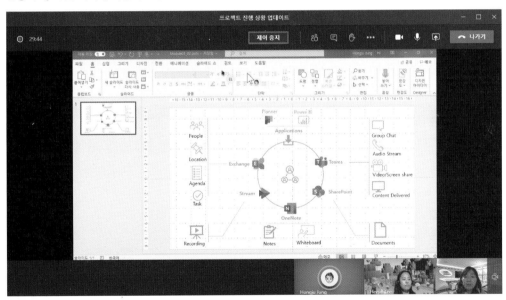

▲ 참가자의 화면(제어권을 제공받은 후)

**03** 제어권을 보유하는 동안 공유 화면을 선택하거나 편집하고 기타 수정 작업을 진행할 수 있으며, 변경 작성 중인 부분이 표시된다. 동시 작업은 가능하나 한 사람씩 제어하여 편집할 수 있다.

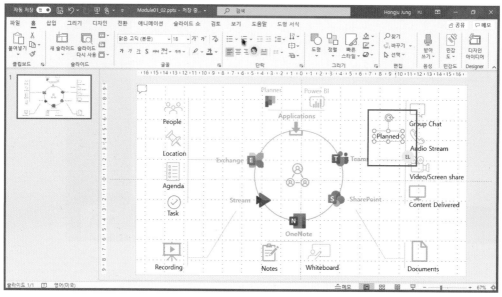

⬆ 발표자의 화면

## ▮ 제어권 회수하기(발표자 – 모임 이끌이) ▮

발표자에게 공유 제어권이 있으니 모임의 다른 참가자에게 제공한 제어권은 언제든지 회수가 가능하다.

**01** 발표자(모임 이끌이)가 제공했던 제어권을 다시 가져오려면 공유한 화면 상단에서 [제어권 회수]를 클릭한다.

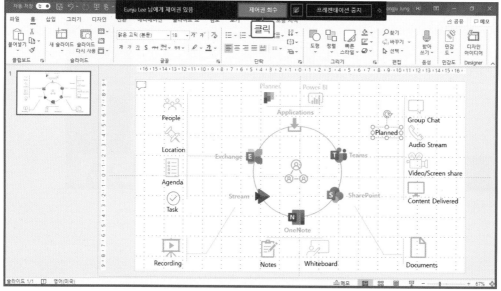

⬆ 발표자의 화면

**02** 제어권이 회수되면 발표자(모임 이끌이)로부터 제어권을 제공받았던 참가자의 화면에 메시지가 표시된다. 여기서는 발표자 Hongju Jung이 제어권을 회수했으므로 'Hongju Jung님에게 제어권이 있습니다. 공유한 사람이 제어권을 다시 가져왔습니다.'라는 메시지가 표시된다.

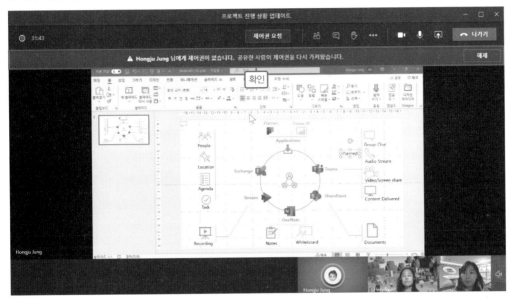

⬆ 참가자의 화면

## ▌ 제어권 요청하기(참가자) ▌

모임의 참가자가 발표자(모임 이끌이)에게 모임에 공유되고 있는 화면의 제어권을 요청할 수도 있다.

**01** 참가자가 공유되고 있는 화면의 제어권을 가져오려면 [제어권 요청]을 클릭한다.

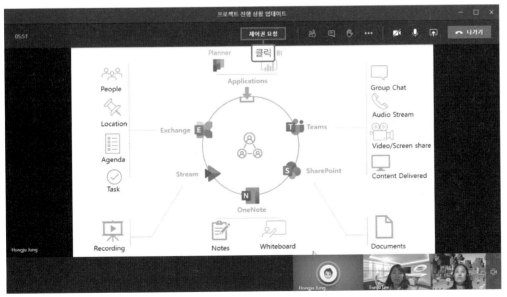

⬆ 참가자의 화면

**02** 승인을 기다리는 동안 [승인 대기 중]으로 표시된다.

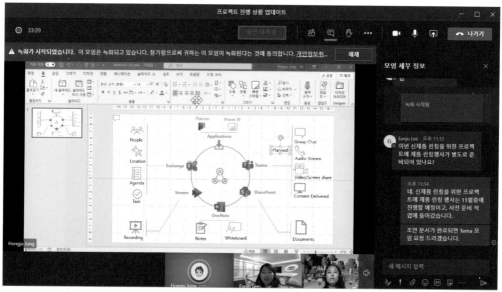

↑ 참가자의 화면

**03** 발표자(모임 이끌이)의 화면에는 상대방이 제어권을 요청하고 있다는 메시지가 나타난다. [허용]이나 [거절]을 선택할 수 있다.

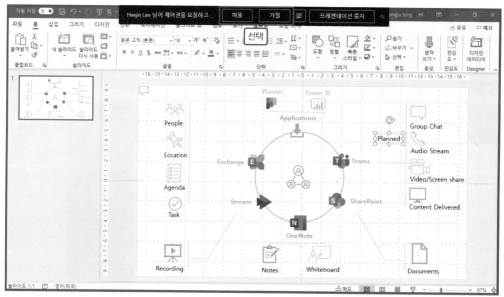

↑ 발표자의 화면

**04** 발표자(모임 이끌이)가 [허용]을 선택하면 제어권을 요청한 참가자의 공유 화면에 표시된 [승인 대기 중]이 [제어 중지]로 변경된다.

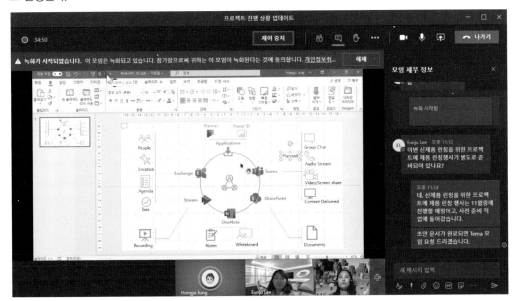

⬆ 참가자의 화면

## (4) 모임 녹음/녹화하기

• 모임 또는 통화를 기록하여 오디오, 비디오 화면 공유 및 활동을 캡처할 수 있다. 녹음/녹화는 채팅이나 채널에 나타나며, Microsoft Stream에 저장된다. 녹음/녹화 후 조직에서 공유할 수 있다.

• 사용자 유형에 따른 녹음/녹화 사용 유무

| 사용자의 유형 | 녹음/녹화를<br>시작할 수 있나요? | 녹음/녹화를<br>중지할 수 있나요? |
|---|---|---|
| 모임 이끌이 | 예 | 예 |
| 동일한 조직의 사용자 | 예 | 예 |
| 다른 조직 또는 회사의 사용자 | 아니요 | 아니요 |
| 게스트 | 아니요 | 아니요 |
| 익명 | 아니요 | 아니요 |

📝 **TIP**
• 녹음/녹화를 시작한 사용자가 모임을 떠난 경우에도 녹음/녹화가 계속 진행된다.
• 모든 사용자가 모임에 나가면 녹음/녹화가 자동으로 중단된다.
• 누군가 모임에서 나가는 것을 잊은 경우 녹음/녹화는 자동으로 4시간 후에 종료된다.

**01** 모임을 시작하거나 참가한다. 모임이나 통화의 녹음 또는 녹화를 시작하기 위해 모임 제어에서 ▦(기타 작업)을 클릭한 후, [녹음 시작] 또는 [녹화 시작]을 선택한다.

**02** 모임에 참여 중인 사용자가 녹음/녹화를 시작했다는 알림을 받게 된다. 모임 알림은 채팅 기록에도 게시된다.

**03** 녹음/녹화를 중지하기 위해서는 모임 제어로 이동하여 ▦(기타 작업)을 클릭한 후, [녹음 중지] 또는 [녹화 중지]를 선택한다.

**04** '녹음을 중지 하시겠습니까?'라는 메시지가 나타나면 [녹음 중지]를 클릭한다.

**05** 녹음/녹화가 처리되고 Microsoft Stream에 저장된 다음에 재생 준비가 된다.

**06** 녹음/녹화를 시작한 사용자는 녹음/녹화를 확인할 수 있게 되면 Microsoft Stream에서 전자 메일을 받는다. 모임 채팅에 도 표시되며, 채널에서 모임 중인 경우에는 채널에 표시된다.

## (5) 원활한 소통을 위한 모임 기능

**❙ 이끌이 ❙**

**❶ 전체 음소거**

여러 명이 동시에 온라인 사용 시 하울링 등과 같은 소리에 대해서 이끌이가 전체 음소거를 할 수 있는 기능이다.

**❷ 참석자 목록 다운로드**

- 참석자 목록은 모임에 참석한 사람에 대한 참가자 이름, 참가 시간, 종료 시간이 포함된 보고서로, 출석부 등으로 활용할 수 있다.

- 파일(meetingAttendanceList.csv)이 다운로드되며, 참석자 목록을 확인할 수 있다.

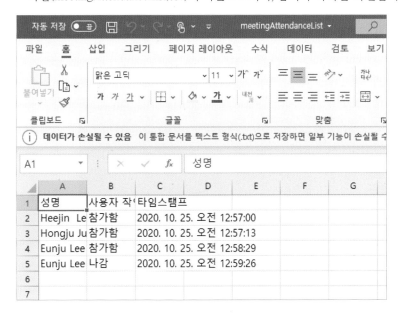

**❸ 참석 중인 모든 사용자에 대해 모임 종료**

모임 종료 후에도 모임에 계속 남아 있는 참석자가 있는 경우가 있다. 이 기능은 이끌이가 모든 사용자에 대해 모임 종료할 수 있는 기능으로, 이끌이가 알아야 할 기능이다.

## ┃ 참석자 ┃

**❶ 손들기**

오프라인에서 회의 시 궁금한 사항이 있으면 손을 들고 질의를 하는 것처럼 온라인 모임에서의 손들기 기능이다.

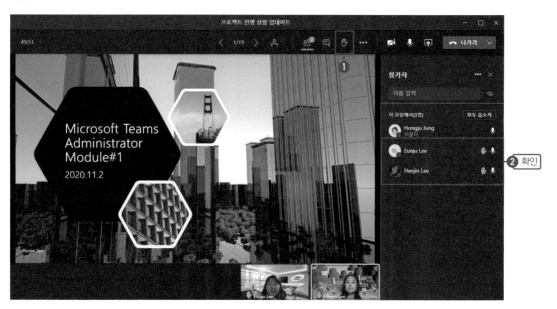

### ❷ 모임 메모

오프라인 회의 시 회의록을 작성하는 것과 동일하게 온라인 모임에서 회의록을 동시에 작성할 수 있다.

모임 종료 후에도 모임 메모 및 화이트보드는 확인이 가능하다.

**❸ 화이트보드**

펜으로 직접 입력 또는 스티커나 텍스트 상자를 이용하여 화이트보드를 작성한다. 화이트보드는 자료에 대한
논의, 의견 수립 등에 용이하게 사용할 수 있는 기능이다.

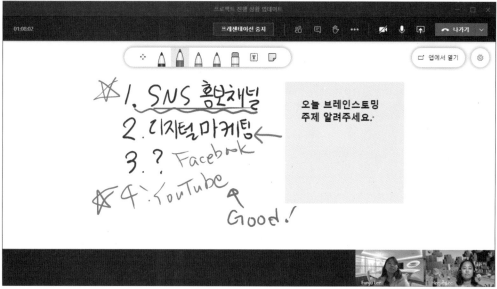

**❹ 동영상이나 오디오 공유**

- 시스템 오디오를 공유하면 Teams를 통해 컴퓨터 오디오를 모임 참가자에게 스트리밍할 수 있다. 프레젠테이션의 일부로 비디오 또는 오디오 클립을 재생하는 데 사용할 수 있다.

- 시스템 오디오를 공유하려면 모임 제어에서 ⬆(콘텐츠 공유)를 클릭한 다음 [컴퓨터 소리 포함]을 [켬]으로 설정한다. 사용자가 공유하면 알림을 포함한 모든 시스템 오디오가 모임에 포함된다.

🔖**TIP**

PowerPoint 파일 또는 화이트보드를 공유하는 동안에는 컴퓨터의 오디오를 포함할 수 없으며, 현재는 Windows 장치에서만 시스템 오디오 공유를 지원한다.

🔖**TIP**

Teams 모임 비디오에 대한 7*7, 함께 모드에 대해서는 추후에 업데이트될 예정이다.

**❺ 장치 설정 관리하기**

모임에 있는 사람들이 내 말을 들을 수 없다면 내 마이크 및 상대방 스피커가 올바르게 구성되지 않았을 수 있다. 통화 중이거나 모임 중일 때 스피커, 마이크 또는 카메라 설정을 변경하려면 모임 제어의 ··· (기타 작업)을 클릭한 후 [장치 설정]을 선택한다. 그 다음 원하는 스피커, 마이크 및 카메라 옵션을 선택 및 변경할 수 있다.

Teams 라이브 이벤트는 팀 모임의 연장이며, 비디오와 청중의 상호 작용 및 보고를 더 강력하게 제어할 수 있는 대규모 온라인 대상 그룹 이벤트이다.

## 1 라이브 이벤트

일반적으로 일대다 형태의 단방향 이벤트에 활용되며 전사적 이벤트, 리더십 업데이트 등의 다양한 시나리오에 대해 라이브 이벤트를 예약하고, 생성하고, 전달할 수 있다. 라이브 이벤트를 사용하면 제작자가 대상 그룹 및 참가자에 브로드캐스트하는 콘텐츠를 만들고 제어할 수 있다. 라이브 이벤트 진행 시 구성원들의 역할과 책임, 사용 권한, 라이브 이벤트 장치에 대한 설정, 역할에 따른 지원 플랫폼을 파악해야 한다. 라이브 이벤트 진행 시 알아야 할 세부 내용은 다음 설명을 참고하면 된다.

라이브 이벤트의 진행을 위한 구성원들의 역할과 책임에 대한 내용을 정리하면 다음과 같다.

| 역할 | 책임 |
|---|---|
| 이끌이 | 라이브 이벤트를 예약하고 이벤트를 관리하는 참석자 및 이벤트 그룹에 대한 적절한 사용 권한이 있는 이벤트를 설정한다.<br>– 라이브 이벤트를 생성한다.<br>– 참석자 권한을 설정한다.<br>– 프로덕션 방법을 선택한다.<br>– 이벤트 옵션(예 중재 Q&A)을 구성한다.<br>– 참석자를 초대한다.<br>– 이벤트 그룹 구성원을 선택한다.<br>– 이벤트를 마친 후 생성되는 보고서를 관리한다. |
| 프로듀서 | 호스트는 라이브 이벤트 스트림을 제어하여 참석자에게 훌륭한 시청 환경을 제공한다.<br>– 라이브 이벤트를 시작하고 중지한다.<br>– 자신의 비디오를 공유한다.<br>– 참석자의 비디오를 공유한다.<br>– 활성 데스크톱 또는 창을 공유한다.<br>– 레이아웃을 선택한다. |
| 발표자 | 라이브 이벤트에 오디오, 비디오 또는 화면을 보여주거나 Q&A를 중재한다.<br>– 발표자는 Teams에서 생성된 라이브 이벤트에서 오디오, 비디오 또는 화면(데스크톱 또는 창)만 공유할 수 있다. |
| 참석자 | 라이브 이벤트를 보고 듣는 시청자다.<br>– 익명으로 또는 인증되어 DVR 컨트롤을 사용하여 실시간 또는 온디맨드로 이벤트를 시청한다.<br>– Q&A에 참여할 수 있다. |

라이브 이벤트에 대한 사용 권한은 다음과 같다.

| 사용 권한 | 설명 |
|---|---|
| 사용자 및 그룹 | 조직 내부의 지정된 사람 및 그룹만 브로드캐스트를 볼 수 있다. |
| 조직 전체 | 조직의 모든 사람이 라이브 이벤트를 볼 수 있다. → 로그인 필요 |
| 공개 | 라이브 이벤트는 모두에게 개방된다. 대부분의 참석자가 조직 외부인인 경우 사용한다. → 로그인 필요 없음 |

라이브 이벤트의 장치에 대한 설명은 다음과 같다.

| 프로덕션 도구 | 설명 |
|---|---|
| Teams | • 노트북을 연결하고 이동한다.<br>• 이벤트를 만들고 발표자와 패널이 자신의 장치에서 참여하도록 초대하는 간단한 옵션인 Teams를 사용하여 라이브 이벤트를 생성한다. |
| 외부 앱 또는 장치 | • 전문 카메라 및 소리를 설정한다.<br>• Microsoft Stream을 통해 외부 하드웨어 또는 소프트웨어 인코더를 사용하여 라이브 이벤트를 생성한다. RTMP 서비스에 대한 스트리밍을 지원하는 프로덕션 설정(예 미디어 믹서)이 이미 있는 경우 이 옵션을 사용한다. 이 방법은 일반적으로 시청과 같은 강당 이벤트에서 사용되며, 미디어 믹서의 스트림이 청중에게 브로드캐스트된다. |

라이브 이벤트에서 역할별 지원되는 플랫폼은 다음과 같다.

| 역할 | 데스크톱 앱 | 웹 앱 | 모바일 앱 |
|---|---|---|---|
| 프로듀서 | 예 | 아니오 | 아니오 |
| 발표자 | 예 | 아니오 | 아니오 |
| 참석자 | 예 | 예 | 예 |

라이브 이벤트를 만들려면 사용자에게 다음 자격이 있어야 한다.

– Office 365 Enterprise E1, E3, E5 라이선스 또는 Office 365 A3 또는 A5 라이선스 사용

– Microsoft Teams 관리 센터에서 라이브 이벤트를 만들 수 있는 사용 권한

– Microsoft Stream에서 라이브 이벤트를 만들 수 있는 사용 권한(외부 브로드캐스팅 앱 또는 장치를 사용하여 생성된 이벤트의 경우)

– 조직에 전체 Teams 멤버 자격(게스트나 다른 조직의 사용자는 안 됨)

– 비공개 모임 예약, 화면 공유, IP 비디오 공유(Teams 모임 정책에서 설정되어 있음)

라이브 이벤트에 참여할 수 있는 사람은 다음과 같이 구분한다.

– **공용 이벤트** : 이벤트가 공개된 경우에는 링크가 있는 모든 사용자가 로그인하지 않고 참석할 수 있다.

– **비공개 이벤트** : 참석자가 조직 또는 특정 사용자 및 그룹으로 제한되면 참석자는 참여하기 위해 로그인해야 한다.

**TIP**

Microsoft 365 라이브 이벤트 한도 증가

• 고객 지원을 돕기 위해 2021년 1월 1일까지 Teams, Stream 및 Yammer에서 주최하는 라이브 이벤트에 대해 임시 제한 증가를 연장한다고 한다.

   – 이벤트당 최대 20,000명의 참석자가 참석할 수 있다.

   – Teams 테넌트당 최대 50개의 동시 이벤트를 진행할 수 있다.

   – 브로드캐스트당 최대 16시간을 지원한다.

• 참가자 최대 100,000명의 라이브 이벤트는 Microsoft 365 지원 프로그램을 통해 계획할 수 있다. 팀에서 각 요청을 평가하고 사용자와 작업을 수행하여 사용 가능한 옵션을 결정한다. 2021년 1월 1일 이후 이러한 제한 증가가 필요한 고객은 고급 통신 추가 기능을 구입해야 한다.

## ② 라이브 이벤트 예약 및 참가하기

Teams의 [일정]에서 라이브 이벤트를 예약하는 방법과 역할별(이끌이, 프로듀서, 발표자, 참가자) 참가하는 방법에 대해서 살펴본다.

## (1) Teams 일정에서 라이브 이벤트 예약하기

**01** Teams의 왼쪽 탐색 메뉴에서 [일정]을 선택한 후, [새 모임]의 목록 단추(▼)를 클릭해 [라이브 이벤트]를 선택한다.

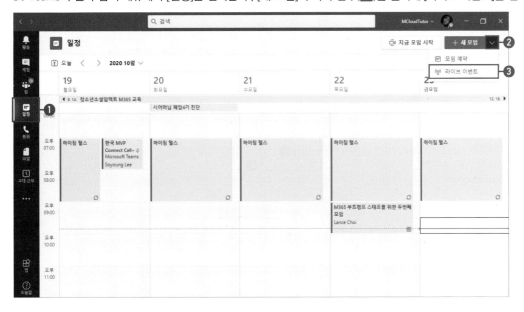

**02** [새 라이브 이벤트] 대화 상자가 나타나면 제목, 시작 시간, 종료 시간, 세부 설명을 입력하고, [이벤트 그룹에 사람 초대]에 발표자를 초대하기 위해 사용자 이름을 입력하고 목록에서 선택한다.

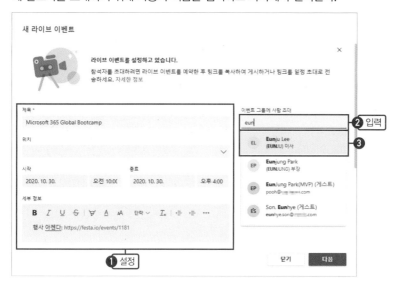

**03** 라이브 이벤트를 처음 생성하는 이끌이는 자동으로 프로듀서 역할이 부여된다. 여러 명의 발표자를 등록한다.

**04** 발표자의 역할을 변경하고 싶은 경우 [이벤트 그룹]에서 목록 단추( ⌄ )를 클릭해 역할(발표자 또는 프로듀서)을 변경한 후, [다음]을 클릭한다.

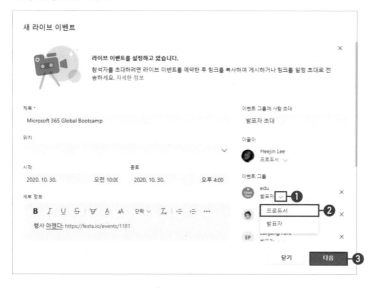

05 [라이브 이벤트의 사용 권한] 화면이 나오면 조직 내부는 [사용자 및 그룹] 또는 [조직 전체] 옵션을 선택하고, 조직 외부에 진행하는 경우 [공개] 권한으로 설정한다. 여기서는 외부 참석자를 대상으로 하는 공개 세미나라 [공개] 옵션을 선택한다. 참석자가 나중에 볼 수 있도록 녹화를 하려면 [라이브 이벤트를 어떻게 만드시겠어요?] 항목에서 [Teams]의 [참석자가 녹음/녹화를 사용할 수 있음]을 체크한 후 [예약하기]를 체크한다.

라이브 이벤트를 예약하는 방법은 Microsoft Stream 앱에서 [만들기] – [라이브 이벤트]를 선택해도 된다. Microsoft Stream 앱에서 생성한 라이브 이벤트는 조직 내부 구성원만 초대해서 진행할 수 있다.

**06** 라이브 이벤트 입력이 완료되면 [닫기]를 클릭한다. 다시 편집하려면 [편집]을 클릭하고, 라이브 이벤트를 취소하고 싶은 경우에는 [모임 취소]를 클릭한다. 라이브 이벤트 관련 보고서를 제공하는 [라이브 이벤트 리소스]는 이벤트 종료 후 사용할 수 있다.

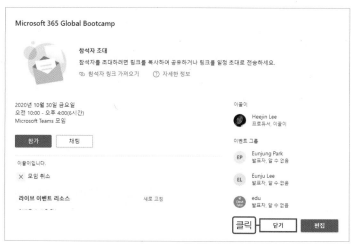

**TIP**

등록된 라이브 이벤트를 더블 클릭한 후 [채팅]을 클릭하면 프로듀서, 발표자로 등록된 구성원들과 그룹 채팅을 바로 진행할 수 있다.

[채팅]에서 [참가]를 클릭해도 라이브 이벤트에 참가할 수 있다.

## (2) 외부 참석자 초대하기 (Microsoft 365 계정, Gmail, Naver 등 웹 메일 계정 참가자)

**01** Teams의 왼쪽 탐색 메뉴에서 [일정]을 클릭하면 라이브 이벤트가 등록된 것을 확인할 수 있다. 외부 참석자 초대 링크를 복사하기 위해 등록된 라이브 이벤트를 다시 한번 더블 클릭해서 열기한다.

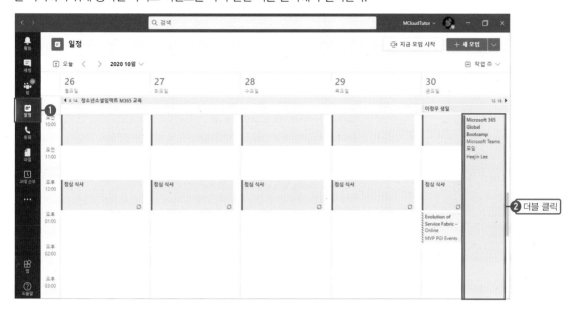

**02** 대화 상자가 나오면 [참석자 링크 가져오기]를 클릭한다. '클립보드에 복사됨'이라고 표시된다.

**03** Outlook을 실행한 후 [홈] 탭 – [새로 만들기] 그룹 – [새 전자 메일]을 클릭한다.

**04** [새 전자 메일] 화면이 나오면 라이브 이벤트에 초대할 사용자를 [받는 사람]에 입력한다. 이메일 주소를 표시하고 싶지 않은 경우에는 [숨은 참조]에 외부 사용자를 입력하고, 대량의 메일을 보내는 경우에는 별도의 유료 프로그램을 활용한다. 메일 제목을 입력하고 메시지 본문 내용을 작성한 후 복사해 둔 라이브 이벤트 참석자 링크를 Ctrl + V 키를 눌러 붙여 넣는다.

**05** 라이브 이벤트 주소가 너무 길어 주소를 줄여서 보내고 싶다면 우선 붙여 넣은 주소를 삭제하고 메시지 본문에 'Microsoft365 Global Bootcamp 접속 주소'라고 입력한다. 입력한 메시지를 드래그하여 선택하고, 마우스 오른쪽을 클릭한 후 바로 가기 메뉴에서 [링크]를 선택한다.

**06** [하이퍼링크 삽입] 대화 상자가 나오면 Ctrl + V 키를 눌러 참석자 접속 주소를 붙여 넣기한 후 [확인]을 클릭한다.

07 메시지에 링크가 생성된다. 메시지 작성이 완료되면 [보내기]를 클릭해 메일을 발송한다.

## (3) 라이브 이벤트 준비하기 (역할별)

역할별 라이브 이벤트에 참가하는 방법과 라이브 이벤트 진행 시 준비해야 할 내용에 대해 살펴본다.

**| 프로듀서 |**

01 Teams의 [일정] 화면에서 등록된 라이브 이벤트를 더블 클릭한 후 [참가]를 클릭한다.

02 참가 화면이 나오면 [지금 참가]를 클릭한다. [지금 참가]를 클릭하기 전에 비디오 켜기 또는 끄기를 선택하고, 오디오는 음소거(끄기)를 선택해서 참가하길 권장한다.

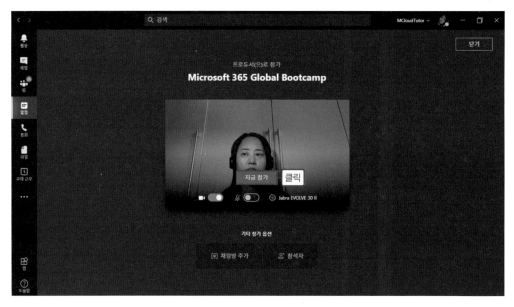

**03** 라이브 이벤트에 참가 화면이 나오면 발표할 슬라이드를 추가하기 위해 [공유]를 클릭한다.

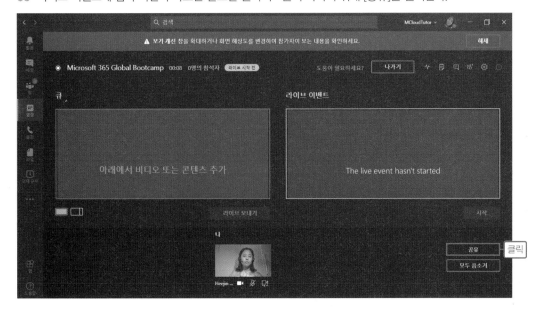

**04** [공유] 화면이 나오면 [창]에서 공유 항목을 선택한다. 여기서는 현재 실행되어 있는 화면 중 PowerPoint 프로그램을 선택했다.

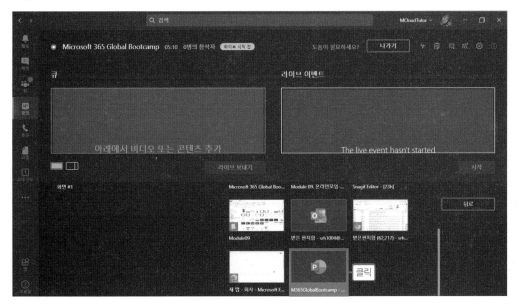

**05** PowerPoint 화면이 공유되면 슬라이드쇼를 실행한 후 오른쪽 하단에 있는 '통화가 진행중입니다. 통화 화면으로 돌아가려면 여기를 클릭하세요' 부분을 클릭한다.

**06** [콘텐츠]에 PowerPoint 슬라이드가 표시되면 슬라이드를 클릭해서 [큐] 영역에 슬라이드를 추가한다.

**07** [큐] 영역에 슬라이드가 표시되면 [라이브 보내기]를 클릭해서 라이브 이벤트 화면에 슬라이드를 송출한 후, [시작]을 클릭해 라이브 이벤트를 시작한다.

**08** [지금 라이브 이벤트를 시작하시겠습니까?]라는 대화 상자가 나오면 [계속]을 클릭한다. 일단 시작하면 중지하고 다시 시작할 수 없다. 이벤트는 시작 시간부터 최대 16시간까지 지속될 수 있으며 참석자에게 10~20초 지연되어 표시된다.

**09** 라이브 이벤트가 시작되면 왼쪽 상단에 녹화 표시와 외부 참가자의 인원수가 나타난다. 현재 초대한 라이브 이벤트를 진행하는 프로듀서와 발표자를 확인하려면 오른쪽 상단에 있는 ▨(참가자 표시)를 클릭한다.

**10** 오른쪽에 라이브 이벤트 진행을 위해 초대된 프로듀서와 발표자의 참가 여부 목록이 나타난다.

**11** 현재 네트워크 성능 및 상태를 검사하기 위해 ⚡(상태 및 성능 표시)를 클릭해 현재 네트워크 성능 및 상태를 파악한다. 확인한 후에는 ×(닫기)를 클릭해 창을 종료한다.

**TIP**

라이브 이벤트 화면에서 [공유 중단], [종료], [나가기]의 차이점

현재 진행하는 발표 자료를 종료하려면 [공유 중단]을 클릭한다. 프로듀서 역할을 하는 경우 라이브 이벤트 진행 중 나갔다 다시 접속하려면 [나가기]를 클릭한다. 공유 중인 콘텐츠를 유지하려면 [그래도 유지]를 클릭한다. 라이브 이벤트를 완전히 종료하려면 [종료]를 클릭한다. 라이브 이벤트가 종료되기 전에 [종료]를 클릭하면 라이브 이벤트가 완전히 종료되기 때문에 프로듀서 또는 발표자는 라이브 이벤트 중에 [종료]를 클릭하지 않도록 주의해야 한다.

↑ [나가기]를 클릭했을 때 나오는 화면

## ▌ 발표자 ▌

**01** Teams에서 [일정]으로 이동하면 현재 초대받은 라이브 이벤트 일정을 확인할 수 있다. 일정을 클릭하면 라이브 이벤트 정보를 확인하고, [참가 여부 알림]도 설정할 수 있다. 여기서는 라이브 이벤트 일정을 더블 클릭해서 열기한다.

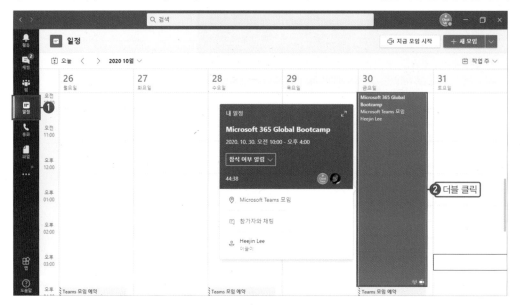

**02** 라이브 이벤트 일정이 열리면 [참가]를 클릭해 이벤트에 참가한다.

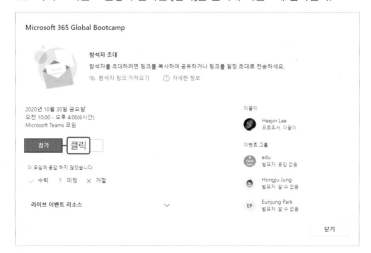

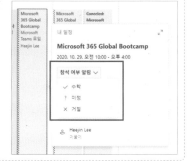

> **TIP**
>
> 조직 내부에 있는 사용자는 라이브 이벤트 발표자 및 프로듀서 역할로 초대 메일을 받으면 자동으로 Teams의 [일정] 또는 Outlook의 [일정]에 등록된다. 등록된 라이브 이벤트에 대해서는 응답 단추(　수락　? 미정　× 거절)에서 수락하는 경우 [수락]을 클릭한다. 또는 Teams의 [일정]에 등록된 라이브 이벤트를 클릭한 후 [참석 여부 알림]을 클릭해 응답 단추를 선택해도 된다.

**03** [발표자(으)로 참가] 화면이 나오면 [지금 참가]를 클릭해 라이브 이벤트에 참가한다.

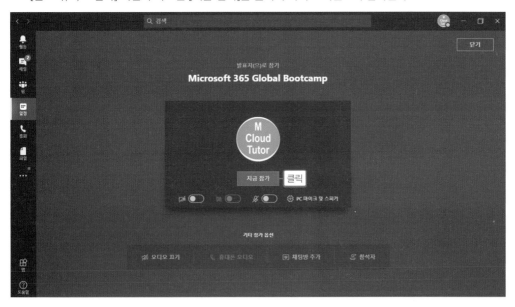

**04** 발표 자료를 공유하기 위해서 ⬆(공유 트레이 열기)를 클릭한다.

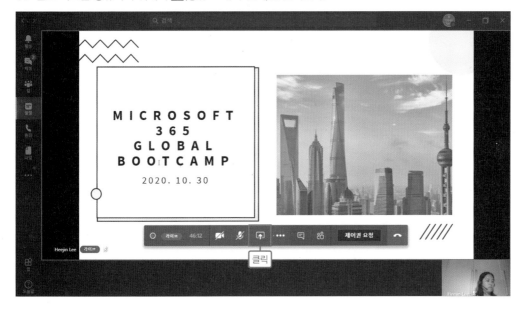

**05** 공유 트레이가 열리면 발표 자료를 공유한다.

**06** 프로듀서의 [콘텐츠] 영역에 발표자(여기서는 edu님의 데스크톱)의 PowerPoint 슬라이드가 공유된다.

↑ 프로듀서의 화면

**TIP**

라이브 이벤트 기간은 최대 4시간이고, Microsoft 365 또는 Office 365 조직에서 실행되는 동시 발생 라이브 이벤트는 한 번에 15개만 실행할 수 있다. 16번째 라이브 이벤트에 참가하려고 시도하는 프로듀서는 오류 메시지를 받는다.

## ▎ 참석자 ▎

**01** 라이브 이벤트 접속 주소 메일을 확인하기 위해 라이브 이벤트를 신청한 메일 화면으로 이동한다. 본 예제에서는 Gmail 로 신청해서 Gmail 화면으로 이동한다. 메일 내용에서 라이브 이벤트 접속 주소 메일을 클릭한다.

**02** [Microsoft Teams을(를) 여시겠습니까?]라는 대화 상자가 나오면 [취소]를 클릭한다. Teams 데스크톱 앱이 설치된 경우 [Microsoft Teams 열기]를 클릭한다. Teams 데스크톱 앱이 설치되지 않은 경우 [Windows 앱 다운로드]를 클릭해 Teams 데 스크톱 앱을 설치한다. 여기서는 [웹에서 보기]를 클릭한다.

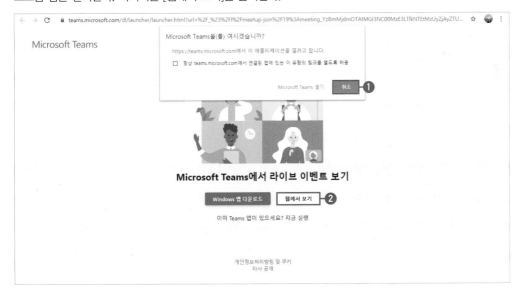

03 라이브 이벤트에 참가하기 위한 화면이 나오면 초대받은 이메일 주소를 입력해서 로그인하려면 [로그인]을 클릭하고, 로그인 정보 없이 참가하려면 [익명으로 참가]를 클릭한다. 여기서는 [로그인]을 클릭한다.

04 [로그인] 화면이 나오면 라이브 이벤트의 초대받은 이메일 주소를 입력한 후 [다음]을 클릭한다. [암호 입력] 화면이 나오면 이메일 주소의 암호를 입력한 후 [로그인]을 클릭한다.

05 [로그인 상태를 유지하시겠습니까?]라는 화면이 나오면 [예]를 클릭한다.

**06** Teams 웹 앱으로 접속되고 오른쪽에 사용자 프로필 정보도 표시된다.

⬆ 외부 참가자가 Teams 웹 앱에서 확인한 프로듀서 공유 화면

TIP

- 외부 참가자가 라이브 이벤트에 익명으로 참가하는 경우는 바로 라이브 이벤트에 참가할 수 있다.
- 라이브 이벤트에서 나가려면 오른쪽 상단에 있는 [나가기]를 클릭한다.

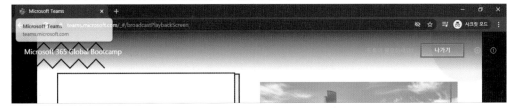

TIP

라이브 이벤트는 프로듀서를 중심으로 참가자에게 화면이 전달된다. 즉, 발표자가 발표를 위해 자료를 공유한다고 해서 바로 공유되는 것이 아니라 발표자가 공유를 한 정보를 프로듀서가 프로듀서의 화면에서 공유된 내용을 큐에 담고 이를 참가자에게 송출하는 방식이다.

⬆ 외부 참가자가 Teams 모바일 앱에서 확인한 발표자 공유 화면

## (4) 라이브 이벤트 보고서 활용하기

라이브 이벤트 종료 후 프로듀서와 발표자들은 공유된 미팅 노트를 활용해 이벤트에 대한 내용을 정리하고 다음 계획에 대한 내용을 공유할 수 있다. 또한 라이브 이벤트 리소스를 활용해 이벤트 보고서를 활용할 수 있다.

### ┃ 미팅 노트 및 채팅 활용 ┃

**01** 라이브 이벤트를 종료하기 위해서는 [종료]를 클릭한다. [지금 라이브 이벤트를 종료하시겠습니까?]라는 대화 상자가 나오면 [라이브 이벤트 종료]를 클릭한다.

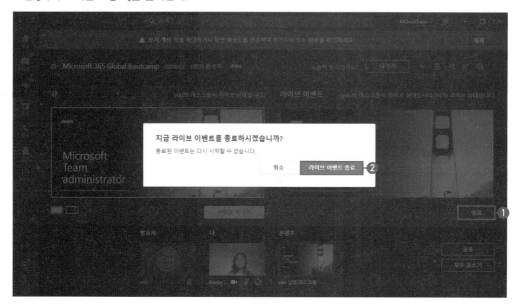

**02** 라이브 이벤트가 종료되면 라이브 이벤트를 종료한 후 나가기 전에 프로듀서와 발표자 간에 이벤트 내용을 노트에 함께 기록하기 위해 우측 상단에 있는 📋(미팅 노트)를 클릭한다.

**03** 오른쪽에 미팅 노트 창이 나오면 [메모 작성]을 클릭한다.

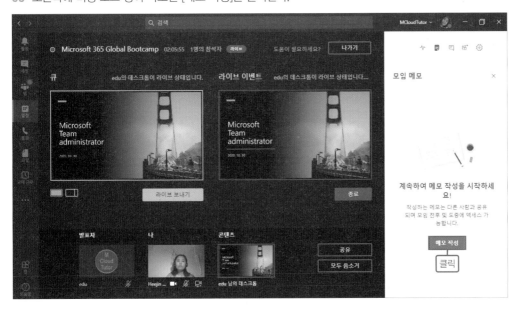

**04** 프로듀서와 발표자 간에 전달할 내용을 기록한다. 기록이 모두 완료되면 [나가기]를 클릭해 종료한다.

**05** Teams의 [채팅]에서 라이브 이벤트의 미팅 노트 내용을 확인할 수 있고, 구성원들과 커뮤니케이션을 계속 이어 나갈 수 있다. [채팅]에서 미팅 노트 외에도 채팅, 공유한 파일, 화이트보드를 공유해서 커뮤니케이션 할 수 있다.

TIP

발표자의 Teams에도 모임 노트가 생성되었다고 표시된다.

## ┃ 라이브 이벤트 리소스 ┃

### ❶ 이끌이, 프로듀서

**01** 라이브 이벤트를 생성한 이끌이면서 프로듀서 역할을 한 구성원 계정으로 Teams를 실행한 후 [일정]에서 종료된 라이브 이벤트 일정을 더블 클릭해서 열기한다.

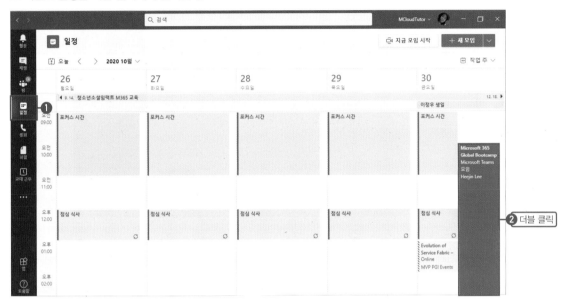

**02** 대화 상자의 [라이브 이벤트 리소스] 항목에서 라이브 이벤트의 녹화, 참석자 참여 보고서, 참석자용 녹화를 '사용' 또는 '사용 안 함'으로 선택할 수 있고, [고급 옵션] 항목에서 백업 기록을 다운로드할 수도 있다. 여기서는 라이브 이벤트 녹화 파일을 다운로드하기 위해 ⊡를 클릭한다.

**03** 녹화 파일이 'Recording(1).mp4' 파일로 다운로드되어 Windows 탐색기의 [다운로드] 폴더에 저장된다.

**04** 녹화 파일은 바로 실행된다.

**05** 참석자 참여 보고서를 다운로드하기 위해 ⬇를 클릭한다. 오른쪽 하단에 'AttendeeReport.csv' 파일이 다운로드되면 클릭하여 열기한다. 다운로드된 파일은 Windows 탐색기의 [다운로드] 폴더에서 확인할 수 있다.

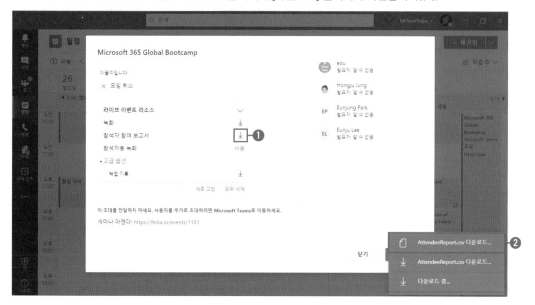

**06** 다음과 같은 형식으로 참석자 참여 보고서가 생성된다. 여기서는 라이브 이벤트 테스트로 진행한 경우라 동일한 이름이 생성되었다.

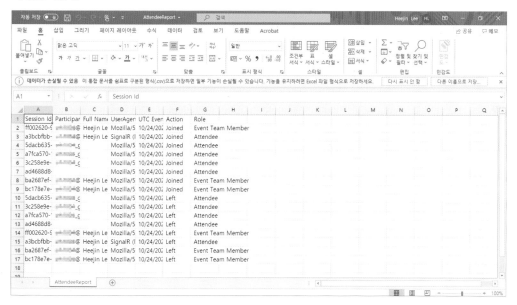

**❷ 발표자**

라이브 이벤트에서 역할이 발표자인 경우 [라이브 이벤트 리소스]에서 녹화와 참석자 참여 보고서, [고급 옵션]의 백업 기록을 다운로드할 수 있다.

**❸ 프로듀서**

라이브 이벤트에서 역할이 프로듀서인 경우 [라이브 이벤트 리소스]에서 녹화와 참석자 참여 보고서를 다운로드할 수 있다.

라이브 이벤트에서 프로듀서와 발표자의 기능 차이점은 다음과 같다.

| 기능 | 프로듀서 | 발표자 |
|---|---|---|
| 다른 발표자의 비디오를 선택하고 이벤트에 보내기 | 예 | 아니요 |
| 라이브 이벤트 시작 | 예 | 아니요 |
| 라이브 종료 이벤트 | 예 | 아니요 |
| 이벤트 미리 보기 | 예 | 아니요 |
| 기록 및 보고서 관리 | 예 | 예 |
| 참석자로 참가 | 예 | 예 |
| 실시간 참석자 수 보기 | 예 | 아니요 |
| 다른 제작자와 참가자의 채팅 | 예 | 예 |
| 라이브 이벤트에 화면 공유 | 예 | 예 |
| 시스템 오디오 공유 | 예 | 예 |
| 발표자로 참가하도록 사용자 초대 | 예 | 예 |
| 다른 모든 발표자 음소거 | 예 | 예 |
| 일반 Q&A | 예 | 예 |

새 라이브 이벤트에서 Q&A 사용하기

Teams 라이브 이벤트 진행 시 참가자에게 Q&A를 받으려면 [Q&A]를 체크하면 된다. 새 라이브 이벤트 예약 시 Q&A는 기본적으로 선택되지 않으므로, Q&A를 사용하려면 [새 라이브 이벤트] 대화 상자에서 [Q&A]를 선택하면 된다.

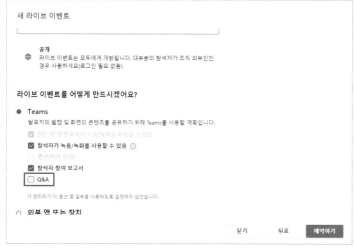

⬆ 새 라이브 이벤트 화면

[Q&A]를 설정한 후 라이브 이벤트에 참가하면 라이브 이벤트가 시작되지 않았더라도 참석자에게 질문을 시작할 수 있다. 외부 참가자가 질문을 하면 중재자(프로듀서 또는 발표자)가 질문을 선택하고 [비공개 회신]을 선택해 응답할 수 있다. 질문을 한 외부 참가자는 바로 답변을 볼 수 있다. 중재자(프로듀서 또는 발표자)가 질문을 선택한 후 [게시]를 클릭하면 [게시됨]에 모든 사용자에게 질문과 대답이 표시된다.

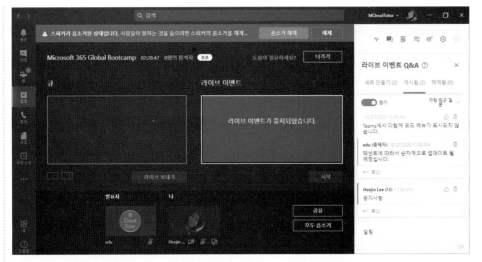

⬆ 이끌이면서 프로듀서 Q&A 화면

⬆ 발표자 Q&A 화면

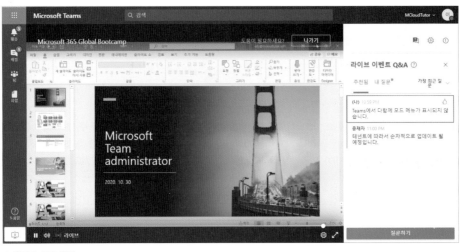

⬆ 참가자 Q&A 화면

## Section 04 모임 종료 후 활동

회의는 강력한 비즈니스 도구로 업무 관계자들이 정보와 피드백을 공유하고, 주요 비즈니스 결정을 내리며 향후 계획을 세우는 데 있어 매우 중요하다. 그리고 회의를 통해 논의된 내용을 관계자와 공유하고 결정된 계획들의 진행 상태를 지속적으로 확인하는 회의 종료 후의 작업 또한 회의 준비나 회의를 진행하는 일만큼이나 중요하다. Microsoft Teams 모임은 모임 사전 준비 및 모임 기능은 물론, 모임을 종료한 이후에도 모임 참가자들과 함께 지속적으로 작업 진행 상태를 파악하며 소통할 수 있는 기능을 제공한다.

### 1 모임 기록 확인

모임은 모바일을 포함한 다양한 장치를 통해 참가가 가능하다. 하지만, 부득이한 일정으로 중요 모임에 참석하지 못하는 경우가 발생하기도 하는데, 이러한 경우에도 누군가 대리로 모임에 참석하거나 내용을 정리해서 별도로 공유할 필요는 없다. 모임에 초대된 조직 내 사용자는 모임을 종료하고 나면 각 모임과 관련한 채팅과 공유된 파일, 회의록 및 화이트보드의 작성 상세 내용을 조회할 수 있다.

### (1) 모임 기록

모임이 진행되며 공유된 모든 종류의 정보는 [채팅]에서 기록 확인이 가능하다. 다만, [채팅]에서 보여지는 최근 채팅 목록은 30일간만 보여지고 목록에서는 사라지기 때문에 만일 목록에서 모임 채팅이 보이지 않는다면 [일정]을 통해 상세 내용을 확인할 수 있다.

#### ▌ [채팅]에서 확인하기 ▌

**01** Teams의 왼쪽 탐색 메뉴에서 [채팅]을 클릭한 후, 모임 채팅만 보기 위해 상단의 ▽(필터)를 클릭한다.

**02** ⋯(추가 옵션)을 클릭하고 [모임]을 클릭한다.

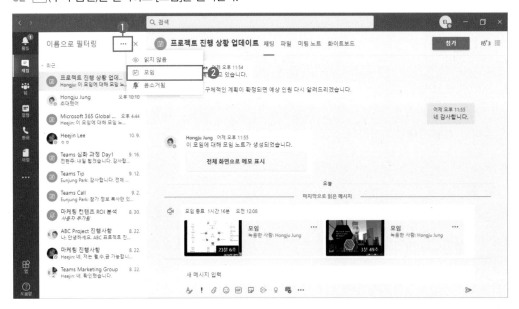

**03** 모임 목록에서 원하는 모임을 클릭한다. [채팅] 탭에 모임 전과 모임 진행 중 나눈 채팅 내용은 물론, 공유된 파일과 미팅 노트, 녹화된 모임 영상 등 모임과 관련한 모든 활동이 시간 순서에 따라 표시되는 것을 확인할 수 있다.

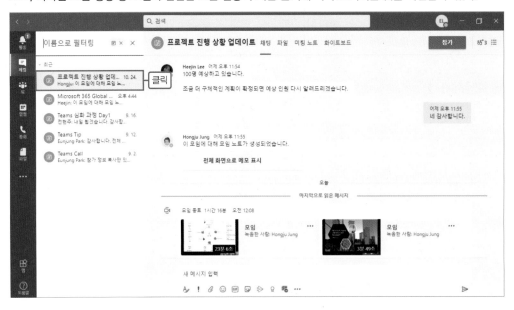

04 모임에서 작성된 화이트보드 내용을 확인하려면 [화이트보드] 탭을 클릭한다.

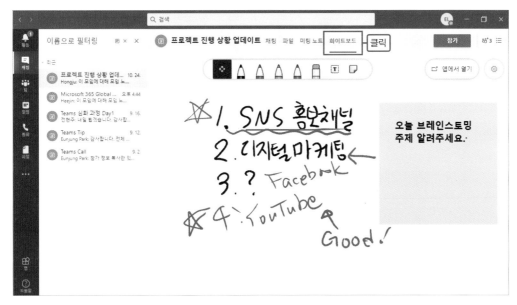

## ┃ [일정]에서 확인하기 ┃

01 왼쪽 탐색 메뉴에서 [일정]을 클릭한 후 상세 내용을 확인하고자 하는 일정을 찾아 더블 클릭한다.

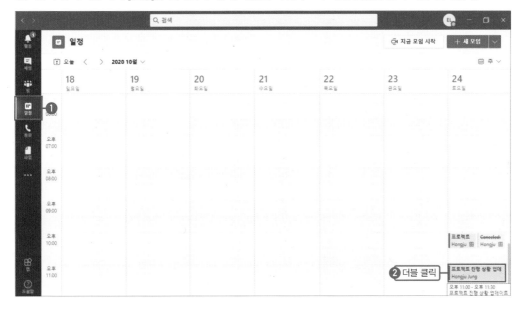

**02** 모임 관련 상세 내용을 확인하려면 상단의 [채팅] 탭을 클릭한다.

## (2) 채널 모임 기록

채널 모임의 모든 모임 기록은 채널 게시물로 등록된 채널 모임 일정의 댓글로 기록된다.

**01** 왼쪽 탐색 메뉴에서 [팀]을 클릭한 후, 모임이 이루어졌던 채널을 선택한다. 모임 일정을 더블 클릭하거나 하단의 답글 링크를 클릭한다.

**02** 답글을 확인한다.

### 2 모임 영상 공유

녹화된 모임 영상을 모임 참석자 이외의 다른 관계자에게도 공유할 수 있다. 다만, 모임 영상을 공유할 수 있는 사용자는 모임의 녹음/녹화를 시작한 사용자만 가능하다.

**01** 채팅 또는 채널 대화에서 표시된 녹화된 모임 영상 제목 옆에 위치한 ⋯(추가 옵션)을 클릭하고 [공유]를 선택한다.

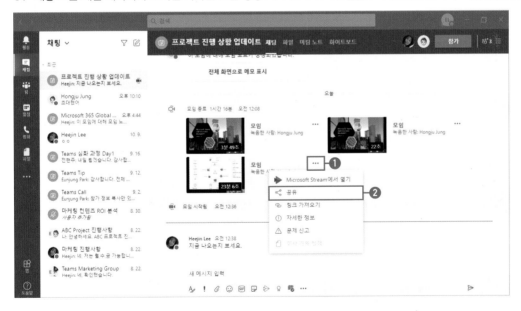

**02** [공유] 대화 상자가 나오면 [공유]를 클릭한다. [링크]의 [복사]를 클릭한다.

**03** 이메일에 복사한 영상 링크를 붙여 넣고 공유할 사용자에게 메일로 전달한다.

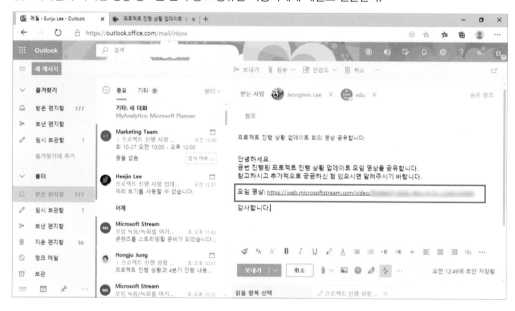

[Module 09]에서는 Teams 비대면 미팅 및 회의를 진행할 수 있는 모임과 라이브 이벤트에 대한 차이점을 알아
보고, 모임 수명 주기에 따른 모임 전, 모임 중, 모임 후에 참여하는 조직 내부 및 외부 참가자의 역할과 기능, 그
리고 세미나와 같은 대규모 청중에게 온라인으로 이벤트를 생중계하는 일대다 통신 방식의 라이브 이벤트 사용
방법에 대해서 알아보았다.

# MODULE

# 10 교대 근무

Teams에서는 조직의 일선 직원(firstline workers)들과 효과적으로 소통하고 공동 작업(일정, 휴가 등)하는 데 필요한 도구로 교대 근무 기능을 활용할 수 있다. 교대 근무 기능을 활용해 팀 구성원들의 교대 근무 일정을 등록하고 팀 구성원들에게 근무 시간을 할당할 수 있다. 할당된 구성원들의 일정을 팀 구성원들과 공유해 교대 근무 시간을 서로 체크하고 의견을 교환할 수 있다. 또한 팀원들과 교대 근무시간을 바꾸거나 제안할 수 있고, 휴가를 등록해 부재중인 경우 서로 교대 근무 시간을 조율할 수도 있다. [Module 10]에서는 교대 근무를 등록한 후 팀 구성원들과 효율적으로 활용하는 방법에 대해서 살펴보고자 한다.

## Section 01 교대 근무 개요

Teams에는 유통, 헬스케어, 서비스 담당 직원 등 최전선에서 일하는 일선 직원(firstline workers)을 위한 기능으로 교대 근무 앱에서 교대 근무 및 근태 관리, 휴가 관리로 활용할 수 있다. Microsoft 팀의 교대 근무 앱은 일선 직원(firstline workers)을 연결된 상태로 유지하고 동기화한다. 팀에 대한 신속하고 효율적인 시간 관리 및 빠른 커뮤니케이션을 위해 모바일 앱도 함께 활용할 수 있다. 교대 근무를 통해 일선 근로자와 해당 관리자는 모바일 장치를 사용하여 교대 근무 일정을 관리할 수 있다. 또한 직원들이 할당된 또는 할당되지 않은 교대 근무를 확인할 수 있고, 할당된 교대 근무를 바꾸거나 제안할 수 있다. 개인의 휴가, 병가, 출장 등을 등록하여 교대 근무를 할당하는 데 있어 서로 참고할 수 있도록 한다.

### 1 교대 근무 기능 살펴보기

Teams의 교대 근무는 팀의 일정을 만들고 업데이트하고 관리하는 데 도움을 주는 일정 관리 도구이다.

❶ 일정 : 일정을 처음부터 새로 만들거나 Excel에서 기존의 일정을 가져올 수 있다. 교대 근무의 일정은 팀 구성원을 왼쪽에 표시하고 날짜를 상단에 표시한다. 여러 팀의 소유자인 경우 여러 근무 시간 간에 토글로 전환을 하며 관리할 수 있다.

❷ 일별 노트 : 특정 일에 대한 중요한 뉴스 및 미리 알림을 공유하는 노트를 추가한다.

❸ 그룹 : 그룹을 정돈된 상태로 유지하기 위해 업무 기능 혹은 위치와 같이 그룹의 명칭을 만들 수 있고, 사용자를 그룹에 추가한다.

❹ 교대 근무(Shifts) : 근무 시간을 할당하려면 슬롯을 선택한다. 처음부터 새로 만들거나 기존 항목에서 복사를 하고 교육 또는 특정 작업과 같은 활동을 추가하는 것을 잊지 말아야 한다. 모든 사용자가 요청할 수 있는 비어 있는 근무 시간을 일정에 추가한다. 근무 시간 범위를 검토해야 하는 경우 사용자 또는 근무 시간 유형별로 일정을 확인한다.

**⑤ 요청** : 휴식, 근무 시간 변경 등의 검토 요청을 한다.

**⑥ 시간 기록계** : 시간 기록계를 켜서 팀이 모바일 장치를 사용하여 근무 시간에 맞추어 출/퇴근 기록을 하도록
한다. 위치 검색을 사용하여 팀 구성원이 지정된 작업장에서 출근 기록을 하는지 확인한다.

**⑦ 공유** : 일정을 편집 시 자동으로 저장되지만, 팀에서는 업데이트 사항이 공유될 시에만 표시가 된다.

**⑧ 내보내기 혹은 복사** : 일정을 Excel로 내보내 스프레드시트로 확인한다. 교대 근무 일정을 재사용해야 하는
경우 원하는 날짜의 범위로 복사한다.

## 2 교대 근무 설정하기

### ▌[교대 근무] 앱 설정 ▌

**01** 교대 근무 기능을 설정하려면 Microsoft 365 관리자 계정으로 로그인한 후 Microsoft 365 관리 센터의 왼쪽 탐색 메뉴에서
[모두 표시]를 클릭한다.

**02** Microsoft 365 관리 센터의 왼쪽 탐색 메뉴에서 [관리 센터] - [Teams]를 선택한다.

**03** Microsoft Teams 관리 센터의 왼쪽 탐색 메뉴에서 [Teams 앱]-[앱 관리]로 이동한 후 'Shifts'로 검색한다.

> **TIP**
>
> Teams에서 제공하는 [교대 근무] 앱은 영문 인터페이스에서는 [Shifts] 앱으로 표기된다.

## ▍[교대 근무] 앱 사용 또는 사용 안 함 설정 ▍

조직의 교대 근무 사용 또는 사용 안 함을 설정하려면 [상태]를 클릭하여 허용 또는 차단을 지정한다.

– 조직의 교대 근무 기능을 해제하려면 교대 앱을 선택한 후, [상태]를 '차단됨'으로 지정한다.

– 조직의 교대 근무 기능을 설정하려면 교대 앱을 선택한 후, [상태]를 '허용됨'으로 지정한다.

Microsoft 고객 지원 센터에서 Microsoft Teams Q&A를 지원하기 위해 Microsoft Teams 교대 근무 앱을 활용해서 콜센터 업무 시간을 배정하는 방법을 알아본다. Microsoft Teams 교대 근무를 시작하고 배정하는 부분을 살펴보자.

## 1  교대 근무 시작하기

데스크톱, 웹 브라우저, 모바일의 Teams 앱에서 교대 근무를 접속하고 시작하는 방법에 대해서 살펴보자.

### 데스크톱에서 시작하기

Teams 데스크톱 앱에 접속한 후, 왼쪽 탐색 메뉴에서 […]을 클릭한 후 [교대 근무]를 선택한다.

> **TIP**
>
> [교대 근무] 앱을 왼쪽 탐색 메뉴에 고정하려면 [교대 근무]를 클릭한 후 [고정]을 선택하면 된다. 다시 해제하려면 [고정 해제]를 선택한다.
>
>

## ▌ 웹 브라우저에서 시작하기 ▌

Microsoft 365 홈 포털 화면에서 [Teams] 앱을 선택하고, Teams 화면이 나오면 왼쪽 탐색 메뉴에서 […]을 클릭한 후, [교대 근무]를 선택한다.

## ▌ 모바일에서 시작하기 ▌

iPhone 앱 스토어 또는 Galaxy Play 스토어에서 'Microsoft Teams' 앱을 검색한 후 설치한다. Microsoft Teams 앱에 접속한 후 [더 보기] – [교대 근무]를 선택한다.

기존에 활용했던 [Microsoft StaffHub]는 2019년 12월 31일에 만료되었다. 'https://staffhub.office.com/login'에 접속해보면 StaffHub는 [교대 근무] 앱으로 대체되었다는 메시지를 확인할 수 있다.

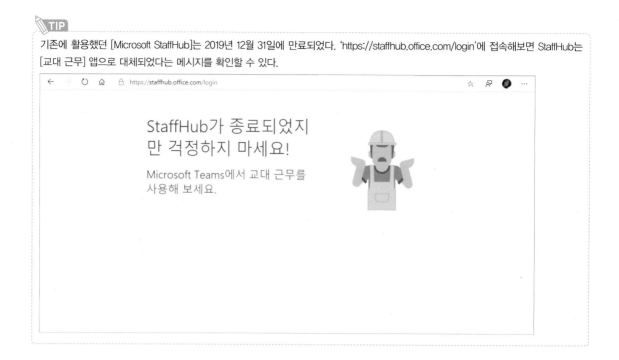

## ② 팀 일정 보기 및 만들기

교대 근무에서 Teams의 개별 팀은 하나의 일정으로 작업하며, 사용자가 소유자인 모든 팀에 일정을 만들거나 볼 수 있다. 일정을 생성하고 팀 구성원에게 근무 시간을 배정하여 교대 근무를 활용한다.

**01** Teams 데스크톱 앱을 실행한 후 왼쪽 탐색 메뉴에서 […]을 클릭한 후 [교대 근무]를 선택한다.

**02** [팀 일정 선택] 대화 상자가 나타나면 교대 근무가 생성된 팀이 있는 경우 팀 이름 옆에 있는 [보기]를 클릭한다. 교대 근무 팀이 없는 경우 [새 일정 만들기]를 클릭한다.

**03** [팀 일정 만들기] 대화 상자가 나타나면 생성된 팀 목록이 나타난다. 교대 근무를 생성할 팀 이름 옆에 있는 [만들기]를 클릭하여 교대 근무를 생성한다. 여기서는 [Teams 콜센터] 팀을 선택한다. 팀 목록이 없는 경우 [팀]-[참가 또는 팀 만들기]로 [Teams 콜센터] 팀을 먼저 생성한다.

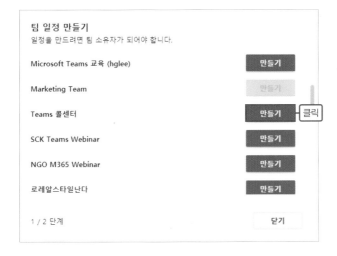

**04** [Teams 콜센터의 표준 시간대 확인] 대화 상자가 나타나면 [표준 시간대]와 [가장 가까운 도시]를 '서울'로 선택하고 [확인]을 클릭한다.

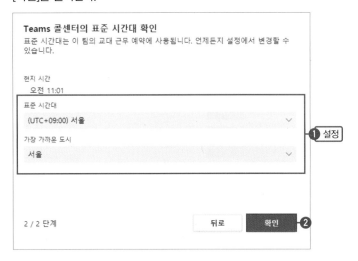

**05** [Teams 콜센터] 화면이 나타난다. 다른 팀 일정을 확인하려면 ☰를 클릭한다.

06 [모든 일정] 목록에서 다른 팀을 선택한다.

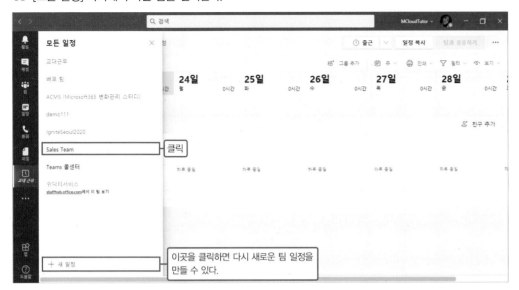

## ③ 팀 그룹 추가하기

새 일정에서 명명되지 않은 그룹 한 개를 사용하여 시작하고, 이름을 지정한 다음 사용자를 추가하고 이동한다. 필요에 따라 그룹을 추가하고 이름을 지정할 수 있다. 그룹 이름은 일정에 따라 팀 구성원을 역할이나 부서별로 구성하는 데 도움이 된다. 예를 들어 호텔에는 '안내 데스크', '룸서비스' 및 '주차'와 같은 그룹이 있을 수 있다. 일정에 사용자를 추가하기 전에 그룹을 만드는 것이 가장 좋다.

01 [Teams 콜센터] 팀 일정에서 [명명되지 않은 그룹]의 이름을 변경하기 위해 ⋯(추가 옵션)을 클릭한 후 [그룹 이름 변경]을 선택한다.

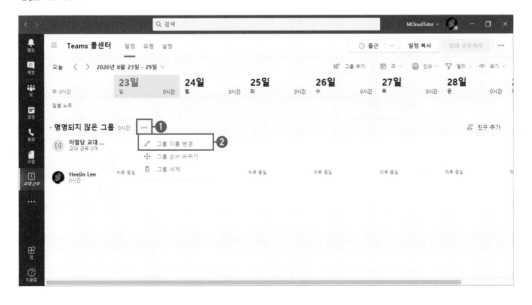

02 [그룹 이름 변경] 대화 상자가 나오면 그룹 이름을 'manager'라 입력하고 [확인]을 클릭한다.

03 새 그룹을 추가하기 위해 오른쪽 상단에 있는 [그룹 추가]를 클릭한다. [명명되지 않은 그룹]이 나타나면 ⋯(추가 옵션)를 클릭한 후 [그룹 이름 변경]을 선택한다.

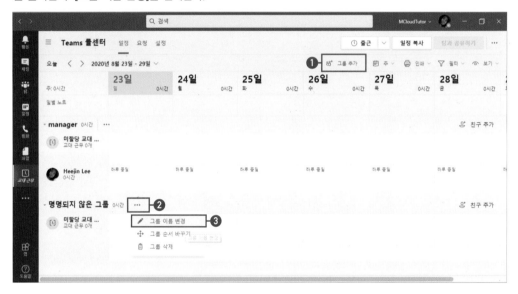

04 [그룹 이름 변경] 대화 상자가 나오면 그룹 이름을 'staff'라 입력하고 [확인]을 클릭한다.

**05** [manager]와 [staff] 2개의 그룹을 확인할 수 있다.

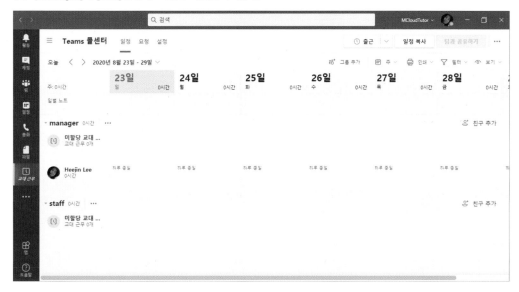

## 4 팀 일정에 구성원 추가하기

팀 일정에 구성된 각 그룹에 구성원을 추가한 후 일정을 등록한다.

**01** [manager] 그룹에 구성원을 추가하기 위해 [친구 추가]를 클릭한다.

**02** [manager에 구성원 추가] 대화 상자가 나타나면 추가할 구성원 이름을 입력한다. 목록이 나오면 계정을 클릭한다.

**03** 구성원이 추가되면 [추가]를 클릭한다.

**04** 구성원 추가가 완료되면 [닫기]를 클릭한다.

**05** [manager] 그룹에 구성원이 추가된다.

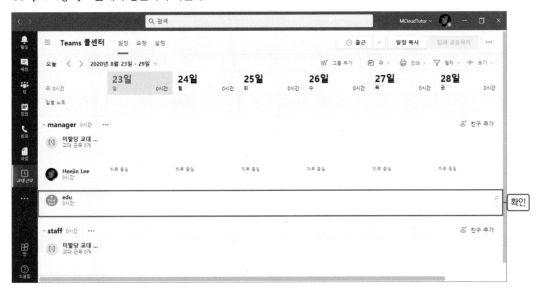

**06** [staff] 그룹에 구성원을 추가하기 위해 [친구 추가]를 클릭한다.

**07** [staff에 구성원 추가] 대화 상자가 나타나면 **02~03**처럼 구성원 이름을 입력한 후 [추가]를 클릭해 구성원을 추가한다.
2명의 구성원이 모두 추가되면 [닫기]를 클릭한다.

**08** [staff] 그룹에 구성원 2명이 추가된다.

---

5 교대 근무 추가하기 – 팀

팀 일정에 그룹별 사용자 교대 근무 시간을 추가한다.

**01** 팀 일정의 시작을 '월요일'부터 지정하기 위해 [설정] 탭을 클릭한다. [설정] 화면이 나오면 [일정]에서 [주초]를 '월요일'로 설정한다.

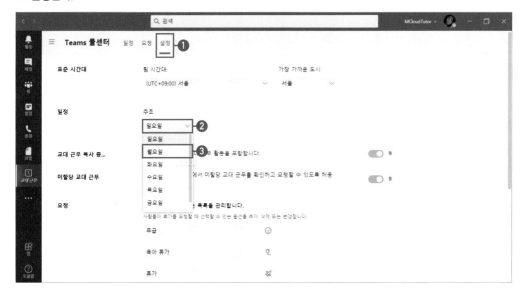

**02** [일정] 탭을 클릭한다. [manager] 그룹의 [미할당 교대 근무]에서 마우스 오른쪽을 클릭한 후 [미할당 교대 근무 추가]를 선택한다.

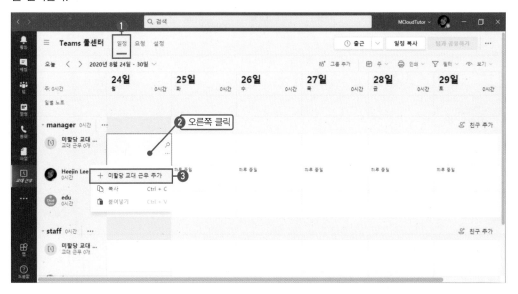

**03** [교대 근무 추가] 화면이 나오면 슬롯 2개, 오전 9시 ~오후 5시, 무급 휴식 45분으로 설정하고, 교대 근무에 대한 설명도 입력한다.

TIP

슬롯이란?

• 슬롯은 할당할 구성원 수에 따라 선택하면 된다. 등록하는 교대 근무 일정을 2명에게 할당하려면 슬롯을 2개 선택하면 된다.
• 교대 근무 추가 시 [사용자 지정 레이블]에 입력하면 일정에 시간 대신 레이블이 표시된다.

**04** [교대 근무 활동]을 추가하기 위해 [활동 추가]를 클릭한다.

**05** [교대 근무 활동] 대화 상자가 나타나면 '점심시간'과 '일일보고'에 대한 교대 근무 활동을 입력한다. 일정에 교대 근무
활동이 색상으로 표시된다. 교대 근무 활동 추가가 끝나면 [완료]를 클릭한다.

**06** 교대 근무 추가 설정이 완료되면 [저장]을 클릭한다.

## 6 팀 일정 복사하기

등록된 일정을 다른 일자에 동일한 내용으로 복사하는 경우, 팀 일정을 복사하고 다른 일정에 붙여넣기 하면 손쉽게 일정을 등록할 수 있다.

**01** 등록된 일정에서 마우스 오른쪽을 클릭한 후 [복사]를 선택한다.

**02** 빈 일정을 선택한 후 Ctrl + V 키를 누르거나 마우스 오른쪽을 클릭한 후 [붙여넣기]를 선택한다.

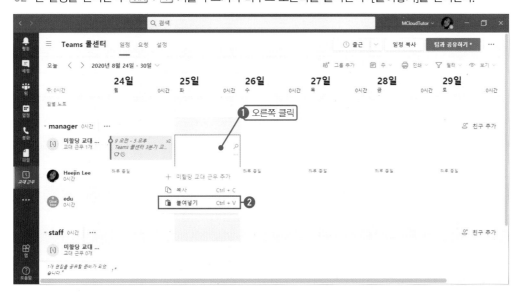

**03** 다른 빈 일정에도 Ctrl + V 키를 눌러 일정을 복사한다.

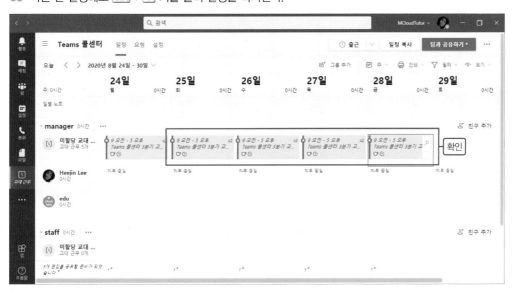

> **TIP**
>
> [manager] 그룹에 등록된 미할당 교대 근무 일정을 Ctrl + C 키(복사)를 누른 후, [staff] 그룹 일정에 Ctrl + V 키(붙여넣기)를 눌러 일정을 복사할 수 있다.

**04** 전체 일정을 복사하기 위해 [일정 복사]를 클릭한다.

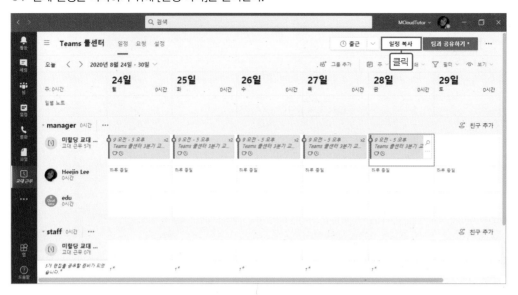

**05** [일정 복사] 대화 상자가 나타나면 [복사할 날짜 범위 선택]에서 시작과 종료 날짜를 설정한 후, [일정 그룹 복사]의 목록 단추를 클릭해 [manager] 그룹만 선택한다. [선택 영역을 복사할 날짜 선택]에서 대상 날짜와 복사 횟수를 지정하고 [복사]를 클릭한다.

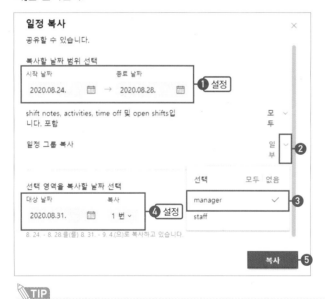

**TIP**

[일정 복사]에서는 그룹에 일정이 모두 등록되어야 일정을 복사할 수 있으나, 그룹에서 그룹으로 일정을 복사할 수는 없다.

**06** 일정 복사가 진행된다. 일정 복사가 오래 진행되면 [닫기]를 클릭해도 된다.

**07** ▷(다음 주로 이동)을 클릭해 다음 주로 이동하면 일정이 복사된 것을 확인할 수 있다.

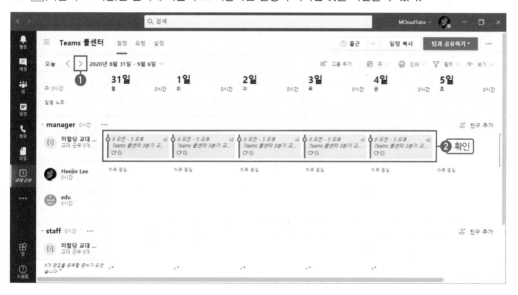

**08** ◁(이전 주로 이동)를 클릭해 다시 이전 주로 이동한다.

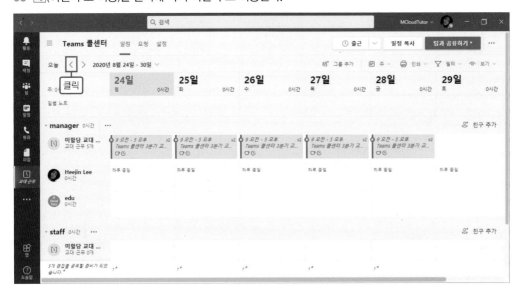

### 7  팀 일정 할당하기

교대 근무에 등록된 일정을 팀 구성원에게 할당할 수 있다. 추가된 팀 구성원에 추가하거나 구성원을 새롭게 추가한 후 일정을 할당할 수 있다.

**01**  [manager] 그룹의 [미할당 교대 근무]에서 일정을 선택한 후 마우스 오른쪽을 클릭한 후 [미할당 교대 근무 할당]을 선택한다.

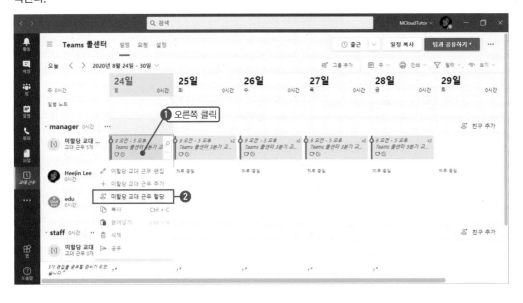

**02** [사람 검색] 목록이 나오면 교대 근무를 할당할 사용자를 선택한다.

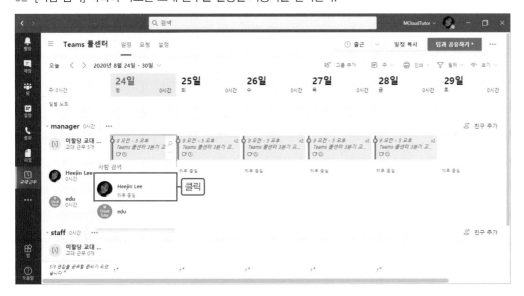

**03** 선택한 사용자에게 교대 근무가 할당된다. [미할당 교대 근무] 일정에는 슬롯이 하나 더 남아 있는 상태(x1)다.

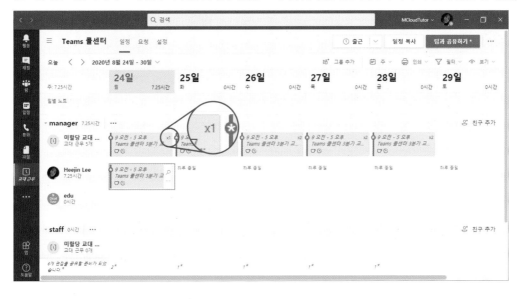

**04** 다시 01~02 과정을 수행해 [미할당 교대 근무]의 일정을 다른 구성원에게 할당한다.

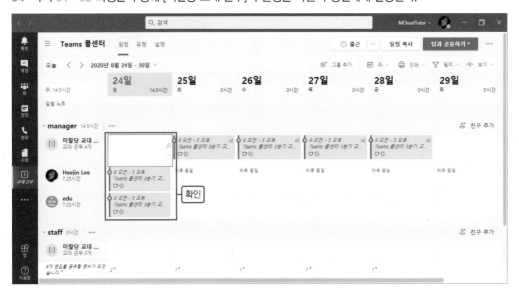

**05** 같은 방법으로 나머지 미할당된 교대 근무도 구성원들에게 할당한다.

교대 근무 추가하기 – 개인

할당된 교대 근무 외에도 개인적으로 교대 근무를 추가할 수 있다. 개인적으로 교대 근무를 추가하는 방법에 대해서 살펴보자.

01 [staff] 그룹의 구성원 일정 화면에서 ⋯(추가 옵션)을 클릭한 후 [교대 근무 추가]를 선택한다.

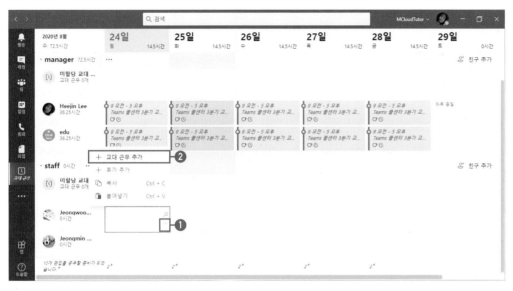

02 [교대 근무 추가] 화면이 나오면 ●파랑▾의 목록 단추를 클릭한 후 [분홍]을 선택한다.

**03** 교대 근무 내용 입력이 완료되면 [저장]을 클릭한다.

**TIP**

[교대 근무 추가] 화면에서 교대 근무를 입력한 후 [공유]를 클릭하면 저장과 동시에 구성원들의 [교대 근무]-[일정] 탭에 바로 공유된다.

**04** 일정에 교대 근무가 추가된다.

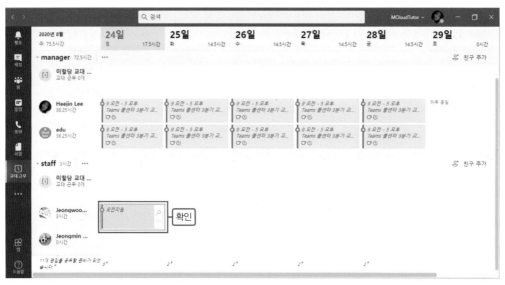

**TIP**

등록된 교대 근무를 편집하려면 화면에서 ⋯(추가 옵션)을 클릭하거나 마우스 오른쪽을 클릭해 바로 가기 메뉴에서 [교대 근무 편집]을 선택한다. 미할당 교대 근무도 동일한 방법으로 바로 가기 메뉴에서 [미할당 교대 근무 편집]을 선택해 편집할 수 있다.

**05** 등록된 일정을 [Ctrl] + [C] 키를 눌러 복사한 후, 다른 일정에 [Ctrl] + [V] 키를 눌러 일정을 복사한다.

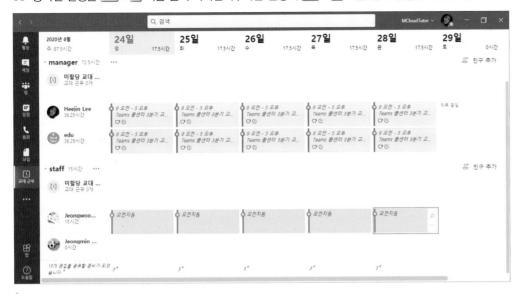

교대 근무 시간 추가 시 조직의 주 근로 시간을 기준으로 배정될 수 있도록 교대 근무를 할당한다. [일정] 탭에서 왼쪽에 표시되는 시간 (주 36.25시간)을 체크한다. [일별 노트]에 메모를 추가한다.

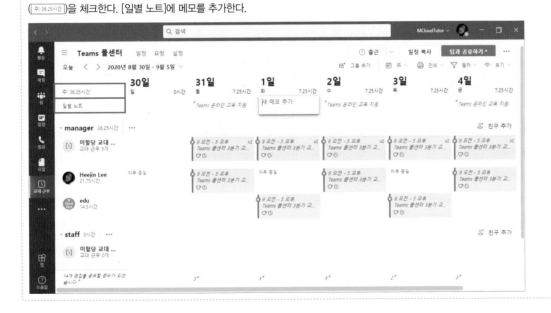

할당된 교대 근무 일정 외에도 휴가 및 병가를 등록할 수 있다. 개인적인 휴가, 병가를 등록하는 방법에 대해 살펴본다.

01 교대 근무 외에 개인적인 휴가를 추가하기 위해 [staff] 그룹의 구성원 일정 화면에서 ┄(추가 옵션)을 클릭한 후 [휴가 추가]를 선택한다.

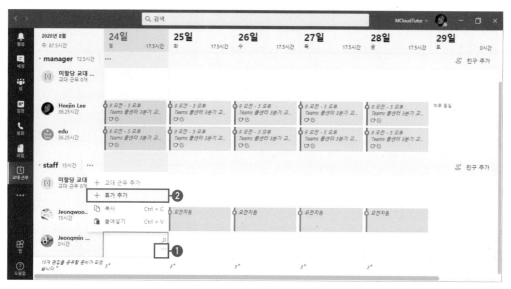

02 [휴가 추가] 화면이 나오면 휴가 기간을 설정하고, [휴가 사유]를 클릭한 후 목록에서 [휴가]를 선택한다.

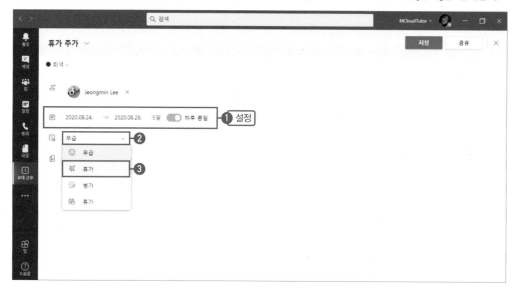

**03** 휴가 관련 메모를 입력한 후 [저장]을 클릭한다.

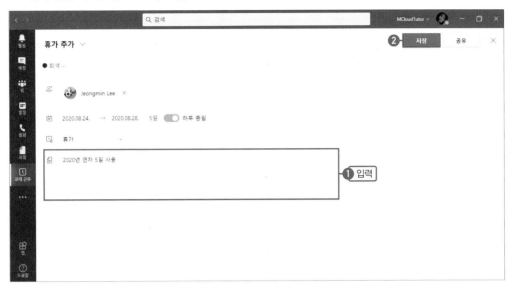

**04** 일정에 휴가가 추가된다.

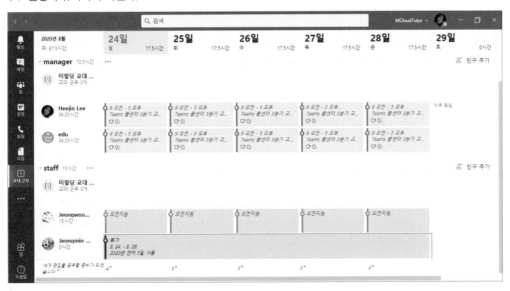

## 10 팀과 공유하기

팀 일정을 구성원에게 할당한 후 팀과 일정을 공유해야 구성원의 [교대 근무]에 팀 일정이 나타난다.

01 [일정] 탭의 오른쪽 상단에 있는 [팀과 공유하기]를 클릭한다.

02 [팀과 공유] 대화 상자가 나타나면 공유할 일정을 선택하고, [알림 전송 대상]을 '팀 전체'로 선택한 후 [공유]를 클릭한다.

03 팀 일정 공유가 완료되었다고 Teams 상단에 메시지가 나온다.

**04** 다른 구성원이 Teams 앱에 로그인한 후 [교대 근무]를 선택하면 할당된 일정을 확인할 수 있다.

↑ 다른 구성원(여기서는 'edu')의 화면

## 11 교대 근무 보기 및 필터

교대 근무는 일, 주, 월 보기 또는 달력을 통해 날짜를 선택하면 해당 일정을 원하는 보기로 볼 수 있다.

**01** 오른쪽 상단에 있는 [주]를 클릭한 후 목록에서 [월]을 선택한다.

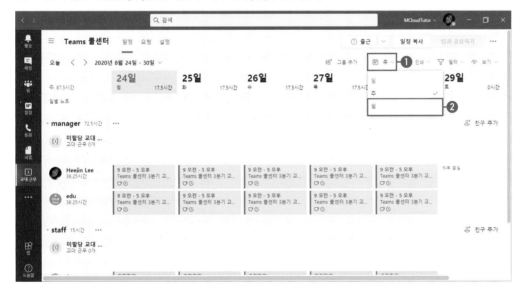

**02** 월 보기 화면으로 변경된다. 이미 지난 간 날짜는 비활성화되어 나타난다. 아래 좌/우 스크롤을 드래그하여 일정 화면을 이동한다.

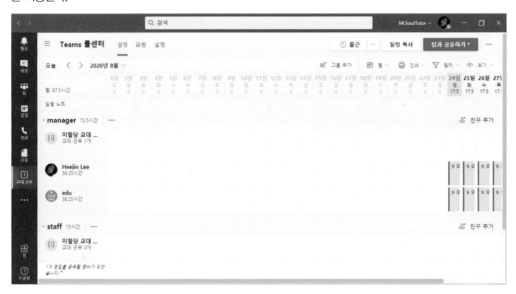

**03** 오른쪽 상단에 있는 [월]을 클릭한 후 목록에서 [주]를 선택한다.

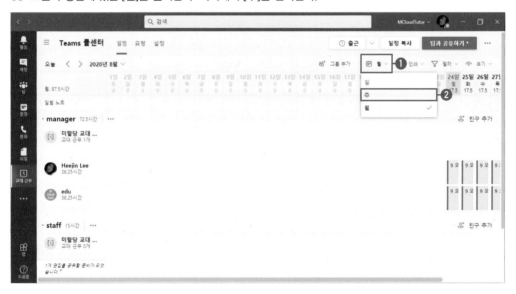

**04** 오른쪽 상단에 있는 [필터]를 클릭하면 그룹 및 구성원을 선택할 수 있다.

**05** [필터]에서 선택한 그룹 또는 구성원의 일정만 나타난다. [필터]를 클릭한 후, [지우기]를 선택해 현재 선택된 필터를 해제한다.

**06** 필터가 해제된다. [필터]를 클릭하면 체크 표시가 사라진 것을 확인할 수 있다.

TIP

[보기]를 클릭하면 [빠른 액세스], [보기 기준], [표시]를 기준으로 보기 화면을 변경할 수 있다. 다시 [보기]를 클릭하면 해제된다.

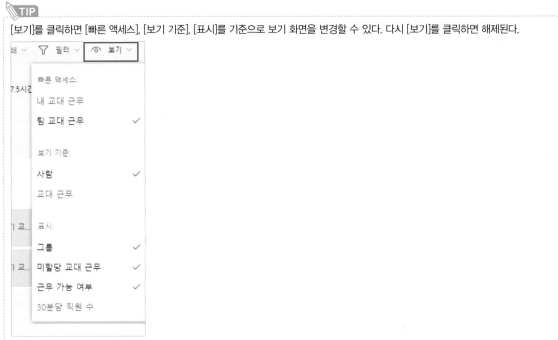

## Section 03 　교대 근무 요청하기

교대 근무 일정에 휴가를 요청하고, 요청한 휴가를 바꾸고, 휴가 종류를 등록하는 방법에 대해서 살펴본다.

### 1 　휴가 요청하기 – 구성원

**01** 팀 구성원의 Teams에서 [교대 근무]의 [요청] 탭을 클릭한 후, [새 요청]을 클릭한다.

↑ 다른 구성원(여기서는 'edu')의 화면

**02** [새 요청] 대화 상자가 나타나면 휴가 정보를 입력한 후 [요청 보내기]를 클릭한다.

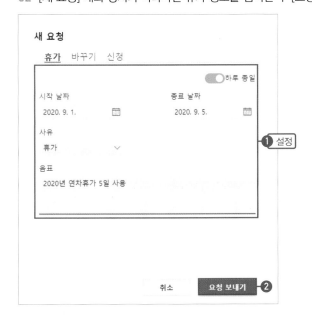

## 2

휴가 승인하기 - 관리자

관리자가 휴가를 승인하면 팀 일정에 자동으로 등록된다.

01 관리자의 Teams에서 [교대 근무]의 [요청] 탭을 클릭하면 팀 구성원이 요청한 휴가 일정이 화면에 나타난다. 등록된 요청을 선택한 후 [승인]을 클릭한다.

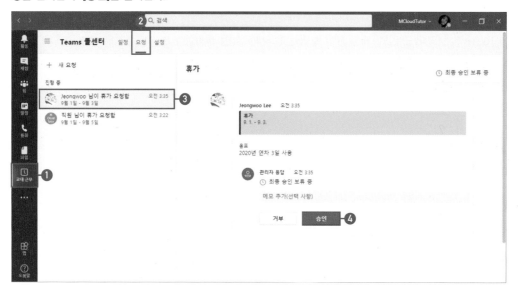

02 '승인됨'이라 표시된다.

요청이 바로 반영되어 표시되지 않으면

**01** [일정] 탭에서 ⋯(추가 옵션)을 클릭해 [새로 고침]을 선택한다.

**02** [팀 일정 선택] 대화 상자가 나타나면 새로 고침한 팀 이름 옆에 있는 [보기]를 클릭한다.

**03** 휴가를 요청한 구성원의 Teams에서 [교대 근무]의 [요청] 탭을 클릭하면 휴가 요청 화면에 '승인됨'이라 나타난다.

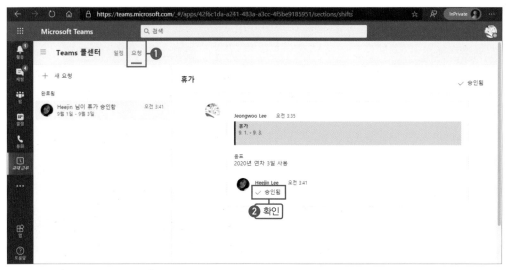

⬆ 다른 구성원(여기서는 'jeongwoo Lee')의 화면

**04** [일정] 탭에서 ⟩(다음 주로 이동)을 클릭하면 등록된 휴가 일정을 확인할 수 있다.

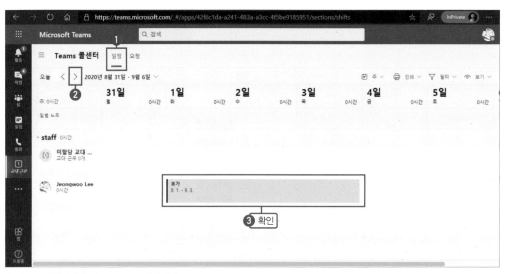

⬆ 다른 구성원(여기서는 'jeongwoo Lee')의 화면

## 3 휴가 거부하기 – 관리자

관리자가 휴가를 거부하면 휴가를 요청한 사용자 팀 일정에 등록되지 않는다.

01 관리자의 Teams에서 [교대 근무]의 [요청] 탭을 클릭한 후 팀 구성원이 요청한 휴가 일정을 선택하고 [거부]를 클릭한다.

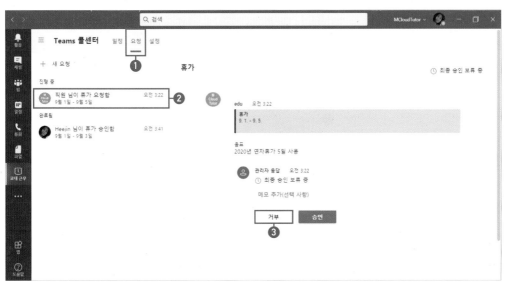

02 관리자의 휴가 요청 화면에 '거절됨'이라 표시된다.

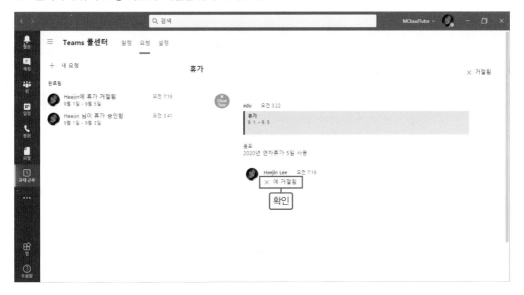

**03** 휴가를 요청한 구성원의 Teams에서 [교대 근무]의 [요청] 탭을 클릭하면 휴가 요청 화면에 '거절됨'이라 나타난다.

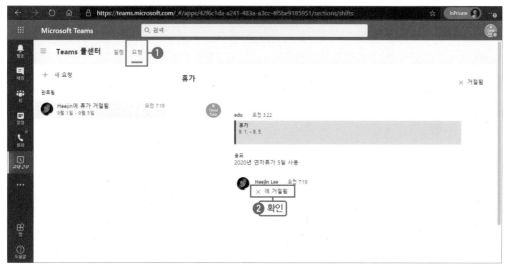

⬆ 다른 구성원(여기서는 'edu')의 화면

**04** [일정] 탭에서 ▷(다음 주로 이동)을 클릭하면 휴가가 일정에 등록되지 않은 것을 확인할 수 있다.

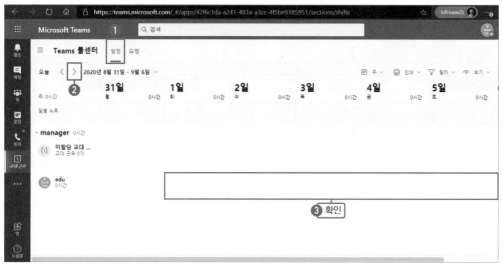

⬆ 다른 구성원(여기서는 'edu')의 화면

등록된 교대 근무를 팀 구성원에게 바꾸기 요청하는 방법에 대해 살펴본다. 교대 근무 바꾸기 요청을 하면 [수락] 또는 [거절]을 선택해 의견을 전달한다.

01 [교대 근무]의 [요청] 탭에서 [새 요청]을 클릭한다.

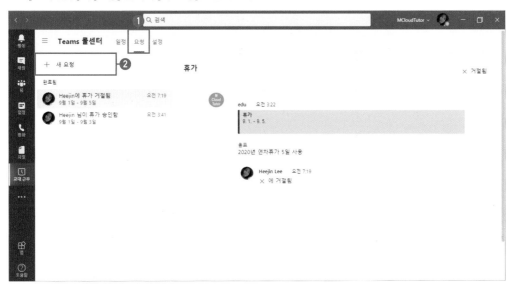

02 [새 요청] 대화 상자가 나타나면 [바꾸기] 탭을 클릭한다.

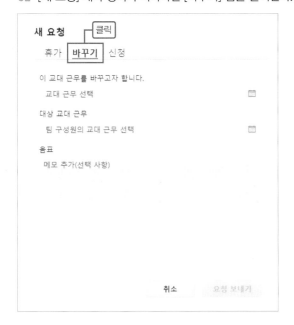

**03** [교대 근무 선택]을 클릭한 후 바꾸기 할 교대 근무 일정을 선택한다. 오른쪽에 표시되는 구성원을 클릭한다.

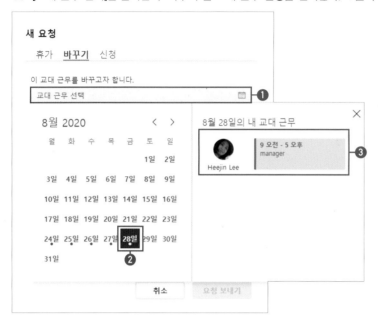

**04** 내 교대 근무 일정이 등록된다.

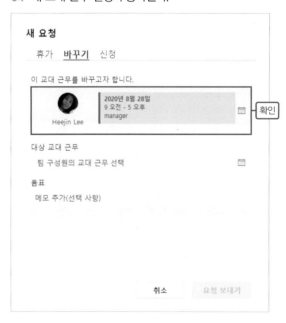

**05** [팀 구성원의 교대 근무 선택]을 클릭한 후 바꿀 교대 근무 일정을 선택하고, 다른 그룹(예 staff)의 구성원을 선택한다.

**06** 구성원이 선택되면 [음표]에 교대 근무 바꾸기 사유를 입력한 후 [요청 보내기]를 클릭한다.

**07** [요청] 탭의 [진행 중] 목록에 표시된다.

TIP

[요청] 탭의 [진행 중]에는 요청한 목록이 표시되고, 요청에 대해 응답(승인/거부, 수락/거절)을 실행한 경우 [완료됨]에 표시된다.

TIP

요청한 교대 근무 바꾸기를 취소하려면

[진행 중]인 목록에서 'Heejin 님이 바꾸기 요청함'을 선택한 후, [요청 취소]를 클릭한다.

08 교대 근무 바꾸기 요청을 받은 팀 구성원의 Teams에서 [교대 근무]의 [요청] 탭을 클릭한다. [진행 중] 목록에서 선택한 후 교대 근무 바꾸기 요청을 수락하는 경우 [수락]을 클릭하고, 거절하는 경우 [거절]을 클릭한다. 여기서는 [수락]을 클릭한다.

↑ 다른 구성원(여기서는 'jeongwoo Lee')의 화면

09 [수락]을 클릭하면 요청을 받은 구성원에게는 '수락함'이 표시되고, 요청을 보낸 구성원에게는 '승인됨'이 표시된다.

↑ 다른 구성원(여기서는 'jeongwoo Lee')의 화면

**10** [교대 근무]의 [일정] 탭을 클릭하면 바꾸기 한 일정은 표시되지 않는다.

↑ 다른 구성원(여기서는 'jeongwoo Lee')의 화면

**11** 교대 근무 바꾸기를 요청한 구성원의 Teams에서 [교대 근무]의 [일정] 탭을 클릭하면 바꾸기 요청한 내용으로 일정이 변경되어 있음을 확인할 수 있다.

등록된 교대 근무를 다른 팀 구성원에게 제안하는 방법에 대해서 살펴본다.

**01** [교대 근무]의 [요청] 탭에서 [새 요청]을 클릭한다.

**02** [새 요청] 대화 상자가 나타나면 [신청] 탭을 클릭한다. [교대 근무 선택]을 클릭한 후 일정을 선택하고, 오른쪽에 화면에서 구성원을 선택한다.

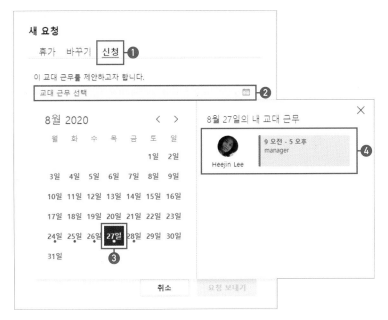

**03** [팀 구성원을 선택하세요.]를 클릭한 후 목록에서 제안할 구성원을 선택한다.

**04** [음표]에 설명을 입력하고 [요청 보내기]를 클릭한다.

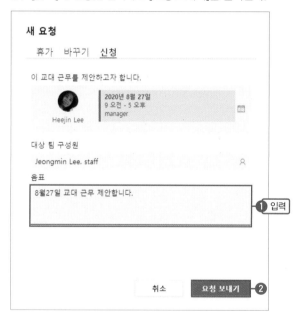

**05** [진행 중] 목록에 제안한 교대 근무가 등록된다.

**06** 교대 근무를 제안 받은 팀 구성원의 Teams에서 [교대 근무]의 [요청] 탭을 클릭한다. [진행 중] 목록에서 선택한 후 교대 근무 제안을 수락하려면 [수락]을 클릭하고, 거절하려면 [거절]을 클릭한다. 여기서는 [수락]을 클릭한다.

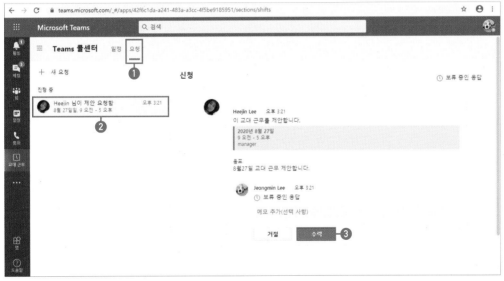

🔺 다른 구성원(여기서는 'jeongmin Lee')의 화면

**07** [수락]을 클릭하면 제안을 받은 구성원에게는 '수락함'이 표시되고, 제안한 구성원에게는 '승인됨'이 표시된다.

↟ 다른 구성원(여기서는 'Jeongmin Lee')의 화면

**08** 교대 근무를 제안한 구성원의 Teams에서 [교대 근무]의 [일정] 탭을 클릭하면 제안을 승인한 구성원이 일정에 나타난다.

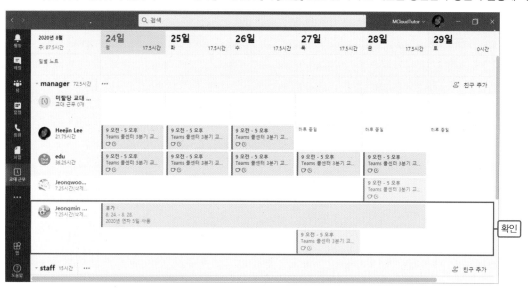

[교대 근무]에서 표준 시간대, 일정 시작 요일, 교대 근무 시간, 휴가 신청 목록을 변경하려면 [교대 근무]의 [설정] 탭에서 변경하면 된다. [Section 04]에서는 일정 시작 요일과 휴가 목록을 추가하는 방법에 대해서 살펴본다.

## 1 일정 대시보드 시작 요일 변경하기

일정 대시보드의 시작 요일을 변경하는 방법에 대해 살펴보자.

01 교대 근무 설정을 변경하기 위해 Teams의 [교대 근무]에서 [설정] 탭을 클릭한다.

02 [일정]에서 [주초]가 '월요일'로 선택되어 있으면 목록을 클릭해 [일요일]을 선택한다.

> **TIP**
>
> [일정]의 [주초]의 기본 값은 '일요일'이다. [Section 02 | 그룹별로 교대 근무 구성하기]의 [5] 교대 근무 추가하기 - 팀]에서 [주초]를 '일요일'에서 '월요일'로 변경했기 때문에 여기서 [주초]가 '월요일'로 나타난다.

**03** [일정] 탭을 클릭하면 일정 시작 요일이 월요일에서 일요일로 변경된 것을 확인할 수 있다.

## 2  휴가 요청 목록 추가하기

[교대 근무]의 [요청] 탭에서 휴가를 등록하는 경우 기본적으로 제공하는 휴가 목록 외에 필요한 휴가 목록을 추가할 수 있다.

**01** [교대 근무]에서 [설정] 탭을 클릭한다. [요청] 항목에서 [사용자 지정 옵션 추가]를 클릭해 새로운 목록(예 육아휴가)을 추가하고, 새 목록 오른쪽의 🖼을 클릭하여 아이콘을 선택한다.

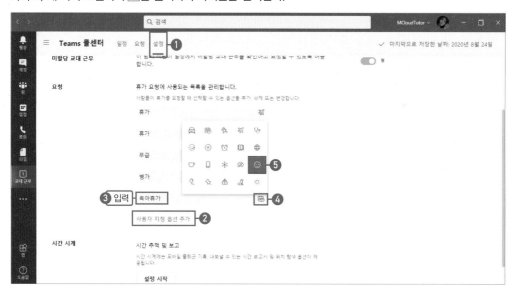

**02** [요청] 목록에 [육아휴가]가 추가된다.

**03** [일정] 탭에서 임의의 일정 위에서 마우스 오른쪽을 클릭한 후 [휴가 추가]를 선택한다.

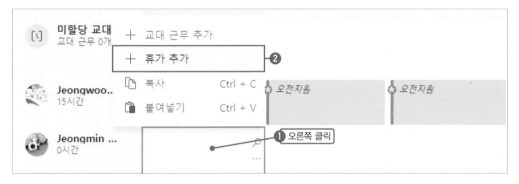

**04** [휴가 추가] 화면이 나오면 휴가 목록에 '육아휴가'가 추가된 것을 확인할 수 있다.

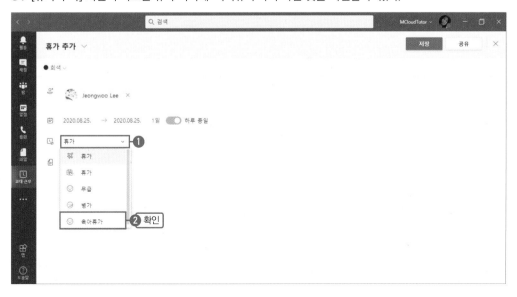

[교대 근무]에서 일정을 내보내거나 가져오기, 팀 일정 회수 기능에 대해서 살펴본다.

## 1 일정 가져오기

Excel 자료를 교대 근무 일정으로 가져올 수 있다. 파일을 다운로드받아 동일한 형식으로 구성해서 가져오면 된다. 여기서는 샘플 파일을 다운받아 가져오기에 대해 살펴보자.

**01** [교대 근무]의 [일정] 탭에서 ⋯(추가 옵션)을 클릭한 후 [일정 가져오기]를 선택한다.

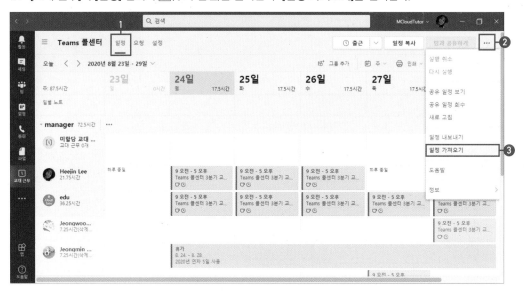

**02** [일정 가져오기] 대화 상자가 나오면 [샘플 다운로드]를 클릭한다.

**03** 다운로드받은 일정 가져오기의 샘플 파일을 Excel에서 열기하면 [지침], [교대 근무], [일별 노트] 시트에서 일정 가져오기에 대한 샘플 목록을 확인할 수 있다. [교대 근무] 시트를 클릭하여 형식에 맞게 입력한 후, Excel 형식으로 문서를 저장한다.

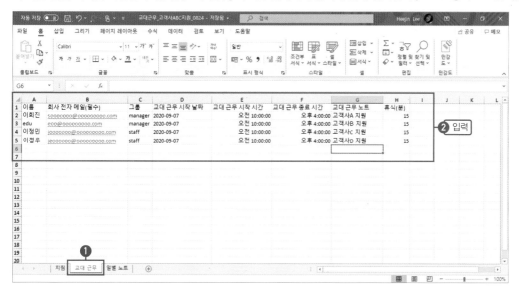

**04** Teams의 [교대 근무]에서 [일정] 탭의 ⋯(추가 옵션)을 클릭한 후 다시 [일정 가져오기]를 선택한다.

**05** [일정 가져오기] 대화 상자가 나타나면 [파일 업로드]를 클릭한다. [열기] 대화 상자가 나타나면 Excel로 저장한 문서를 선택한 후 [열기]를 클릭한다.

**06** [가져오기 완료] 대화 상자가 나오면 [완료]를 클릭한다.

**07** [일정] 탭에서 ▷(다음 주로 이동)을 클릭하여 Excel 서식 파일에서 등록한 일정으로 이동하면 일정이 가져오기 된 것을 확인할 수 있다. 기존에 일정(예: 휴가)이 있는 경우 기존 일정에 추가된다.

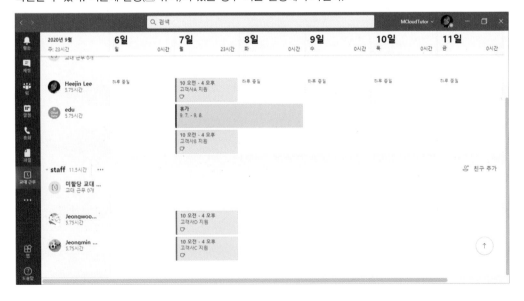

## ② 일정 내보내기

등록된 교대 근무 일정을 Excel로 내보내기 하여 관리할 수 있다.

01 [교대 근무]의 [일정] 탭에서 ⋯(추가 옵션)을 클릭한 후 [일정 내보내기]를 선택한다.

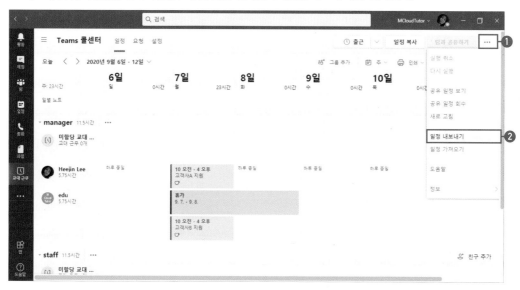

02 일정 내보내기 대화 상자가 나오면 내보낼 시작 날짜와 종료 날짜를 설정하고 메모, 유급 시간 등의 포함 유무를 선택한 후 [내보내기]를 클릭한다.

03 Windows 탐색기의 [다운로드] 폴더에서 내보내기한 Excel 파일(예 ScheduleData 2020-09-06 _ 2020-09-12.xls)을 열기하면 교대 근무에 등록된 일정을 확인할 수 있다.

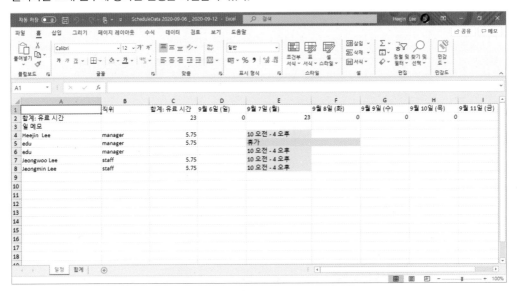

### 3 공유 일정 보기/회수하기

팀 일정으로 공유한 일정을 보거나 공유된 일정을 다시 회수할 수 있다.

01 [교대 근무]의 [일정] 탭에서 ⋯(추가 옵션)을 클릭한 후 [공유 일정 보기]를 선택한다.

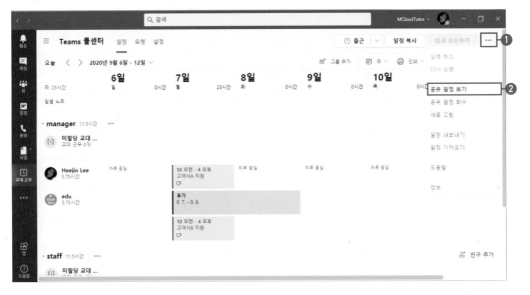

**02** 공유된 일정이 나타난다. 일정을 확인한 후 [닫기]를 클릭한다.

**03** 공유된 일정을 회수하기 위해 ⋯(추가 옵션)을 클릭한 후 [공유 일정 회수]를 선택한다.

> **TIP**
> [일정] 탭의 오른쪽에 있는 [팀과 공유하기]가 비활성화 되어 있으면 일정이 팀과 공유되었음을 의미한다.

**04** [공유 일정 회수] 대화 상자가 나타나면 회수할 일정 시작일을 선택한 후 Shift 키를 누른 채 마지막 회수 일정을 선택한 후 [불러오기]를 클릭한다.

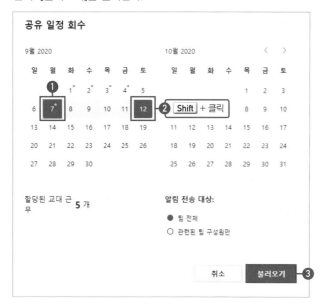

**05** 설정한 기간에 공유된 일정이 다시 회수되고, 오른쪽 상단에 [팀과 공유하기]가 활성화된다.

간편하고 유용해진 시간 추적 기능을 활용해 모바일 출퇴근 시간 기록, 직원 시간 보고서, 위치 검색 기능을 사용할 수 있다. 출퇴근 시간 기록계를 설정하여 팀이 온라인으로 출/퇴근 시간을 기록할 수 있도록 한다. 특정 장소에서 사용자의 출근 및 퇴근 시간을 기록하려면 모바일 앱에 위치 검색 기능을 추가한다. 사용자는 해당 위치를 공유하기 위한 요청을 수락해야 한다.

### 1 시간 시계 설정하기

간편하고 유용해진 시간 추적 기능을 활용할 수 있다

**01** [교대 근무]의 [일정] 탭에서 ⌚ 출근 의 [출근]을 클릭한다.

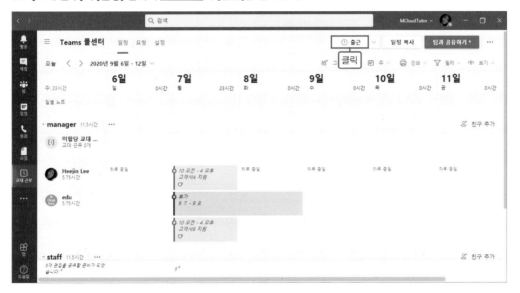

**02** [시간 시계 소개] 대화 상자가 나타나면 [다음]을 클릭한다.

**03** [시간 시계 설정] 대화 상자가 나타나면 [켜기]를 클릭한 후 시간 시계를 저장한다.

**시간 시계 설정**

출퇴근 시간기록계를 설정하여 팀이 온라인으로 출/퇴근 시간을 기록할 수 있도록 합
니다. 특정 장소에서 사용자의 출근 및 퇴근 시간을 기록하려면 모바일 앱에 위치 검
색 기능을 추가합니다. 사용자는 해당 위치를 공유하기 위한 요청을 수락해야 합니다.

☐ 모바일 앱에 위치 검색 기능 포함

취소    **켜기** ──[클릭]

> **TIP**
>
> [시간 시계 설정] 대화 상자에서 [모바일 앱에 위치 검색 기능 포함]을 체크하면 Bing에서 지도를 검색한 후 좌표를 입력하면 된다. 팀이
> 출퇴근 시간을 입력하기를 원하는 위치를 설정하려면 [좌표 확인 방법]을 클릭한 후 Bing 지도에서 좌표를 확인한다.
>
>
>
> **시간 시계 설정**
>
> 출퇴근 시간기록계를 설정하여 팀이 온라인으로 출/퇴근 시간을 기록할 수 있도록 합
> 니다. 특정 장소에서 사용자의 출근 및 퇴근 시간을 기록하려면 모바일 앱에 위치 검
> 색 기능을 추가합니다. 사용자는 해당 위치를 공유하기 위한 요청을 수락해야 합니다.
>
> ☑ 모바일 앱에 위치 검색 기능 포함
>
> 팀이 출퇴근 시간을 입력하기를 원하는 위치를 설정하세요.
>
> 📍 좌표를 입력하세요.
>
> 예: 47.639555, -122.128156  [좌표 확인 방법]
>
> 모바일 GPS 권한이 필요합니다. ∧
> GPS 액세스를 위해 교대 근무가 표시됩니다. 구성원은 직장 위치 검색에 대한 액세스를 허용해야 합
> 니다. 교대 근무는 구성원이 출근/퇴근 시간을 기록할 때 해당 위치만 검색합니다.
>
> 취소    켜기

## 2 출근 시간 기록하기

**01** [교대 근무]의 [일정] 탭에서 ⓘ 출근 ∨ 의 목록 단추를 클릭한 후 [출근]을 선택한다.

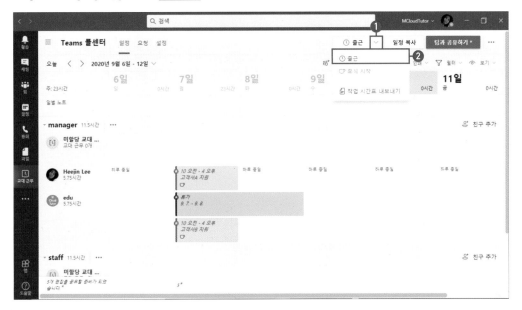

**02** [출근] 대화 상자가 나오면 [예]를 클릭한다.

**03** '출근을 기록하였습니다.'라는 메시지가 나오면 [닫기]를 클릭한다

**04** 출근 시간이 표시된다.

## 3 휴식 시작 및 종료 설정하기

휴식 시작 시간 및 종료 시간을 설정할 수 있다.

01 [교대 근무]의 [일정] 탭에서 경과 시간 부분(⏱ 01시간 35분 ⌄)의 목록 단추를 클릭한 후 [휴식 시작]을 선택한다.

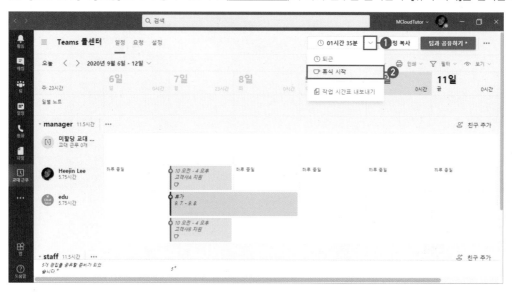

02 [휴식 시작] 대화 상자가 나오면 [예]를 클릭한다.

03 휴식이 종료되면 경과 시간 부분(🏷 00시간 31분 ⌄)의 목록 단추를 클릭한 후 [휴식 종료]를 선택한다.

**04** [휴식 종료] 대화 상자가 나오면 [예]를 클릭한다.

**05** '휴식이 끝났습니다.'라는 메시지가 나오면 [닫기]를 클릭한다.

### 4 퇴근 시간 기록하기

**01** 퇴근 시간을 지정하려면 경과 시간 부분( ⏱ 03시간 00분 )의 목록 단추를 클릭한 후 [퇴근]을 선택한다.

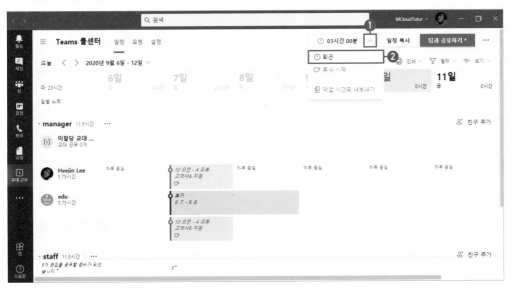

**02** [퇴근] 대화 상자가 나오면 [예]를 클릭한다.

**03** '퇴근 시간을 기록하였습니다.'라는 메시지가 나오면 [닫기]를 클릭한다.

## 5 작업 시간 내보내기

팀을 위해 시간 기록계 보고서를 내보낸다. 지정된 범위에 대한 시작 및 종료 날짜를 설정한 후 내보내기 하면 Excel 파일로 다운로드된다.

**01** [교대 근무]의 [일정] 탭에서 ⌐ⓘ 출근 ⌐의 목록 단추를 클릭한 후 [작업 시간표 내보내기]를 클릭한다.

**02** [시간 보고서 내보내기] 대화 상자가 나타나면 [시작 날짜]와 [종료 날짜]를 설정하고 [내보내기]를 클릭한다.

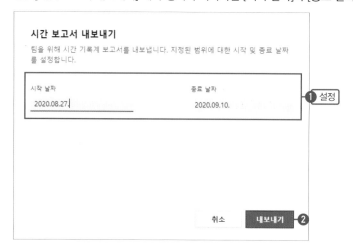

**03** Windows 탐색기의 [다운로드] 폴더에서 내보내기한 Excel 파일('TimeReport_TEAM_39bdf0a0-'로 시작하는 파일)을 열기하면 시간 보고서를 확인할 수 있다.

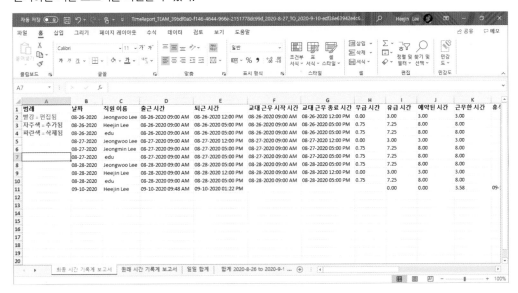

## 6 시간 시계 설정 해제하기

시간 시계 설정을 해제하거나 다시 설정을 시작할 수 있다.

**01** 시간 추적 및 보고 설정을 변경하려면 [교대 근무]에서 [설정] 탭을 클릭한 후 [시간 시계]에서 [설정 변경]을 클릭한다.

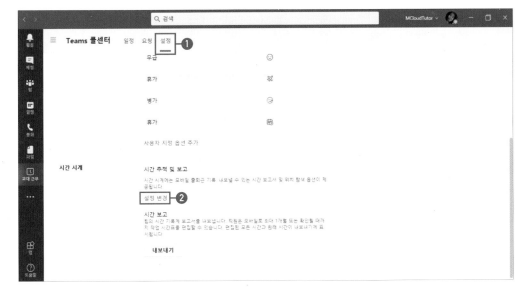

**02** [시간 시계 설정] 대화 상자가 나타난다. 시간 시계의 사용을 종료하려면 [끄기]를 클릭한다.

**03** 다시 설정을 시작하려면 [설정 시작]을 클릭한다.

[Module 10]에서는 Teams 교대 근무를 활용해 팀 교대 근무 관리 및 팀 공유, 휴가 및 병가를 신청하고, 팀 교대 근무를 바꾸고 교대 근무 시간을 제안해서 일정을 조율하는 방법, 출근/퇴근 시간 및 휴식 시간을 추적하는 방법에 대해서 알아보았다.

# MODULE
# 11
## 기타 기능

Teams에는 채팅 대화 내용, 팀 내의 게시물, 파일, 사람 등의 정보들이 포함되어 있다. 따라서 Teams 내에서 다양한 정보를 찾기 위해 검색 기능을 활용하고 필터링된 정보로 결과물을 빠르게 정보를 찾아내고 알림 설정 및 알림 끄기/켜기 기능을 활용할 수 있다. [Module 11]에서는 Teams 내에서 다양한 방법으로 검색하고 알림 설정, 알림 끄기/켜기 하는 방법과 게시물에 있는 메시지 저장에 대해 살펴본다.

---

## Section 01  검색, 명령어, 팀 또는 채널 필터

Teams의 메시지, 사람, 파일을 검색하기 위해 상단에 있는 명령 상자에 검색어를 입력하거나 명령 상자에서 '/'를 입력하고 Teams 명령어(예 /files)를 직접 입력하여 검색할 수 있다. 팀 및 채널을 필터하기 위해서는 팀 또는 채널 필터를 활용하여 검색할 수 있다.

### 1  검색

Teams의 명령 상자를 활용해 메시지, 사람, 파일을 검색하는 방법을 살펴본다.

01  Teams를 실행한 후, 상단에 있는 명령 상자를 클릭하거나 Ctrl + E 키를 누른다.

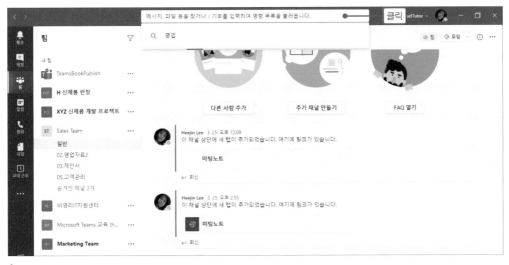

**TIP**

Teams에서 검색하기 위한 바로 가기 키는 Ctrl + E 이다.

**02** 검색하고자 하는 내용('영업')을 입력한 후 Enter 키를 누른다.

**03** '왼쪽에서 검색 결과를 확인하세요.'라고 표시되면 왼쪽의 [메시지] 탭 목록에서 메시지를 선택한다. 검색 결과는 [메시지], [사람], [파일] 탭을 클릭해서 확인할 수 있다.

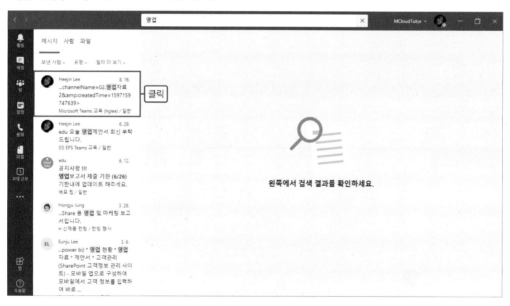

**04** '영업'이 포함된 메시지 내용을 확인할 수 있다. 검색 결과를 확인한 후 ⊠(검색 취소)를 클릭해 검색을 취소한다.

### 2 명령어

Teams의 명령 상자에 '/'를 입력한 후, Teams 명령어를 직접 입력하면 Teams 정보 및 기능을 빠르게 찾고 실행할 수 있다.

**01** Teams의 [팀]에서 채널을 선택한다. 본 예제에서는 다음과 같이 미리 작성해 둔 팀과 채널 중 [Sales Team] 팀의 [일반] 채널을 선택한다. 그런 다음 명령 상자에 '/'를 입력하면 Teams 명령어가 표시된다.

**02** Teams 내에서 파일을 검색하기 위해 '/files'라 입력한 후 Space Bar 키를 누르면 최근에 사용한 문서 목록이 표시된다. 열기할 파일을 선택한다.

**03** 파일 목록에서 열기할 파일을 클릭하면 Teams에서 문서가 바로 열린다. 문서를 확인한 후 [닫기]를 클릭한다.

## 3

팀 또는 채널로 필터

팀 및 채널을 검색하기 위해 팀 또는 채널로 필터를 활용할 수 있다.

01 Teams의 왼쪽 탐색 메뉴에서 [팀]을 선택하고 ▽(필터)를 클릭한다.

02 '팀 또는 채널로 필터'라고 표시된다.

**03** '02.'으로 입력하면 '02.'으로 시작하는 채널이 필터된다. 필터를 종료하려면 ⊠(필터 닫기)를 클릭한다.

TIP

Teams 일반 바로 가기 키

| 기능 | 데스크톱 앱 | 웹 앱 |
|---|---|---|
| 바로 가기 키 표시 | Ctrl + 마침표(.) | Ctrl + 마침표(.) |
| 검색으로 이동 | Ctrl + E | Ctrl + E |
| 명령 표시 | Ctrl + 슬래시(/) | Ctrl + 슬래시(/) |
| 새 채팅 시작 | Ctrl + N | 왼쪽 Alt + N |
| 설정 열기 | Ctrl + 쉼표(,) | Ctrl + 쉼표(,) |
| 이동 | Ctrl + G | Ctrl + Shift + G |
| 도움말 열기 | F1 | Ctrl + F1 |
| 확대 | Ctrl + 등호 기호(=) | 바로 가기 키 없음 |
| 축소 | Ctrl + 빼기 기호(-) | 바로 가기 키 없음 |
| 닫기 | Esc | Esc |

TIP

Teams 바로 가기 키는 명령 상자에서 '/keys' 명령어를 입력하면 한눈에 파악할 수 있다.

Teams 탐색 바로 가기 키

| 기능 | 데스크톱 앱 | 웹 앱 |
|---|---|---|
| 활동 열기 | Ctrl + 1 | Ctrl + Shift + 1 |
| 채팅 열기 | Ctrl + 2 | Ctrl + Shift + 2 |
| 팀 열기 | Ctrl + 3 | Ctrl + Shift + 3 |
| 일정 열기 | Ctrl + 4 | Ctrl + Shift + 4 |
| 통화 열기 | Ctrl + 5 | Ctrl + Shift + 5 |
| 파일 열기 | Ctrl + 6 | Ctrl + Shift + 6 |
| 이전 목록 항목으로 이동 | 왼쪽 Alt + 위쪽 화살표 키(↑) | 왼쪽 Alt + 위쪽 화살표 키(↑) |
| 다음 목록 항목으로 이동 | 왼쪽 Alt + 아래쪽 화살표 키(↓) | 왼쪽 Alt + 아래쪽 화살표 키(↓) |
| 선택한 팀을 위로 이동 | Ctrl + Shift + 위쪽 화살표 키(↑) | 바로 가기 키 없음 |
| 선택한 팀을 아래로 이동 | Ctrl + Shift + 아래쪽 화살표 키(↓) | 바로 가기 키 없음 |
| 이전 섹션으로 이동 | Ctrl + Shift + F6 | Ctrl + Shift + F6 |
| 다음 섹션으로 이동 | Ctrl + F6 | Ctrl + F6 |

Teams 메시지 바로 가기 키

| 기능 | 데스크톱 앱 | 웹 앱 |
|---|---|---|
| 새 대화로 이동 | Alt + Shift + C | Alt + Shift + C |
| 새 대화로 확장 | Ctrl + Shift + X | Ctrl + Shift + X |
| 보내기(확장된 새 대화) | Ctrl + Enter | Ctrl + Enter |
| 파일 첨부 | Ctrl + O | Ctrl + Shift + O |
| 새 줄 시작하기 | Shift + Enter | Shift + Enter |
| 게시물에 회신 | Alt + Shift + R | Alt + Shift + R |
| 중요로 표시 | Ctrl + Shift + I | Ctrl + Shift + I |

Teams 모임 및 통화 바로 가기 키

| 기능 | 데스크톱 앱 | 웹 앱 |
|---|---|---|
| 영상 통화 수락 | Ctrl + Shift + A | Ctrl + Shift + A |
| 음성 통화 수락 | Ctrl + Shift + S | Ctrl + Shift + S |
| 통화 거절 | Ctrl + Shift + D | Ctrl + Shift + D |
| 오디오 통화 시작 | Ctrl + Shift + C | Ctrl + Shift + C |
| 영상 통화 시작 | Ctrl + Shift + U | Ctrl + Shift + U |
| 음소거 토글 | Ctrl + Shift + M | Ctrl + Shift + M |
| 영상 토글 | Ctrl + Shift + O | 바로 가기 키 없음 |
| 현재 목록 필터링 | Ctrl + Shift + F | Ctrl + Shift + F |
| 공유 도구 모음으로 이동 | Ctrl + Shift + Space Bar | Ctrl + Shift + Space Bar |

안심Touch

탐색 메뉴에서 [활동]을 클릭하면 팀 목록에 있는 채널에서 발생하는 모든 것을 요약한 활동 피드를 확인할 수 있다. 활동 피드에서는 Teams에서 활동한 기록들을 한 눈에 파악할 수 있을 뿐만 아니라 ▽(필터)를 클릭하여 멘션, 읽지 않음 등과 같이 활동 기록을 검색할 수 있어 정보를 손쉽게 찾을 수 있다.

01 Teams에서 왼쪽 탐색 메뉴의 [활동]을 클릭한 후, [피드]를 클릭해 [내 활동]을 선택한다.

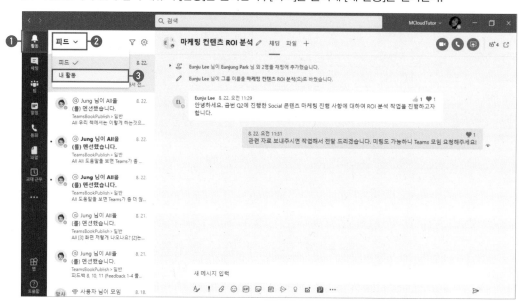

02 활동 피드에서 내 활동 목록만 확인할 수 있다. [내 활동]을 클릭해 [피드]를 선택한다.

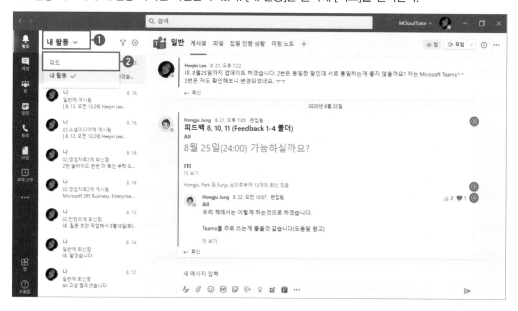

**03** [피드]에서 🔽(필터)를 클릭하거나 Ctrl + Shift + F 키를 누른다.

**04** [필터링 유형]의 ⋯(추가 옵션)을 클릭한 후 [멘션]을 선택한다. 멘션된 내용 외에도 읽지 않음, 회신, 부재중 통화, 인기
있음 등에 대한 내용도 필터링해서 검색할 수 있다.

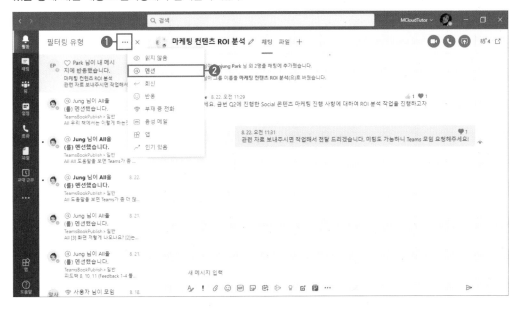

**05** 멘션된 목록만 필터링되어 표시된다. 필터링된 멘션을 제거하려면 [필터링 유형]에서 ⊗×(제거)를 클릭한다. 필터를 제거하려면 [필터링 유형]에서 ×(필터 닫기)를 클릭한다.

**06** [피드]에서 ⚙(설정)을 클릭한다.

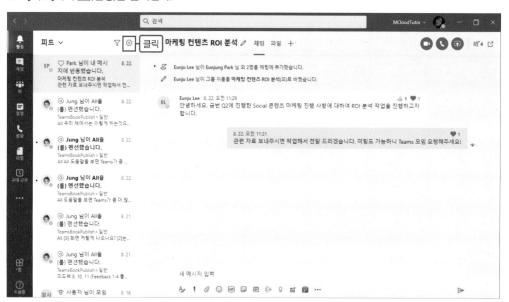

**07** Teams 설정에 대한 [설정] 대화 상자가 나타난다. ☒(닫기)를 클릭한다.w

Microsoft Teams 활동 피드 기호

| 기호 | 설명 |
|---|---|
| @ | 사용자 멘션(@사용자 이름) |
| ◎ | 읽지 않음 |
| ⛊ | 현재 팀 멘션 (@팀 이름) |
| ⬤ | 현재 채널 멘션 (@채널 이름) |
| ↵ | 게시물에 회신 |
| 👍 | 게시물에 반응(좋아요) |
| ⛊⁺ | 팀에 사람 추가 |
| ♟ | 팀 소유자 생성 |
| ↗ | 인기 게시글 |
| 💡 | 추천 게시물 |
| ⊞ | 앱 추가 |
| ☎ | 부재 중 전화 |
| 📟 | 음성 메일 |

안심Touch

Teams에 게시한 대화 내용을 Outlook으로 메일을 공유하거나 채널 전자 메일 주소를 복사해 게시물로 메일을
발송할 수 있다. Outlook 공유 기능은 메일 라이선스(Exchange Online)가 있어야 사용 가능하다.

### 1 Outlook에서 공유하기

게시물에 게시된 메시지를 Outlook 공유를 활용해 Teams에서 바로 메일을 발송할 수 있다.

**01** Teams에서 왼쪽 탐색 메뉴의 [팀]을 클릭한 후 [Sales Team] 팀 – [03.제안서] 채널을 선택한다. 게시글을 메일로 전달
하기 위해 [게시물] 탭에서 게시글의 오른쪽에 있는 ⋯(기타 옵션)을 클릭한 후 [Outlook에 공유]를 선택한다.

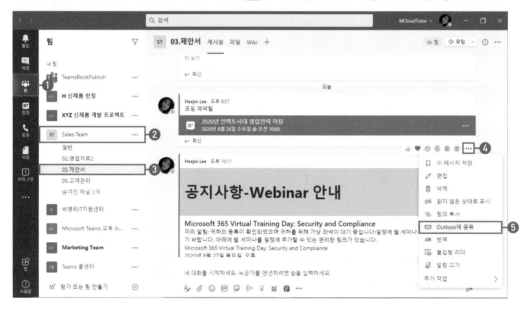

**02** 게시물 메시지가 포함된 [Outlook] 대화 상자가 열리면 메일 주소를 입력한 후 메시지를 발송한다.

TIP

1

**03** 메일을 받은 사람의 Outlook 계정에 접속한 후 [받은 편지함]의 메일을 확인하면 팀 게시물에서 메일로 발송된 게시물 대화 내용을 확인할 수 있다.

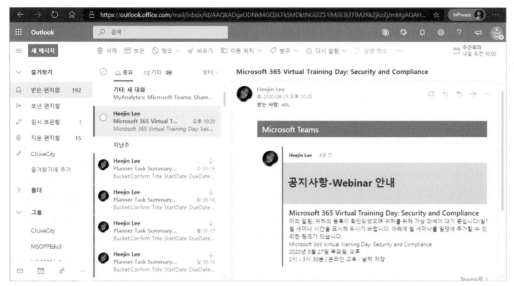

⬆ 메일을 받은 사람의 Outlook 화면

반대로 Outlook에서 메일을 발송하여 팀의 채널에 게시물로 게시할 수도 있다. 자세한 사항은 다음에 설명하는 [ 3 채널 전자 메일 주소 가져오기]를 참조한다.

## 2 Outlook 일정

Teams에서 왼쪽 탐색 메뉴의 [일정]을 클릭하면 Microsoft Outlook에 등록된 개인 일정을 확인할 수 있다. [일정]은 Microsoft 365 Exchange Online 라이선스가 있어야 Teams 화면에 나타난다.

**01** Teams에서 왼쪽 탐색 메뉴의 [일정]을 클릭한다. [일정] 화면에서 오른쪽 상단에 있는 [새 모임]을 클릭한다.

**02** [새 모임] 화면이 나오면 모임 내용을 입력하고 [보내기]를 클릭한다.

**03** [일정] 화면에 등록된 것을 확인할 수 있다.

**04** [팀]의 해당 채널에서 [게시물] 탭을 확인해보면 게시물에도 기록된 것을 확인할 수 있다.

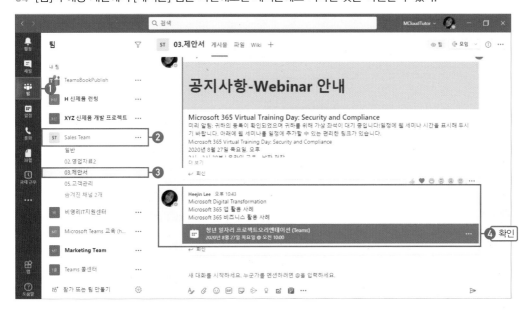

### [3] 채널 전자 메일 주소 가져오기

채널 게시물에 Outlook 메일을 게시하려면 채널의 전자 메일 주소를 복사해서 메일을 발송하면 된다.

**01** [Sales Team] 팀 – [03.제안서] 채널의 오른쪽 상단에 있는 ⋯(기타 옵션)을 클릭한 후, [전자 메일 주소 가져오기]를 선택한다.

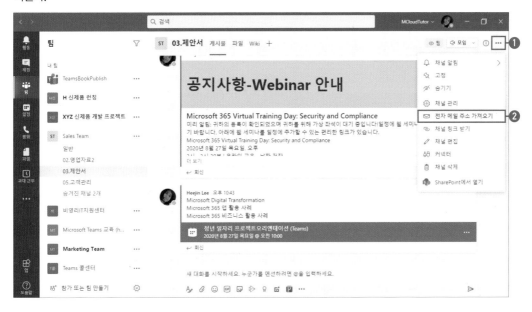

**02** [전자 메일 주소 가져오기] 대화 상자가 나오면 [복사]를 클릭한다.

**03** Outlook에 접속한 후, [받은 편지함]의 받은 메일에서 →(전달)을 클릭한다.

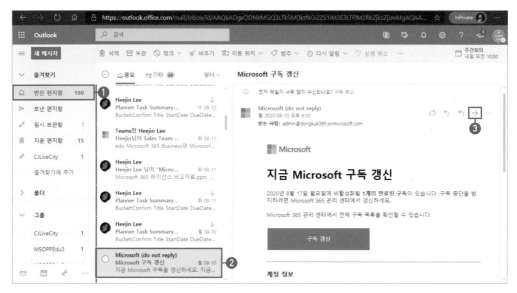

**04** 메일을 전달할 메시지 창이 열리면 [받는 사람]에 Ctrl + V 키를 눌러 붙여넣기 한다. 메일을 발송하기 위해 [보내기]를 클릭한다.

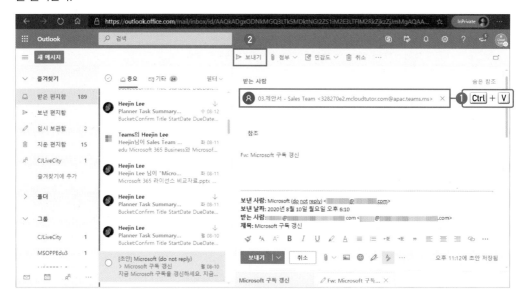

**05** Teams에서 [Sales Team] 팀 – [03.제안서] 채널의 게시물에 Outlook에서 발송한 메일이 게시된 것을 확인할 수 있다.

## Section 04 알림 설정

Teams에서 알림 설정 및 알림 끄기/켜기를 설정하는 방법에 대해서 살펴본다.

### 1 알림 설정하기

Teams에서 개인 메시지 및 팀 협업을 하는 경우 중요한 메시지나 정보에 대해서 놓치지 않고 알림을 확인하는 일이 중요하다.

**01** Teams의 오른쪽 상단에 있는 사용자 프로필(🔵)을 클릭한 후 [설정]을 선택한다.

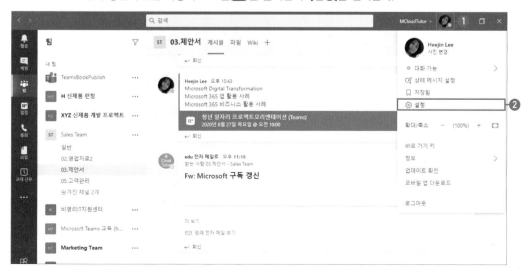

**02** [설정] 대화 상자가 나타나면 [알림] 메뉴에서 Teams 알림 설정을 확인하거나 알림 설정을 변경한 후, ☒(닫기)를 클릭한다.

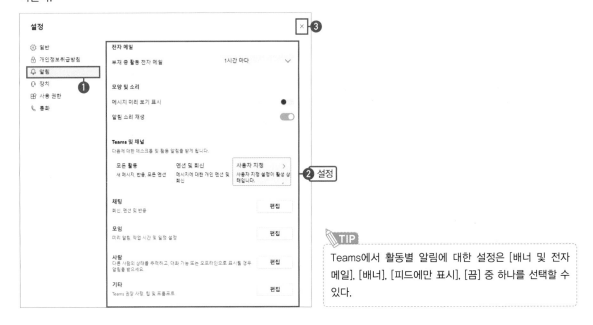

> **TIP**
> Teams에서 활동별 알림에 대한 설정은 [배너 및 전자메일], [배너], [피드에만 표시], [끔] 중 하나를 선택할 수 있다.

### ② 알림 끄기/켜기

채팅, 게시물 메시지 등 활동 기록에 대한 자동 알림을 끄기 하거나 다시 켜기 해서 업데이트된 내용을 바로 확인할 수 있다.

**01** Teams의 왼쪽 탐색 메뉴에서 [채팅]을 클릭한다. 채팅 목록에서 채팅 내용이 업데이트되면 자동으로 알림을 받도록 설정되어 있다. 알림을 받지 않으려면 채팅 목록에서 ⋯(기타 옵션)을 클릭한 후 [알림 끄기]를 선택한다.

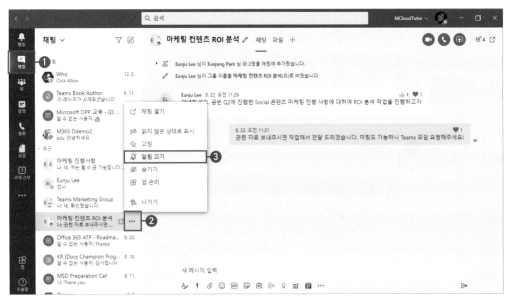

02 왼쪽 탐색 메뉴에서 [팀]을 클릭한다. 게시글에 업데이트 된 내용의 알림 설정을 끄기 하려면 ┈(기타 옵션)을 클릭한 후 [알림 끄기]를 선택한다.

### 3 메시지 저장하기

게시물에 업데이트된 메시지 중 중요한 게시물에 대해서는 메시지를 저장할 수 있다.

01 게시물 오른쪽에 있는 ┈(기타 옵션)을 클릭한 후, [이 메시지 저장]을 선택한다.

**02** Teams의 오른쪽 상단에 있는 사용자 프로필(◯)을 클릭한 후 [저장됨]을 선택한다.

**03** Teams 내에서 저장된 모든 게시물을 확인할 수 있다.

[Module 11]에서는 Teams에서 많이 활용할 수 있는 검색, 명령어, 팀 또는 채널로 필터, 바로 가기 키, 활동 피드, Microsoft Outlook과의 연동 기능, 알림 설정에 대해서 알아보았다.

# MODULE 12

# Microsoft Teams 아키텍처

관리자라면 Teams의 전반적인 구조에 이해가 필요하다. Microsoft Teams 아키텍처 모듈에서는 전반적인 Teams 구조 및 아키텍처 설명을 시작으로 Teams의 기본 생성에 대한 구성 설명과 함께 Teams에서의 대화, 파일에 대한 데이터 저장소, 파일 구조(SharePoint, OneDrive)에 대한 부분을 살펴본다.

## Section 01 Teams 아키텍처

팀의 다양한 업무 요구 사항을 충족하고, 팀 구성원과의 소통과 협업을 보다 원활하게 하기 위해 제공되는 Microsoft 365의 다양한 서비스를 하나의 통합된 위치에서 제공하는 미들티어 서비스를 제공한다. Exchange와 OneDrive, SharePoint, Skype의 중요 기능을 결합하여 제공함으로써 모든 사용자가 사용할 수 있는 동일하고 확장이 가능한 Azure 인프라에서 이 모든 것을 구축한다. 물론 데스크톱 앱, 웹 앱, iOS 및 Android 모바일 앱과 같은 일련의 클라이언트가 있다. 이러한 클라이언트는 Teams API 또는 Teams 레이어 위에 구축된 것이 아니라 대부분의 경우 고객이 다른 서비스와 직접 연결 및 대화할 수 있도록 효율적으로 3가지 서비스를 모두 수행하도록 구성되어 있다.

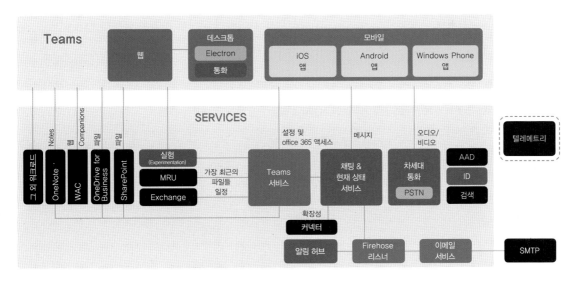

Teams는 Microsoft 365와 결합하여 높은 수준의 아키텍처로 구성되어 있다. 다음 그림을 참고하여 논리적 구조에 대해서 살펴본다.

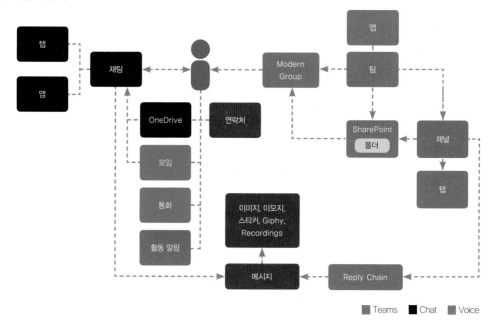

## ┃ 팀 ┃

- Office 365 그룹이 지원하므로 해당 그룹의 구성원을 추가하거나 제거할 때 팀에도 반영된다.
- 여러 앱을 추가할 수도 있다. 예를 들어, 사용자는 App Store를 통해 추가할 수도 있고 ⊞(탭 추가)를 통해서도 필요한 앱을 추가할 수도 있다.
- SharePoint Online 사이트가 생성된다. 이 SharePoin Online 사이트의 구성원 자격도 동일한 Office 365 그룹에서 관리하여 구성원이 모든 문서에 액세스할 수 있도록 한다.

> **TIP**
> 팀은 조직에서 여러 협업을 함께 완료하기 위해 모인 사람들의 그룹이다. 때때로 팀은 조직 전체일 수 있다. 팀은 팀원들과의 대화인 채널로 구성된다. 각 채널은 특정 주제, 부서 또는 프로젝트에 지정되어 있다.

> **TIP**
> 관리자는 팀 생성 시 Office 365 그룹으로 부서, 팀별로 생성이 가능하다. 프로젝트 기반인 경우에는 처음부터 만들기를 통한 팀 생성을 진행하면 된다.
>
>

## 채널

- 함께 일할 사람들에게 적합한 방식으로 협업을 구성할 수 있다. 예를 들어, 프로젝트 또는 부서의 업무에 따라서 생성 및 구성할 수 있다.
- 작성하여 업로드한 문서는 SharePoint에 파일이 저장, 폴더에 업로드된다.
- 정보 및 도구(Microsoft 및 타사 모두)에 쉽게 액세스할 수 있는 많은 탭도 제공된다.
- 메시지 및 회신 체인이 이루어지는 곳이며, 이들 중 일부는 이미지와 같은 미디어를 포함한다.

채널 생성 시 옵션은 표준 및 비공개 두 가지 옵션을 제공한다. 표준은 팀의 모든 사용자가 액세스 가능한 그룹 기반이며, 비공개 옵션은 팀 내 특정 사용자 기반이다.

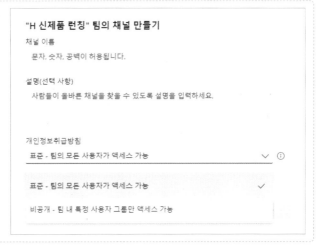

## 채팅 및 활동 피드

- 채팅을 사용하여 데이터를 업로드하면 비즈니스용 OneDrive를 사용하여 파일을 저장한다.
- 탭과 앱으로 연결하여 구성할 수 있다.
- 현재 버전으로는 그룹 채팅은 250명이 가능하다.
- 활동 피드는 사용자와 관련이 있고 채널 대화에서 나를 언급한 사람과 같이 중요 부분에 대해서는 [내 활동]에서 확인할 수 있다.
- 음성 메일 및 연락처 지원을 포함하여 회의 및 통화 공간으로 구성되어 있다.

더 자세한 내용은 다음 링크에서 확인할 수 있다.
https://docs.microsoft.com/ko-kr/microsoftteams/limits-specifications-teams

Teams 기본 생성에 대한 구성 및 구조를 팀, 채널, 채팅을 통해서 알아보고자 한다. 팀을 만들고 채널을 생성하고 채팅을 할 때 자동적으로 생성되는 기본 구성 메뉴에 대해서 알아보자.

## 1 Teams 기본 생성 – 팀

Teams에서 새로운 팀 생성 시 기본적으로 생성되는 항목과 함께 그룹이 생성된다. 새로운 팀 생성 시 아래 6개 항목이 기본적으로 자동 생성된다.

- (숨김) 공유 사서함
- (숨김) 공유 일정
- SharePoint 문서 라이브러리
- 공유 OneNote
- SharePoint 팀 사이트
- 채팅 기반의 작업 공간

다음과 같이 팀을 구성한 후 기본 채널인 [일반] 채널은 [게시물] 탭, [파일] 탭, [Wiki] 탭으로 구성된다.

TIP

기본 채널인 [일반] 채널은 이름 변경, 수정, 삭제가 되지 않는다. 기본 채널인 [일반] 채널은 그대로 두고 필요한 그룹, 사용자 기반으로 채널을 추가한다.

TIP

팀 및 채널의 정렬은 자동 정렬 방식이다.

## 2 Teams 기본 생성 – 채널

채널은 다음과 같이 [표준]과 [비공개] 채널 두 가지 옵션을 제공한다.

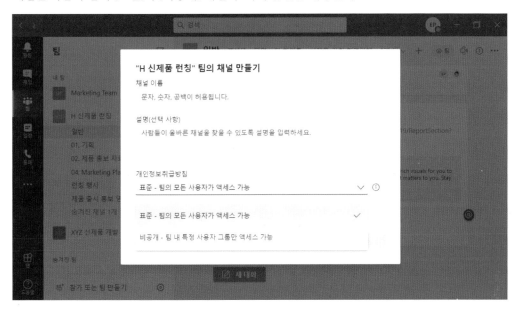

## | 표준 채널 |

표준 채널로 생성 시 기본적으로 [게시물], [파일], [Wiki] 탭으로 구성된다.

❶ [게시물] 탭에서는 채널의 히스토리를 전체적으로 확인할 수 있다.

❷ [파일] 탭에서는 SharePoint 팀 사이트가 제공되며, 자료는 SharePoint로 업로드되어 보관된다.

❸ [Wiki] 탭에서는 공동 저작에 대해서 사용할 수 있다.

## ▎ 비공개 채널 ▎

비공개 채널로 생성 시 기본적으로 [게시물], [파일] 탭으로 구성된다.

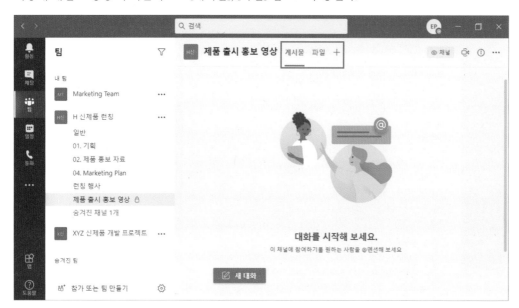

**TIP**

팀당 표준 채널 수는 200개까지, 비공개 채널의 수는 30개까지 생성이 가능하다.

## ▎ 앱 추가 ▎

- 필요한 앱은 ⊞(탭 추가)를 통하여 추가할 수 있다.
- 채널에서 ⊞(탭 추가)를 클릭해 사용 가능한 앱을 확인할 수 있다.

↑ 공개용 앱

↑ 비공개용 앱

**TIP**

표준 채널과 비공개 채널의 추가할 수 있는 앱의 수가 다르므로 그룹 기반의 경우에는 표준 채널, 그룹 안에서 사용자 기반인 경우에는 비공개 채널로 생성해야 한다.

예 Planner 앱의 경우 비공개 채널에서 제공하지 않는다.

Teams에서 새로운 채팅 생성 시 기본적으로 생성되는 항목은 [채팅], [파일], [조직], [활동] 탭으로, 자동 생성된다.

❶ [채팅] 탭에서는 대화의 히스토리가 기록되며, [파일] 탭에 업로드한 자료는 OneDrive 보관, 공유된다. [조직] 탭에는 회사 조직 정보에 연결되어 있는 정보가 나타나며, [활동] 탭에서는 채팅을 통한 히스토리가 나타난다.

❷ 채팅을 하면서 추가적으로 사용할 수 있는 메뉴는 [화상 통화], [음성 통화], [화면 공유], [사람 추가], [채팅 열기]로 구성, 생성된다.

❸ 채팅 하단의 메뉴에서는 서식 기능뿐만 아니라 다양한 바로 가기 옵션 및 기타 옵션 메뉴와 함께 구성된다.

TIP

팀 및 채널에서는 메시지 옵션의 경우 [일반]과 [중요]로 구분되어 표시가 되는데, 채팅에서는 [긴급] 메뉴를 제공함으로써 긴급하게 공지가 필요할 때 사용하면 유용하다.

## ❙ 제한 사항 ❙

Microsoft Teams의 채팅에서 몇 가지 제한 사항이 있으므로 관리자는 다음 표의 제한 사항을 참고한다.

| 기능 | 최대 한도 |
|---|---|
| 비공개 채팅에 참가 중인 사용자 수 | 250 |
| 채팅에서 영상 또는 음성 통화 중인 사용자 수 | 20 |
| 첨부 파일 수 | 10 |

> **TIP**
>
> Teams 제한 사항과 사양에 대한 보다 더 자세한 내용은 다음 링크에서 확인한다.
> https://docs.microsoft.com/ko-kr/microsoftteams/limits-specifications-teams

## Section 03 Teams 데이터 저장소

### 1 대화 저장소

Teams에서 나의 대화 기록이 저장되는 곳은 어디일까? Teams를 사용하고 관리하는 관리자라면 한번쯤 생각해
봤을 질문이다. 다음과 같은 대화 내용이 저장되는 곳은 Azure 저장소와 Exchange이다.

채팅 서비스는 Azure 저장소(Blob, Table, Queues, Moving To Cosmos DB)에 저장된다. 정보 보호를 위해 채팅
및 채널 메시지는 Exchange에도 저장된다. 온라인 이미지와 스티커는 미디어 저장소에 저장(Giphys는 저장되
지 않음)된다.

Teams에서 채팅에 문서를 업로드하면 OneDrive에 저장되고, 팀 대화 및 팀 채널에 문서를 업로드하면 Share-Point 팀 라이브러리 채널명의 폴더에 저장된다.

## 1:1, 1:N 채팅에서의 파일 저장소

- 1:1, 1:N 채팅 시 문서를 업로드, 공유하고 나서 ⋯(기타 옵션)을 클릭한 후 [링크 가져오기]를 선택하면 링크 재공유가 가능하다.

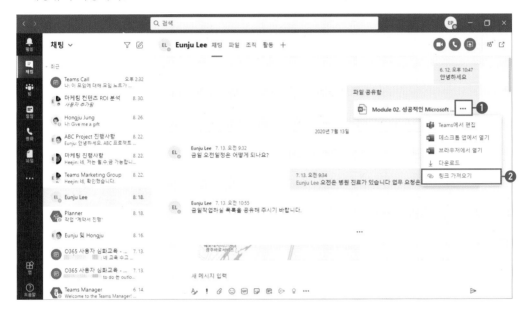

- [OneDrive] 탭을 선택하면 문서가 업로드되어 있는 OneDrive 링크도 확인이 가능하다.

## ┃ 팀 대화 및 팀 채널에서의 파일 저장소 ┃

• [SharePoint에서 열기]를 클릭하면 해당 팀의 SharePoin 화면이 나타난다.

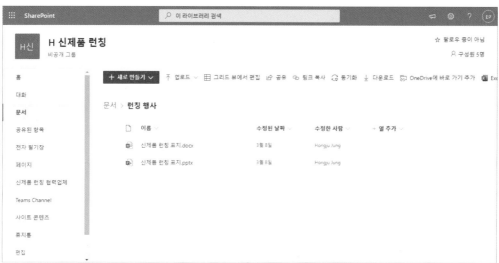

• 문서 버전에 대한 기록 관리 및 확인이 가능하며, 이전 버전 문서 보기 및 복원이 가능하다.

여러 명이 문서 작업을 하다가 이전 버전으로 문서를 복원이 필요할 때 바로 사용 가능하며, Microsoft 365 고객인 경우 새 라이브러리를 만들 때 기본적으로 버전 관리가 설정되며, 문서 하나당 500개까지 버전 기록을 할 수 있다. 마지막 500 버전이 자동으로 저장된다. 이렇게 하면 중요한 문서나 데이터가 손실되지 않도록 방지가 가능하며, 버전 관리를 사용하도록 설정하지 않은 팀 사이트에 기존 라이브러리가 있는 경우 언제든지 해당 라이브러리에 대해서 버전 관리를 설정할 수 있다.

## 3 데이터 저장소

주요 항목 데이터가 저장되는 위치는 다음을 참고한다.

2021년부터는 모든 팀 모임 기록이 Microsoft Stream에 저장되지 않고, OneDrive 및 SharePoint에 저장될 예정이다. 이미 2020년 10월부터 OneDrive 및 SharePoint로 마이그레이션이 시작되었다.

Microsoft Teams에서의 파일은 SharePoint Online, 비즈니스용 OneDrive에 저장 및 공유된다. 팀, 채널, 채팅을 통한 파일 구조를 살펴본다.

## 1 파일 구조

### ▌ SharePoint ▐

- Office 365 그룹 생성 시 모던 팀 사이트가 생성된다.
- 문서 라이브러리는 각 채널에 대한 폴더를 포함한다.
- 기본적으로 모든 채널/폴더는 기본 Office 365 그룹의 권한을 상속하며, SharePoint에서 변경이 가능하다.

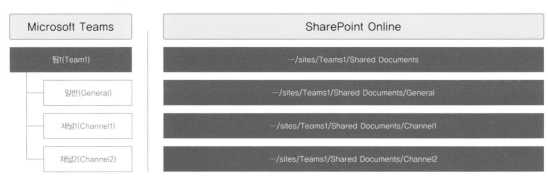

TIP

SharePoint Online 사이트당 크기를 제한하도록 할당량 구성이 가능하며, 용량 부족 시 추가 저장소 구매가 가능하다.

### ▌ 비즈니스용 OneDrive ▐

- [Microsoft Teams Chat Files] 폴더에 파일이 저장된다.
- 파일을 공유하는 공유자의 OneDrive에 파일이 업로드된다.
- 각 파일은 채팅에 참여한 참여자의 기준으로 고유의 권한이 부여된다.

Files in Teams

- 모든 채널에 [파일] 탭이 포함된다.
- 채널의 파일은 팀의 Office 365 그룹과 연결된 SharePoint Online 사이트에 저장된다.
- 채팅에서 공유된 파일은 공유자의 비즈니스용 OneDrive에 저장된다.
- 최종 사용자는 SharePoint Online 또는 비즈니스용 OneDrive를 보거나 알 필요 없다.
- [SharePoint에서 열기]를 클릭하면 SharePoint 팀 사이트가 표시된다.

### 3 Teams에서의 SharePoint Online과 비즈니스용 OneDrive 활용

- SharePoint Online과 비즈니스용 OneDrive는 Teams에서 사용자가 공유하는 파일 저장을 위해 사용된다.
- 모든 팀은 Office 365 그룹의 일부분으로 모던 SharePoint 팀 사이트가 생성된다.
- 팀의 OneNote는 SharePoint Online에 저장된다.
- SharePoint 페이지, 목록, 뉴스, 문서를 탭으로 추가 가능하다.
- 뉴스 커넥터는 팀의 채널에 뉴스 기사를 게시할 수 있다.

### 4 Teams에서의 SharePoint Online과 비즈니스용 OneDrive에 파일을 저장하는 이점

- 동시 편집 및 Office 온라인의 버전과 함께 사용이 가능하다.
- 데이터 거버넌스 및 컴플라이언스 기능 사용이 가능하다.
    - 자동 분류, 라벨링
    - 데이터 손실 방지(DLP)
    - 문서 보존 정책, 삭제 검토, 보존
    - eDiscovery
    - Azure Information Protection
- iOS 및 Android용 Microsoft Teams, SharePoint 및 Office 앱으로 모바일 경험이 가능하다.
- 파일 권한 기반으로 Delve와 SharePoint 검색을 통해 검색이 가능하다.
- Windows 또는 Mac용 OneDrive 동기화, 클라이언트 동기화 된다.

## 5 추가적인 클라우드 저장소 공급자

• 추가적인 클라우드 저장소 공급자를 채널에 추가할 수 있다. 클라우드 저장소 공급자에 로그인한 후 공유할 폴더를 선택하면 된다.

  – Dropbox

  – Box

  – Egnyte

  – ShareFile

  – Google Drive

• 파일의 폴더 형식으로 표시된다.

• SharePoint나 비즈니스용 OneDrive로 대체할 수 없다.

• 회사 내부 규정으로 인해 추가적인 클라우드 저장소 공급자 메뉴가 비활성 될 수도 있다.

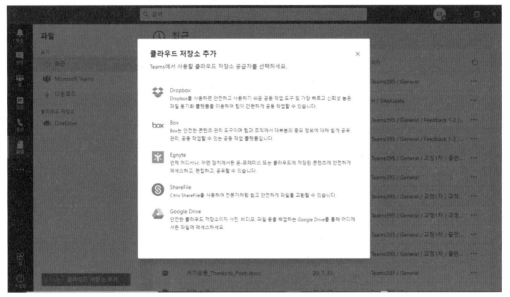

**TIP**

Teams 제한 사항과 사양에 대한 보다 더 자세한 내용은 다음 링크에서 확인할 수 있다.

https://docs.microsoft.com/ko-kr/microsoftteams/limits-specifications-teams

---

이상으로 Teams 아키텍처에 대한 부분과 함께 Teams 기본 생성에 대한 팀, 채널, 채팅에 대한 구성 및 구조에 대해서 알아보았다. 또한, Teams 파일 구조에 대해서 알아보고 Files in Teams에 대한 부분, Teams에서의 SharePoint Online과 비즈니스용 OneDrive 활용 및 이점, 추가적인 클라우드 저장소 공급자 추가 방법에 대해서 알아보았다.

# MODULE

# 13

# Microsoft Teams 관리

Microsoft Teams를 효과적으로 사용하기 위해서는 관리적인 작업을 수행해야 할 경우가 있다. 예를 들어, 조직 전체 설정으로 외부 액세스와 게스트 액세스를 허용할 수 있다. 또한, 정책을 생성하거나 정책의 옵션을 수정하여 조직 내 모든 팀에 적용할 수 있다. 관리자는 기본적으로 Microsoft Teams 관리 센터를 통해 조직에서 사용되는 팀을 효과적으로 관리할 수 있다. 여기서는 Microsoft Teams 관리 센터를 확인하고, 관리자가 수행해야 할 전체적인 관리적 작업을 확인한다. 그 중에서 Teams 앱 설정, 정책과 모임 관련 관리적 작업을 살펴본다. 그리고 관리자를 위한 Teams 앱을 확인한다. [Module 14]에서는 Microsoft Teams 보안을 다루며, [Module 15]에서는 팀 관리에 대한 내용을 세부적으로 다룬다.

## Section 01  Microsoft Teams 관리 센터

Microsoft Teams 관리 센터를 통해 팀에 대한 관리, 장치, 위치, 사용자, 모임, 메시징 정책, Teams 앱 관리, 정책 패키지, 분석 및 보고, 조직 전체에 대한 설정 등을 확인한다. 사용하는 전체 관리 기능을 보려면 다음 중 하나를 할당했는지 확인이 필요하다.

– 전역 관리자
– Teams 서비스 관리자

Microsoft Teams 관리 센터는 다음 링크를 통해 액세스할 수 있다.

https://admin.teams.microsoft.com

↑ Microsoft Teams 관리 센터 대시보드 화면

Microsoft Teams 관리 센터에서 왼쪽 탐색 메뉴의 [조직 전체 설정]-[Teams 설정]을 통해 이메일 통합, 클라우드 스토리지 옵션 등의 설정이 가능하다. Teams 설정 변경 사항은 조직 내 Teams의 모든 팀에 적용된다.

## ▌ 설정 사항 ▌

- Teams에서 타사 클라우드 저장소 공급자 사용 여부 설정이 필요하다.
- Email 통합 적용 여부 설정이 필요하다.
- 검색 범위 지정 여부 설정이 필요하다.

### 1 추가적인 클라우드 저장소 공급자

[파일] 탭에 대한 파일 공유 및 클라우드 파일 저장 옵션을 켜거나 끌 수 있다. Microsoft Teams 관리 센터의 [조직 전체 설정]-[Teams 설정]-[파일]에서 옵션을 변경하면 된다. 기본 설정 값은 모두 추가적인 클라우드 저장소를 사용하는 설정으로 되어 있다.

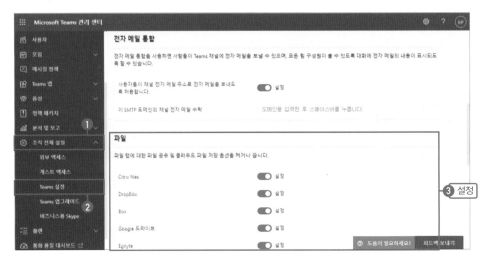

– 사용자의 Teams 화면에서 [팀]의 [파일] 탭-[클라우드 저장소 추가]를 클릭하면 [클라우드 저장소 추가] 대화 상자가 나타난다.

– 사용자의 Teams 화면에서 [파일]의 [클라우드 저장소 추가]를 클릭해도 [클라우드 저장소 추가] 대화 상자가 나타난다.

**TIP**

[클라우드 저장소 추가] 대화 상자의 모습이 다른 이유

[팀]의 채널에서 [파일] 탭의 문서가 SharePoint에 저장되기 때문에 [팀]-[파일] 탭-[클라우드 저장소 추가]를 클릭하면 기본 제공하는 클라우드 저장소(Dropbox, box, Egnyte, ShareFile, Google Drive)외 SharePoint 저장소가 함께 표시된다.

회사 내부 규정에 따라서 [클라우드 저장소 추가]에 대한 옵션 제공의 변경이 필요한 경우 Microsoft Teams 관리 센터의 [조직 전체 설정]-[Teams 설정]-[파일]에서 [Citrix files], [Box]의 [설정]을 [해제]로 변경할 수 있다.

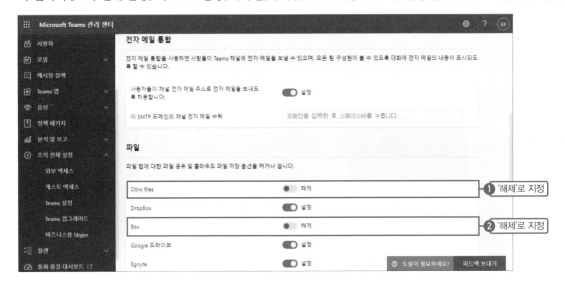

- 설정을 변경한 후 사용자의 Teams 화면에서 [팀]-[파일] 탭-[클라우드 저장소 추가]를 클릭하면 [클라우드 저장소 추가] 대화 상자가 변경되어 나타난다.

- [파일]의 [클라우드 저장소 추가]를 클릭하면 나타나는 [클라우드 저장소 추가] 대화 상자도 변경되어 표시된다.

## 2 Teams 조직 표시

회사 조직 정보를 Teams 채팅 내에서 표시하려면 Microsoft Teams 관리 센터의 [조직 전체 설정] – [Teams 설정] – [조직]에서 [채팅에 조직 탭을 표시합니다.]를 [설정]으로 지정하면 된다.

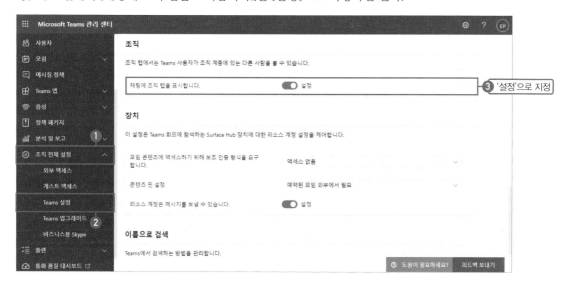

설정을 변경한 후 사용자의 Teams에서 [채팅]의 [조직] 탭을 클릭하면 조직 정보가 나타난다.

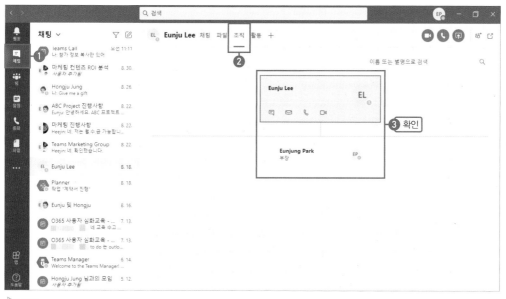

> **TIP**
>
> 만약 조직 정보가 나타나지 않는 경우라면 Exchange 조직 설정 정보를 불러오는 것이므로, Exchange 관리 센터에서 해당 사용자(사서함)의 조직에 관리자를 먼저 설정해 줘야 한다.
> https://docs.microsoft.com/ko–kr/exchange/recipients–in–exchange–online/manage–mail–users

효율적인 팀 관리를 위해 역할에 따라 서로 다른 수준의 액세스 권한이 있는 관리자 설정이 가능하다.

| 역할 | 설명 |
| --- | --- |
| Teams Service Administrator | Teams 서비스 관리 및 Office 365 그룹 관리 및 생성 |
| Teams Communications Administrator | Teams 서비스의 통화 및 회의 기능 관리 |
| Teams Communications Support Specialist | 기본 도구를 사용하여 팀 내 통신 문제 해결 |
| Teams Communications Support Engineer | 고급 도구를 사용하여 팀 내의 통신 문제 해결 |

## 1 Teams 서비스 관리자

Teams 서비스 관리, 구독 및 Microsoft 365 그룹을 관리한다.

- 모임 정책, 구성 및 회의 브리지 등의 모임을 관리한다.
- 통화 정책, 전화번호 인벤토리 및 과제, 전화 큐 및 자동 전화 교환 등의 음성을 관리한다.
- 메시지 정책 등의 메시지를 관리한다.
- 페더레이션, Teams 업그레이드, Teams 클라이언트 설정을 포함하여 조직 전체 설정을 모두 관리한다.
- 멤버 자격을 포함하여 조직의 팀과 관련 설정을 관리한다.
- 고급 문제 해결 도구 집합을 사용하여 사용자 프로필 페이지를 확인하고 사용자 통화 품질 문제를 해결한다.

## 2 Teams 커뮤니케이션 관리자

Teams 서비스 내의 호출 및 모임 기능을 관리한다.

- 모임 정책, 구성 및 회의 브리지 등의 모임을 관리한다.
- 통화 정책, 전화번호 인벤토리 및 과제, 전화 큐 및 자동 전화 교환 등의 음성을 관리한다.
- 고급 문제 해결 도구 집합을 사용하여 사용자 프로필 페이지를 확인하고 사용자 통화 품질 문제를 해결한다.

## 3 Teams 커뮤니케이션 전문가

기본 도구를 사용하여 Teams 내의 커뮤니케이션 문제를 해결한다.

- 사용자 프로필 페이지에 액세스하여 통화 분석에서 통화 문제를 해결한다.
- 검색하는 특정 사용자에 대한 사용자 정보만 볼 수 있다.

## 4 Teams 커뮤니케이션 지원 엔지니어

고급 도구를 사용하여 Teams 내의 커뮤니케이션 문제를 해결한다.

- 사용자 프로필 페이지에 액세스하여 통화 분석에서 통화 문제를 해결한다.
- 전체 통화 레코드 정보를 확인한다.

## Section 04 Teams 앱 설정, 정책, 관리

관리자는 Microsoft Teams 관리 센터의 앱 관리 페이지에서 조직의 모든 팀 앱을 보고, 관리할 수 있다. 여기서는 앱의 조직 수준 상태 및 속성을 확인하고 사용자별 앱을 관리하고, 조직의 앱을 차단하거나 허용하고, 조직 전체 앱 설정을 관리하는 방법에 대해 살펴본다.

### 1 앱 관리

조직의 앱을 관리하는 경우 조직의 앱 스토어에서 사용자가 사용할 수 있는 앱을 제어한 후 앱 권한 및 앱 설정 정책을 사용하여 특정 사용자가 사용할 수 있는 앱을 구성할 수 있다.
Microsoft Teams 관리 센터의 [Teams 앱] – [앱 관리]에서 앱의 정보를 확인하고, 관리할 수 있다.

### ▌앱 관리 화면 구성 및 기능 ▌

❶ 각 앱에 대한 다음 정보를 포함하여 모든 앱을 볼 수 있다. 자세한 정보를 보려면 앱 이름을 클릭하면 된다.

- 이름 : 앱에 대한 이름이다.
- 인증 : 앱이 인증을 통과하게 되면 Microsoft 365 인증 또는 게시자 증명 중 하나가 표시된다. '- -'가 표시되면 앱에 대한 인증 정보가 없는 것이다.
- 게시자 : 앱을 만들고 게시한 회사이다.
- 게시 상태 : 사용자 지정 앱의 게시 상태를 표시한다. Microsoft의 자사 및 타사 앱에는 적용되지 않는다.
- 상태 : 조직 수준의 앱 상태를 표시한다.
  - ⓐ 허용됨 : 조직의 모두 사용자가 앱을 사용할 수 있음
  - ⓑ 차단됨 : 앱이 차단되어 조직의 모든 사용자가 사용할 수 없음
- 사용자 지정 앱 : Teams 앱 스토어에서 조직의 의해 게시된 앱이다.
- 범주 : 앱에 적용되는 범주이다.
- 버전 : 등록된 앱 버전이다.

❷ 새 앱 업로드 조직에 맞게 특별히 작성된 사용자 지정 응용 프로그램을 테스트하고 배포할 수 있다. 팀 앱 패키지는 팀 앱 Studio를 사용하여 만든 후 [업로드]를 통하여 앱 패키지 .zip 형식으로 업로드한다.

❸ 앱을 허용하거나 차단하려면 앱을 선택하고 [허용] 또는 [차단]을 클릭한다.

❹ [조직 전체의 앱 설정] 창에서 타사 앱 허용 설정, 기본적으로 저장소에 게시된 새로운 제3자 앱 허용 설정, 사용자 지정 앱과의 상호 작용 허용 설정을 할 수 있는지 여부를 설정할 수 있다. [조직 전체의 앱 설정]은 모든 사용자의 동작을 제어하고 사용자에게 할당된 다른 앱 사용 권한 정책을 재정의한다. 이를 사용하여 악의적이거나 문제가 있는 앱을 제어할 수 있다.

## 2 사용 권한 정책

앱 사용 권한 정책은 조직의 Teams 사용자가 사용할 수 있는 앱을 제어한다. 조직 수준에 맞는 기본 정책을 사용하고 지정하거나, 조직의 필요에 맞는 정책을 하나 이상 만들 수 있다.

01 Microsoft Teams 관리 센터의 왼쪽 탐색 메뉴에서 [Teams 앱] – [사용 권한 정책]의 [추가]를 클릭한다.

**02** 정책 이름을 지정하고 [Microsoft 앱], [타사 앱], [사용자 지정 앱]의 각각의 옵션을 변경할 수 있다.

**TIP**

앱 옵션별로 [모든 앱 허용], [특정 앱을 허용하고 다른 앱은 차단], [특정 앱을 차단하고 다른 앱은 허용], [모든 앱 차단] 옵션을 선택할 수 있다.

**03** [새 앱 권한 정책 APAC이(가)추가 되었습니다.]라는 메시지와 함께 새 앱 권한 정책이 추가된 것을 확인할 수 있다.

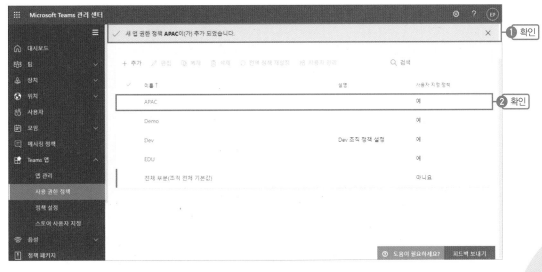

**04** 새 앱 권한 정책을 통해 만들어진 앱 사용 권한 정책에 적용할 대상을 지정할 필요가 있는 경우 만들어진 앱을 선택한 후 [사용자 관리]를 클릭하고, 사용자를 검색하여 [추가]를 클릭한 후 [적용]을 클릭한다.

**05** Teams에서 ⊞(탭 추가)를 클릭하면 다양한 앱을 추가할 수 있다. 앱 정책이 적용되기 전에 기본 옵션은 [Microsoft 앱], [타사 앱], [사용자 지정 앱]이 [모든 앱 허용]으로 설정되어 있다. 앱 사용 권한 정책(Teams book)이 업데이트되면 앱 활성화 화면이 변경된다.

⬆ 기본 설정 예

⬆ 사용 권한 정책 업데이트 후 예(타사 앱, 사용자 지정 앱 차단 정책 설정 적용)

## ③ 정책 설정

앱 정책 설정은 Teams 앱을 통해 앱이 사용자에게 제공되는 방법을 제어한다. 조직 정책을 사용하고 사용자 지정하거나, 사용자 지정 정책을 만들고 사용자 집합에 할당할 수 있다.

**01** 전체 부분(조직 전체 기본값)에 변경이 필요한 경우 Microsoft Teams 관리 센터의 [Teams 앱]–[정책 설정]에서 [편집]을 클릭한다.

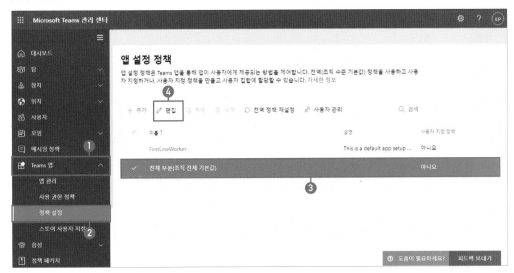

**02** 사용자 지정 업로드 및 사용자 고정 허용 여부를 변경할 수 있다. 설치할 앱을 추가할 수도 있다.

**03** [고정된 앱]에 대한 부분도 변경할 수 있다. [위로 이동], [아래로 이동]을 통해 앱에 대한 순서 설정이 가능하다.

Microsoft Teams 모임에는 [모임]과 [라이브 이벤트] 두 가지 방법이 있다. 모임 및 라이브 이벤트 해당 문서를 사용하여 조직의 모임 및 라이브 이벤트를 빠르게 배포하고 구성할 수 있다.

– [모임]에는 최대 300명의 사용자를 위한 음성, 영상 및 화면 공유 기능이 포함된다. Teams에서 공동 작업하는 주요 방법 중 하나로, 조직의 구성원뿐 아니라 Teams 계정이 없이도 Teams 모임에 참여할 수 있다.

– [라이브 이벤트]는 대규모 온라인 사용자(최대 10,000명)에게 스트리밍되는 이벤트를 예약하고 생성할 수 있게 해 주는 [모임]의 확장이다. 300명 이상의 사용자를 위한 모임을 필요로 하는 경우에는 라이브 이벤트를 활용해 보자.

| 기능 | 최대 한도 |
| --- | --- |
| 모임에 참가 중인 사용자 수 | 300 |
| 채팅에서 영상 또는 음성 통화 중인 사용자 수 | 20 |
| 최대 PowerPoint 파일 크기 | 2GB |
| Teams에서 Microsoft Stream에 업로드되지 않은 모임 녹화 보관 및 로컬로 다운로드 가능한 기간 | 20일 |

### 1  모임 정책

모임 정책은 Teams 모임에 참가할 때 사용자가 사용할 수 있는 기능을 제어하는 데 사용된다. 전역(조직 수준 기본값) 정책을 사용하고 사용자 지정하거나, 조직에서 모임을 호스트하는 사람에 대한 하나 이상의 사용자 지정 모임 정책을 생성한다. 정책을 만들고 변경한 후에 사용자를 정책에 할당할 수 있다.

## ▌ 모임 정책 변경 또는 만들기 ▐

01 Microsoft Teams 관리 센터의 왼쪽 탐색 메뉴에서 [모임]-[모임 정책]으로 이동한다. 목록에서 정책을 선택한 후 [편집]을 클릭하거나 [추가]를 선택한다. 여기서는 [추가]를 클릭한다.

02 새 정책의 이름과 설명을 추가한다(이름은 특수 문자가 포함될 수 없으며, 64자를 초과할 수 없다.).

03 [일반] 설정에서는 모임 정책에 적용되는 일반 설정 부분을 제어할 수 있다.

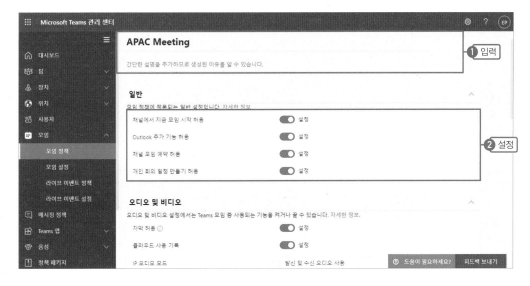

**04** [콘텐츠 공유] 설정에서는 조직의 Teams 모임 중 사용할 수 있는 여러 콘텐츠 유형을 제어할 수 있다.

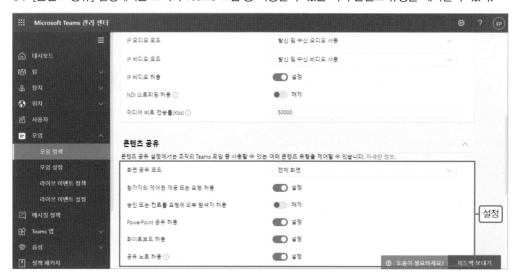

**05** [참가자 및 게스트] 설정에서는 [자동으로 사용자 입장], [라이브 캡션 사용] 등에 대한 여러 권한 정책을 제어할 수 있다.

**TIP**

사용자에게 한 번에 하나의 모임 정책만 할당할 수 있다.

## ┃ 사용자에게 모임 정책 할당하기 ┃

### ❶ 모임 정책을 한 사용자에게 할당하는 방법

01 Microsoft Teams 관리 센터의 왼쪽 탐색 메뉴에서 [사용자]를 클릭한다.

02 사용자의 이름 왼쪽을 클릭하여 사용자를 선택한 후 [설정 편집]을 클릭한다.

03 [설정 편집] 창의 [모임 정책]에서 할당하려는 정책을 선택한 후 [적용]을 클릭한다.

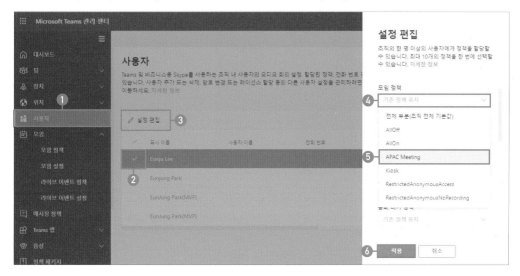

### ❷ 모임 정책을 한 번에 여러 사용자에게 할당하는 방법

01 Microsoft Teams 관리 센터의 왼쪽 탐색 메뉴에서 [사용자]를 클릭한다.

02 모임 정책 적용이 필요한 사용자의 이름 왼쪽을 클릭하여 사용자를 선택한 후 [설정 편집]을 클릭한다.

03 [설정 편집] 창에서 정책을 변경한 후 [적용]을 클릭한다.

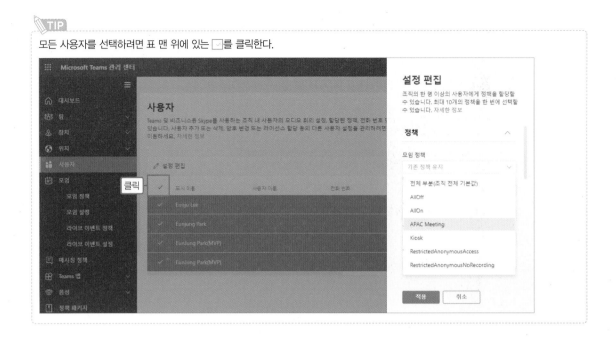

## ▌ 모임 정책에서 사용자 할당하기 ▌

**01** Microsoft Teams 관리 센터의 왼쪽 탐색 메뉴에서 [모임] – [모임 정책]을 클릭한다.

**02** 정책 이름의 왼쪽을 클릭하여 정책을 선택한 후, [사용자 관리]를 클릭한다.

**03** [사용자 관리] 창에서 표시 이름 또는 사용자 이름으로 사용자를 검색하여 선택한 후, [추가]를 클릭한다.

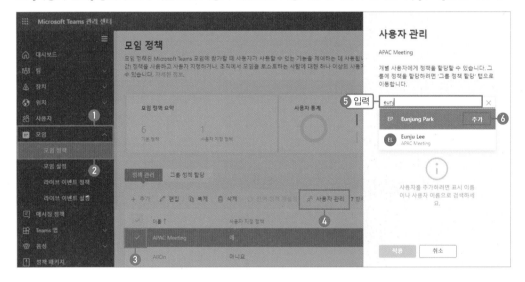

**04** 또 다른 사용자를 추가하려면 **03**과 같은 방법으로 검색하여 선택한 후 [추가]를 클릭한다.

**05** 사용자 추가를 마쳤으면 [적용]을 클릭한다.

> 🖋️ **TIP**
>
> 사용자가 할당된 정책은 삭제할 수 없다. 먼저 영향을 받는 모든 사용자에게 다른 정책을 할당한 후 원래 정책을 삭제할 수 있다.

### ② 모임 설정

모임 설정은 익명 사용자가 전화로 접속하여 Teams 모임에 참가할 수 있는지, 모임 초대에 어떤 항목이 포함되는지 제어하는 데 사용된다. 필요한 경우 QoS(서비스 품질)를 사용하도록 설정하고 실시간 트래픽에 대한 포트를 설정할 수 있으며, 이 설정은 사용자가 조직에서 예약하는 모든 Teams 모임에 사용된다.

## ▍ 참가자 ▍

익명 사용자가 조직의 사용자가 예약한 모임에 참여하지 못하게 하려면 [익명 사용자가 모임에 참가할 수 있음]
을 해제하면 된다.

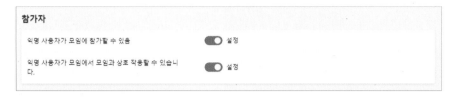

## ▍ 전자 메일 초대장 ▍

- 조직의 요구에 맞게 Teams 모임 초대장을 사용자 지정할 수 있다.
- 로고 이미지는 너비가 188픽셀, 높이가 30픽셀 이하로 생성해야 한다.
- 이미지는 JPG 또는 PNG 형식으로 저장한다.
- 초대장을 받은 모든 사용자가 액세스할 수 있는 위치에 이미지를 저장한다.

❶ 로고 URL : 로고가 저장된 URL을 입력한다.

❷ 법률 정보 URL : 법률적인 우려에 대해 사용자의 방문을 원하는 법률 정보 웹사이트를 조직이 보유한 경우
URL을 입력한다.

❸ 도움말 URL : 사용자에게 문제가 발생했을 때 사용자의 방문을 원하는 지원 웹 사이트를 조직이 보유한 경
우 URL을 입력한다.

❹ 바닥글 : 바닥글에 포함할 텍스트를 입력한다.

❺ 초대 미리 보기 : 클릭하면 확인할 수 있다.

> **TIP**
> 변경 사항을 적용하려면 1시간 정도 시간이 필요하다. 시간이 경과된 다음 Teams 모임을 예약하면 모임 초대장 모양을 확인할 수 있다.

> **TIP**
> Teams 모임에서 발표자 및 참석자의 기능 비교는 [Module 09 | 온라인 모임]의 [Section 02]에서 자세히 확인할 수 있다.

## ▎ 네트워크 ▎

QoS(서비스 품질)를 사용하여 네트워크 트래픽의 우선 순위를 지정하는 경우 QoS 마커를 활성화하고 각 미디어 트래픽 유형에 대한 포트 범위를 설정할 수 있다. 다양한 트래픽 유형에 대한 포트 범위를 설정하는 것은 실시간 미디어를 처리하는 한 단계이다.

Teams의 QoS(서비스 품질) 사양에 대한 보다 더 자세한 내용은 다음 링크에서 확인할 수 있다.
https://docs.microsoft.com/ko-KR/microsoftteams/qos-in-teams

## 3 라이브 이벤트 정책

Teams 라이브 이벤트 정책은 누가 라이브 이벤트에 참가할 수 있는지, 참석자에게 기록이 제공되는지, 라이브 이벤트를 예약하고 주최하는 사람이 라이브 이벤트 녹음/녹화할 수 있는지 등의 기능을 켜고 끄는 데 사용된다. 전역(기본적으로 조직 수준) 정책을 사용하고 사용자 지정을 하거나, 다른 설정을 사용하여 추가 정책을 만들고 조직에서 라이브 이벤트를 주최하는 사람에게 할당할 수 있다.

라이브 이벤트 정책은 Microsoft Teams 관리 센터 왼쪽 탐색 메뉴의 [모임]-[라이브 이벤트 정책]에서 지정할 수 있다. 정책을 추가하려면 [추가]를 클릭한다. 여기서는 [전체 부분(조직 전체 기본값)]을 선택한 후 [편집]을 클릭하여 살펴본다.

## ▎ 라이브 이벤트 일반 정책 화면 구성 ▎

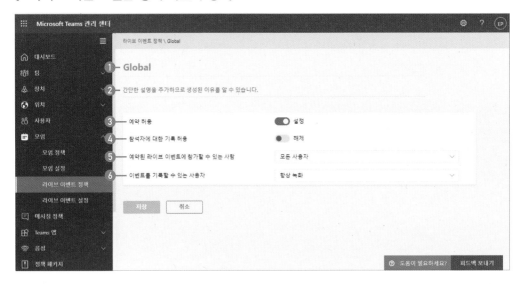

❶ **제목** : 라이브 이벤트 정책 페이지 정책의 제목으로, 64자를 초과하거나 특수 문자를 사용할 수 없다.

❷ **설명** : 정책에 대한 설명을 추가한다.

❸ **예약 허용** : 이 기능을 켜면 조직 사용자가 라이브 이벤트를 만들고 예약할 수 있다. 사용자가 외부 앱이나 장치를 사용하여 생성된 라이브 이벤트를 예약하도록 하려면 추가 단계를 수행해야 한다.

❹ **참석자에 대한 기록 허용** : 이 설정은 Teams에서 생성된 이벤트에만 적용할 수 있다. 이 기능을 켜면 이벤트 중에 실시간 이벤트 참석자가 실시간으로 캡션 및 자막을 볼 수 있다.

❺ **예약된 라이브 이벤트에 참석할 수 있는 사람** : 다음 중 하나를 선택한다.

- **모든 사용자** : 사용자는 조직 외부의 사람을 포함하여 모든 사람이 참석할 수 있는 실시간 이벤트를 만들 수 있다. 이 설정은 사용자가 실시간 이벤트를 예약할 때 Teams에서 공개 권한 유형을 활성화한다.

- **조직의 모든 사용자** : 조직에 추가된 게스트 사용자를 포함하여 조직의 사용자가 참석할 수 있는 실시간 이벤트를 만들 수 있다. 사용자는 익명 사용자가 참석하는 라이브 이벤트를 만들 수 없다. 이 설정은 사용자가 실시간 이벤트를 예약할 때 Teams에서 조직 내 권한 유형을 활성화한다.

- **특정 사용자 또는 그룹** : 사용자 또는 그룹은 조직의 특정 사용자 또는 그룹에만 참석할 수 있는 라이브 이벤트를 만들 수 있다. 사용자는 조직의 모든 사람이나 익명 사용자가 참석하는 실시간 이벤트를 만들 수 없다. 이 설정은 사용자가 실시간 이벤트를 예약할 때 Teams에서 사용자 및 그룹 권한 유형을 활성화한다.

**⑥ 이벤트를 기록할 수 있는 사용자** : 이 설정은 Teams에서 생성된 이벤트에만 적용할 수 있다. 다음 중 하나를 선택한다.

- **항상 녹화** : 사용자가 만든 라이브 이벤트는 항상 기록된다. 이벤트가 끝나면 이벤트 팀 구성원이 녹화를 다운로드하고 참석자가 이벤트를 볼 수 있다.
- **녹화 안 함** : 사용자가 만든 라이브 이벤트가 기록되지 않는다.
- **조직자가 기록 가능** : 사용자는 라이브 이벤트를 기록할지 여부를 결정할 수 있다. 녹화된 경우 이벤트가 끝난 후 이벤트 팀 구성원이 녹화를 다운로드하면 참석자가 이벤트를 볼 수 있다.

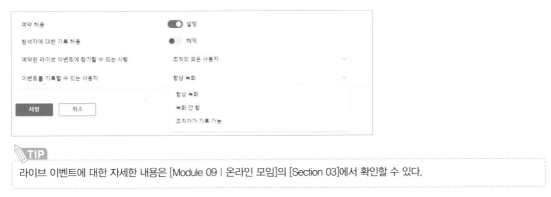

> **TIP**
> 라이브 이벤트에 대한 자세한 내용은 [Module 09 | 온라인 모임]의 [Section 03]에서 확인할 수 있다.

### 4 라이브 이벤트 설정

Teams 라이브 이벤트 설정을 사용하여 예약된 모든 라이브 이벤트에 대한 조직 전체 설정을 관리할 수 있다. 라이브 이벤트가 개최될 때 지원 URL을 포함하고 조직의 사용자가 구성하고 예약한 모든 라이브 이벤트에 타사 비디오 배포 공급자를 설정할 수 있다.

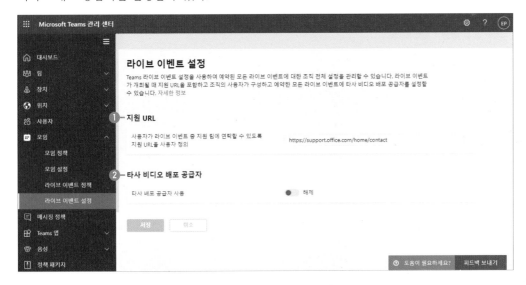

**❶ 지원 URL** : 조직의 지원 URL을 입력한다.

**❷ 타사 비디오 배포 공급자** : Microsoft 파트너를 통해 SDN(소프트웨어 정의 네트워크) 솔루션 또는 eCDN (enterprise Content Delivery Network) 솔루션을 구입한 경우 Teams에서 실시간 이벤트에 대한 공급자를 구성할 수 있다.

## 1 네트워크 요구 사항

모든 위치에서 인터넷에 액세스할 수 있도록 하되, Microsoft 365 또는 Office 365에 연결되도록 하기 위해서는 최소한 일반 웹 소통량 외에도 Teams에서 미디어의 모든 위치에 대해서 다음을 열었는지 확인이 필요하다.

| 139 | UDP 포트 3478 ~ 3481 |
|---|---|
| IP 주소 | 13.107.64.0/18, 52.112.0.0/14, 52.120.0.0/14 |

온- 프레미스 또는 온라인으로 비즈니스용 Skype에 페더레이션 해야 하는 경우 몇 가지 추가 DNS 레코드를 구성해야 한다.

| CNAME 레코드 / 호스트 이름 | TTL | 주소 또는 값 가리키기 |
|---|---|---|
| sip | 3600 | sipdir.online.lync.com |
| lyncdiscover | 3600 | webdir.online.lync.com |

## 2 대역폭 요구 사항

Teams는 네트워크 상태에 관계없이 최상의 오디오, 비디오, 콘텐츠 공유 환경을 제공하도록 디자인되었다. 대역폭을 충분히 사용할 수 없는 경우에는 Teams 비디오 품질보다 오디오 품질에 우선 순위를 두게 된다.

대역폭이 제한되지 않는 경우 팀은 최대 1080p 비디오 해상도, 최대 30fps, 콘텐츠의 경우 15fps, 고화질 오디오를 비롯한 미디어 품질을 최적화한다.

다음 표에서는 Teams 대역폭을 사용하는 방법을 설명한다. 각 오디오/비디오 통화 또는 모임에서 실제 대역폭 사용량은 비디오 레이아웃, 비디오 해상도, 비디오 프레임 등의 몇 가지 요인에 따라 달라진다. 더 많은 대역폭을 사용할 수 있게 되면 최상의 환경을 제공하기 위해 품질과 사용이 증가한다.

| 대역폭 | 시나리오 |
|---|---|
| 30kbps | 피어 투 피어 음성 통화 |
| 130kbps | 피어 투 피어 음성 통화 및 화면 공유 |
| 500kbps | 피어 투 피어 고품질 영상 통화 360p(30fps) |
| 1.2Mbps | 30fps의 HD 720p 해상도로 피어 투 피어 HD 음질 영상 통화 |
| 1.5Mbps | HD 1080p의 해상도가 30fps인 피어 투 피어 HD 화질 영상 통화 |
| 500kbps/1Mbps | 그룹 영상 통화 |
| 1Mbps/2Mbps | HD 그룹 영상 통화(1080p 화면의 540p 비디오) |

관리자를 위한 2가지 Teams 앱(App Studio, Advisor for Teams(preview))을 사용하면 효과적인 관리를 경험할 수 있다. Teams의 [앱]에서 각각 검색한 후 다운로드할 수 있다.

## 1　App Studio

새로운 Teams 앱을 생성하여 프로젝트로 저장하고, 카드를 생성하여 테스트할 수 있으며, UI 컨트롤 라이브러리도 제공한다. Teams 전용 개발자 도구이며, 앱을 빌드하는 데 도움이 된다.

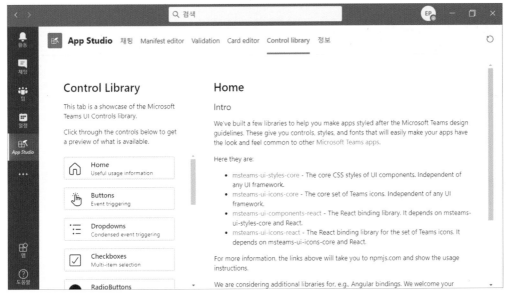

⬆ App Studio 라이브러리 만들기

## 2　Advisor for Teams

Advisor for Teams는 배포 팀이 메시징, 모임 및 통화 작업 부하를 포함한 모든 팀 작업 부하의 롤아웃을 간소화할 수 있도록 권장 계획 및 공동 작업 공간을 제공한다.

https://docs.microsoft.com/ko-kr/microsoftteams/platform/concepts/build-and-test/apps-package

Teams에 알려진 문제, 그리고 이 제품을 사용할 때 발생할 수 있는 오류를 식별하고 수정하는 방법에 대한 정보를 모아둔 사이트 정보이다.

> https://docs.microsoft.com/ko-kr/MicrosoftTeams/troubleshoot/teams

목차를 검색하거나 왼쪽의 검색 상자를 사용하여 문제를 찾으면 된다.

Microsoft Teams 관리 센터를 통한 관리적 작업을 확인하였으며, Teams 보안과 팀 관리에 대한 내용은 다음 모듈에서 확인할 수 있다. 팀 기능을 설정하는 Teams 설정을 확인하였고, Teams 앱과 모임 관련 관리적 작업을 살펴보았다. 관리자는 Microsoft Teams 관리 센터를 통해 Teams 관리를 효과적으로 수행하여 조직의 협업과 소통을 원활하게 할 수 있다.

# MODULE 14

# Microsoft Teams 보안

더 안전한 협업과 소통을 위해 Teams에서는 다양한 보안 기능을 제공하고 있다. IT 관리자는 내부 보안 규정 및 법적 요구 사항 등을 검토하여 적절한 보안 기능을 제공할 수 있다. Teams 보안은 IT 담당자만의 작업이 아니라 경영진, 임직원 포함 조직 전체에 해당하는 일이므로 경영진의 지대한 관심과 중요성 인식이 필요한 사항이다. 관리자가 보안 기능을 세부적으로 제어하려면 Microsoft Azure, Azure Active Directory, Microsoft 365 관리 센터, Microsoft Teams 관리 센터 등에 액세스할 수 있어야 한다. 그리고 조직의 구독 형태에 따라 보안 기능 구성 여부가 달라질 수 있다.

이번 모듈에서는 여러 보안 기능 중 핵심 보안 기능을 살펴보고, 이를 통해 더욱 안전한 공동 작업을 사용자에게 제공할 수 있도록 한다.

 TIP

> Microsoft 365 관리 센터는 [새 관리 센터] 환경을 설정하여 진행한다. 그리고 Microsoft 365 Business Premium 라이선스로 설명한다. 조직의 구독에 따라 기능이 제한될 수 있다.

---

## Section 01  Teams 보안 및 고려 사항

Teams에서 안전한 비즈니스를 지원하기 위해서 관리자는 조직의 내부 보안 규정 및 법적 요구 사항 등을 검토하여 보안 기능을 구성해야 한다. 개인 정보를 Teams(SharePoint, OneDrive 등)에서 사용한다면 개인 정보 취급자에 대한 보안 사항으로 주기적 비밀번호 변경, 로그 기록 및 보관, 안전한 인증 수단 등을 적용하여야 한다. 또는 회사 네트워크를 통해서만 접근하도록 네트워크를 구성해야 할 수도 있다. 그러므로 사전에 내부 보안 규정 및 법적 요구 사항을 검토하고, 위험을 평가하여 보호 대책을 적용하고 주기적으로 모니터링 및 평가를 해야 한다.

이번 섹션에서는 Teams의 보안 기능은 간략히 살펴보고, 핵심 기능은 다음 섹션에서 구체적으로 알아본다.

- **사용자 계정 관리** : Teams에 액세스하는 사용자 계정, 권한 등에 대한 절차와 주기적 검토를 통해 사용자 계정을 관리할 수 있다.
- **다단계 인증 또는 다중 요소 인증(Multi-Factor Authentication, MFA)** : Teams에 액세스하는 경우, ID와 Password의 인증에 추가 인증 수단을 구현하여 안전한 인증을 제공할 수 있다.
- **조건부 액세스** : 장치, 회사 네트워크 등을 기반으로 한 위험 기반의 고급 정책을 제공한다.
- **외부 액세스 및 게스트 액세스** : Teams의 팀 채널 및 채팅에 조직 외부의 사용자 액세스를 제어할 수 있다.
- **모바일 장치 관리 및 모바일 앱의 데이터 보호** : 모바일 장치, 앱 및 엔드포인트 보안을 관리하고, Teams의 콘텐츠에 액세스하는 모바일 앱의 보안 정책을 제어할 수 있다.

- **암호화** : Teams에서는 TLS(Transport Layer Security)를 통해 전송 중인 데이터를 암호화한다. 비디오, 오디오, 파일, 채팅 및 데스크톱 공유에 SRTP(Secure Real-time Transport Protocol)를 사용하여 안전한 암호화를 제공하고 있다.
- **분류** : 레이블 정책을 구성하여 중요한 콘텐츠 보호 및 게스트 액세스를 제어할 수 있다.
- **데이터 손실 방지** : 중요한 정보의 노출 사고를 방지하도록 제어할 수 있다.
- **Advance Threat Protection, 위협 관리** : OneDrive 또는 SharePoint에 저장된 파일 등에 숨겨진 악성 프로그램으로부터 사용자를 보호하며 위협을 관리할 수 있다.
- **Cloud App Security** : 의심스러운 활동이나 악의적인 활동을 식별하여 사이버 위협으로부터 보호할 수 있다.
- **eDiscovery, 법적 보존, 감사 로그** : 법적 문제와 관련 있는 정보를 보존 및 관리하고, 활동을 모니터링할 수 있다.

이외에 다양한 보안 기능이 있으며, Microsoft 365 관리 센터, Microsoft Teams 관리 센터에서 정책을 통해 Teams 관련 보안을 제어할 수도 있다.

일부 보안 기능을 구성하기 위해서는 현재 조직의 구독을 확인하여 업그레이드 또는 Office 365 Advance Threat Protection 플랜 등을 추가해야 한다. 예를 들어, 현재 Office 365 E3 구독을 300명 이하로 사용하고 있다면 Microsoft 365 Business 구독으로 업그레이드를 고려하거나 Office 365 Advance Threat Protection 플랜을 추가할 수 있다. 비용이 발생하게 된다.

> Office 365 Enterprise 구독과 Microsoft 365 Enterprise 구독의 기능은 차이가 있으며, 다음 링크에서 확인할 수 있다.
> https://www.microsoft.com/ko-kr/microsoft-365/compare-microsoft-365-e3-and-office-365-e3-enterprise

## Section 02  Teams의 주요 보안 기능

### 1  사용자 계정 관리

Teams 보안을 위해서는 사용자 계정에 대한 관리가 먼저 진행되어야 한다. Teams에 액세스하기 위해서는 Microsoft 365에 로그인해야 하며, 사용자 계정과 비밀번호가 필요하다. 해당 사용자 계정은 Microsoft 365 관리 센터에서 관리자에 의해 생성하게 된다. 관리자는 사용자 계정에 대한 생성, 변경, 삭제에 대한 절차를 수립하고 절차에 따라 관리해야 한다. 그리고 내부 보안 규정이나 지침을 확인하여 사용자 계정에 대한 비밀번호 만료(변경 주기) 정책을 수립하여 적용해야 한다. 관리자는 사용자 계정에 대해 역할을 부여할 수 있으며, 최소 권한의 역할을 할당하여 필요한 액세스만 가능하게 해야 한다. 또한 사용자 계정을 그룹에 추가할 수 있으며, 마찬가지로 최소한의 권한을 가진 그룹에 할당해야 한다.

## ▎ 암호 만료 정책 ▎

Microsoft 365 관리 센터(https://admin.microsoft.com)에 전역 관리자 또는 권한이 있는 사용자로 로그인하여 현재 비밀번호 정책을 확인하거나 변경할 수 있다.

**01** Microsoft 365 관리 센터의 왼쪽 탐색 메뉴에서 [설정] – [조직 설정]을 클릭하고 [보안 및 개인 정보] 탭의 [암호 만료 정책]을 선택한다.

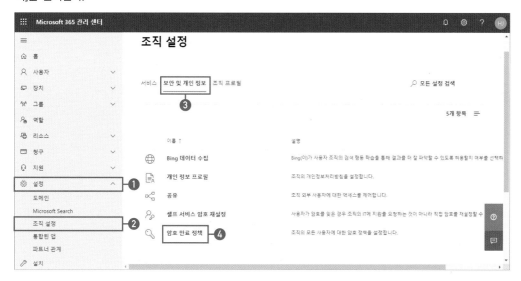

**02** [암호 만료 정책] 대화 상자에서는 사용자 암호 만료 기간을 설정할 수 있다. 내부 지침 등을 확인하여 사용자 암호 만료 기간(일)을 입력하여 설정하거나 설정하지 않을 수 있다. 설정하지 않는다면 MFA 인증을 설정하거나 모니터링 등을 통해 보안을 강화해야 한다.

## | 권한 부여 |

사용자 계정에 따라 서비스 역할이나 그룹에 포함하여 권한을 부여할 수 있다. Microsoft 365 관리 센터에서 사용자 계정을 생성할 때 또는 이미 생성된 사용자 계정을 역할에 할당할 수 있다.

01 Microsoft 365 관리 센터로 로그인하여 왼쪽 탐색 메뉴에서 [사용자]-[활성 사용자]를 클릭하여 역할을 할당하려는 사용자를 선택하고 [역할 관리]를 클릭하여 역할을 할당할 수 있다.

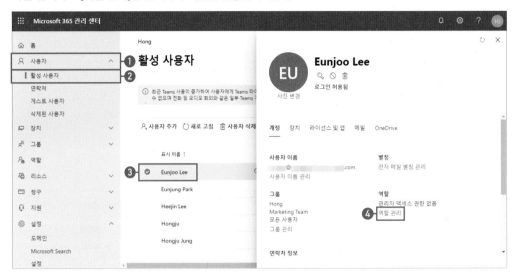

02 [역할 관리] 대화 상자에서는 [관리 센터 액세스]를 선택하여 특정 역할을 지정하거나, [범주별로 모두 표시]에서 특정 역할을 지정할 수 있다.

TIP

Microsoft 365 관리 센터의 왼쪽 탐색 메뉴에서 [역할]을 클릭하여 해당 역할에 사용자를 추가하거나 삭제할 수도 있다.

## ┃ 그룹 ┃

- 사용자는 Office 365 그룹 등 그룹을 통해서 Teams의 팀에 액세스하거나 여러 서비스의 콘텐츠를 액세스할 수 있으므로, 필요에 따라 그룹의 구성원으로 추가해 줄 수 있다.
- Microsoft 365 관리 센터의 왼쪽 탐색 메뉴에서 [그룹]-[활성 그룹]을 클릭하고 해당 그룹을 선택한 후, 해당 그룹의 구성원으로 추가하거나 구성원에서 삭제할 수 있다.

- Microsoft 365 관리 센터로 로그인하여 왼쪽 탐색 메뉴에서 [사용자]-[활성 사용자]를 클릭한 후 사용자를 선택하여 [그룹 관리]를 클릭하면 사용자가 추가된 그룹을 확인할 수 있으며, 그룹을 검색하여 그룹에 사용자를 구성원으로 추가할 수도 있다.

> **TIP**
>
> 그룹은 Azure Active Directory 관리 센터를 통해 생성하거나 구성원을 관리할 수도 있다.

- 사용자 계정을 생성하고 사용자 계정을 역할과 그룹에 할당하여 사용 중인 경우, 관리자는 부서 이동이나 업무 변경에 따라 사용자 계정을 역할과 그룹에서 제거해야 한다.

## ▌ 로그인 차단 ▌

- 의심스러운 활동이 발생하는 사용자 계정은 로그인하지 못하도록 차단할 수 있다.
- Microsoft 365 관리 센터의 왼쪽 탐색 메뉴에서 [사용자]-[활성 사용자]를 클릭하여 차단하려는 사용자를 선택한 후, ▦(기타 작업)을 클릭하여 [로그인 상태 편집]을 선택하면 로그인하지 못하도록 차단할 수 있다. 또는 사용자를 선택한 후, [로그인 차단]을 클릭해도 된다.

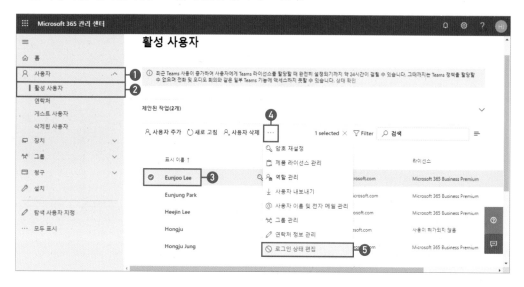

관리자는 장기 미사용자, 퇴사자, 권한 관리 등 주기적인 검토를 통해 권한을 변경하거나 사용자 로그인 차단 등 사용자 계정 관리가 가능하도록 해야 한다.


## 2  다단계 인증(MFA)

조직에 따라 Microsoft Teams는 언제 어디서나 액세스 가능한 클라우드 서비스로, 액세스한 사용자가 이상이 없는 사용자인지 확인하기 위해서는 해당 사용자 계정과 비밀번호 외에 추가 인증을 적용하는 것이 효과적이라 할 수 있다. Microsoft 365에서는 추가 인증을 바로 적용할 수 있으며, [다단계 인증 관리]에서 인증을 강화할 수 있다.

다단계 인증을 적용하게 되면 사용자 계정과 비밀번호가 유효한 사용자에 대해서 인증 앱이나 문자로 다시 한 번 인증을 하게 되어 더 안전한 인증을 적용할 수 있다. 회사 네트워크에서는 다단계 인증을 건너뛰도록 설정할 수 있다.

Microsoft 365에서는 사용자가 확인 코드를 입력하도록 휴대폰으로 전송된 문자 메시지, 전화 통화, Microsoft Authenticator 스마트폰 앱을 사용하여 사용자 계정의 다단계 인증을 지원하고 있다.

다단계 인증은 효과적이므로 조직의 소통을 위한 Microsoft Teams 사용자 계정에 반드시 적용해야 하는 보안 기능이라 할 수 있다. 재택 근무나 원격 근무 사용자 계정이 있는 조직에서는 다단계 인증(MFA) 적용을 필수적으로 검토해야 한다.

## ▌ 다단계 인증 설정 ▌

다단계 인증 설정은 모든 사용자에게 기본값으로 적용할 수 있으며, 관리자가 특정 사용자에게만 적용하거나 제외할 수도 있다.

**01** 다단계 인증 설정 상태를 확인하거나 설정, 해제하려면 Microsoft 365 관리 센터로 로그인하여 왼쪽 탐색 메뉴에서 [사용자]-[활성 사용자]를 선택하고 [다단계 인증]을 클릭하면 된다.

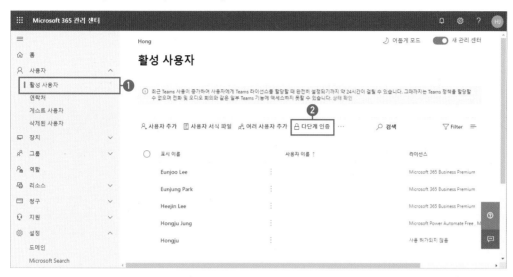

**02** [다단계 인증]의 [사용자]에서 사용자들의 [MULTI-FACTOR AUTH 상태] 열을 통해 추가 인증 상태 확인이 가능하다. [사용 안 함]으로 되어 있다면 추가 인증이 설정되어 있지 않은 것이며, [사용]으로 되어 있다면 설정되어 있는 것이다.

**03** 해당 사용자 계정에 다단계 인증을 적용하려면 사용자 계정을 클릭한 후 나타나는 오른쪽의 [quick steps]에서 [사용]을 클릭하면 된다.

**04** [다단계 인증을 사용하는 방법에 대한 정보]에서 [multi-factor auth사용]을 클릭한 후 설정이 끝나면 [닫기]를 클릭한다.

**05** [MULTI-FACTOR AUTH 상태]가 '사용'으로 변경되어 추가 인증이 적용된다.

**06** [다단계 인증]의 [서비스 설정]을 선택하여 앱 암호, 회사 네트워크 같은 신뢰할 수 있는 IP, 확인 옵션, 다시 인증할 때까지 일 수를 지정할 수 있다.

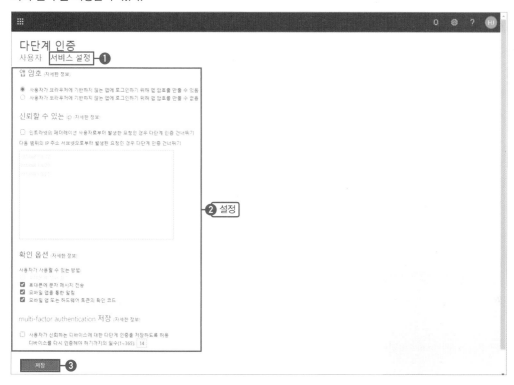

**07** Teams에 로그인하게 되면 처음에는 추가 보안 인증을 통해 문자 메시지로 해당 사용자 인증을 해야 한다. 그 다음부터는 설정에 따라 문자 메시지나 모바일 앱을 통해서 인증을 할 수 있다.

## 3 조건부 액세스

조건부 액세스는 Azure Active Directory Premium에서 가능한 기능이다. Microsoft 365 Business 라이선스가 있는 조직의 경우 조건부 액세스 기능을 구성할 수 있다. 조건부 액세스는 if-then으로 사용자가 리소스에 액세스하도록 사전 구성된 정책이다. 앱 및 데이터를 액세스하는 경우 사용자 및 위치, 장치, 애플리케이션, 실시간 위험 등에 대해 액세스를 허용하거나 차단하는 정책으로 Azure Active Directory의 보안에서 정책을 생성, 적용하게 된다.

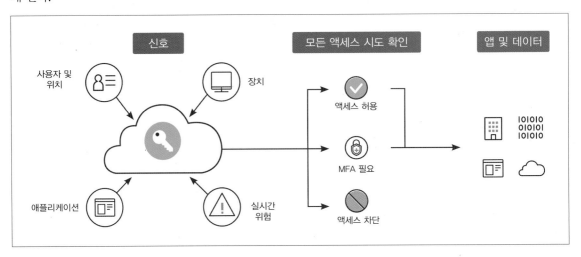

Azure Active Directory 관리 센터의 왼쪽 탐색 메뉴에서 [Azure Active Directory]-[보안]을 클릭한 후, [조건부 서식]의 [정책]을 클릭하여 [새 정책]을 생성할 수 있다. 정책을 적용할 사용자 및 그룹, 클라우드 앱 또는 작업을 선택한 후 조건을 지정하면 된다. [조건]을 클릭하게 되면 장치 플랫폼(Android, iOS, Windows, macOS), 위치(임의의 위치, 모든 신뢰된 위치, 선택한 위치), 클라이언트 앱(웹 앱, 모바일 앱, 데스크톱 앱)을 포함 또는 제외할 수 있다. [액세스 제어]에서 액세스를 허용 또는 차단할 수 있고, 액세스 허용의 경우 다단계 인증 기능인 경우만 허용, 승인된 클라이언트 앱 등인 경우만 허용하도록 구체적으로 지정할 수 있다.

> **TIP**
> Azure Active Directory가 아닌 경우 [조건부 서식] 메뉴에서 [새 정책] 메뉴는 사용할 수 없다.

## 4 외부 액세스 및 게스트 액세스

### 외부 액세스

Microsoft Teams 관리 센터에서 외부 액세스를 설정하면 Teams 및 비즈니스용 Skype 사용자가 조직 외부에 있는 사용자와 통신할 수 있다. 예를 들면 HONGJU이라는 조직의 Teams 사용자가 MCLOUDTUTOR 조직의 Teams 사용자와 소통할 수 있다.

Teams의 외부 액세스에 대한 설정은 권한이 있는 사용자로 Microsoft Teams 관리 센터로 이동한 후, [조직 전체 설정]에서 [외부 액세스]를 클릭하여 설정하거나 해제할 수 있다. 기본적으로 모든 외부 도메인과 통신할 수 있으므로, 관리자는 특정 도메인만 허용해주거나 설정을 해제해야 한다.

### 게스트 액세스

Teams에서는 게스트 액세스를 통해 조직 외부 사용자가 팀 및 채널에 액세스할 수 있는 시나리오가 있을 수 있다. 예를 들면, Teams 계정이 없는 디자인 협력 업체 직원의 경우, 협력 업체 직원의 outlook.com, gamil.com 등 계정으로 Teams에 게스트로 참여할 수 있다.

Teams의 게스트 액세스에 대한 설정은 Microsoft Teams 관리 센터로 이동한 후, 왼쪽 탐색 메뉴의 [조직 전체 설정]에서 [게스트 액세스]를 클릭하여 설정하면 된다. 설정하게 되면 게스트 사용자가 사용하거나 사용할 수 없는 기능을 제어할 수 있다.

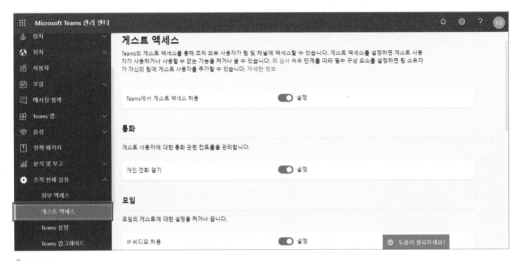

## 5  모바일 장치 관리 및 모바일 앱의 데이터 보호

Teams 모바일 앱을 통해 알림을 확인하거나 이동 중에 협업과 소통이 가능하므로 업무 생산성은 증대하게 된다. 하지만, 스마트 폰을 잃어버리거나 도난당한 경우 기업 정보보안에 치명적일 수 있다.

모바일 앱의 데이터 보호를 위해서 Microsoft Intune을 구독에 추가하면 Microsoft Endpoint Manager와 Azure Portal에서 장치, 앱 및 엔드포인트 보안을 관리하고 앱 보호 정책을 적용할 수 있다.

## ┃ 모바일 앱의 데이터 보호 정책 설정 ┃

- Microsoft 365 Business Premium을 사용하는 조직이라면 Microsoft 365 관리 센터에서 모바일 앱의 데이터 보호를 손쉽게 제어할 수 있다.
- Microsoft 365 관리 센터의 왼쪽 탐색 메뉴에서 [설치]를 클릭한 후, [로그인 및 보안]의 [모바일 앱의 데이터 보호]에서 [보기]를 클릭하면 현재 정책을 확인할 수 있다.

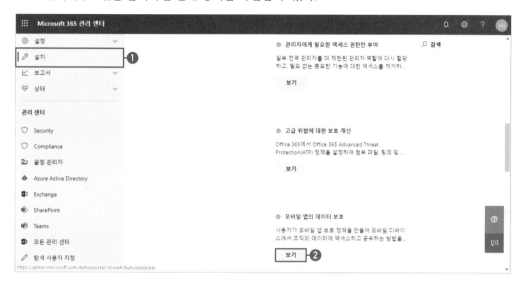

### ❶ 정책이 설정되어 있지 않은 경우

- 정책이 구성되지 않았으면 화면에서 [시작]을 확인할 수 있다.

- [시작]을 클릭하면 Android 및 iOS 설정에 대해서 항목을 선택하여 장치가 기간 동안 비활성화된 경우 파일 삭제, 조직의 파일 암호화, Office 앱 액세스에 PIN 필요 등의 정책을 생성할 수 있다.

❷ 정책이 설정되어 있는 경우

- 이미 정책을 설정하였다면 [시작]이 아닌 [관리]가 나타나며, [관리]를 클릭하여 정책을 확인하거나 수정, 삭제할 수 있다. 또한 정책을 적용할 대상 그룹을 지정할 수 있다.

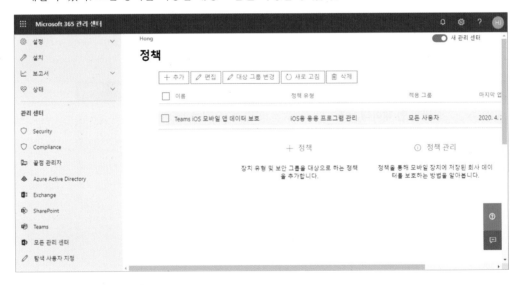

• [추가]를 클릭하면 [시작]에서와 유사하게 정책을 설정할 수 있다.

❸ 정책을 사용자 지정하고 싶은 경우

• 정책을 보다 더 세부적으로 사용자 지정하려면 Microsoft Endpoint Manager 관리 센터로 이동하여 정책을 생성할 수 있다.

• Microsoft Endpoint Manager 관리 센터의 왼쪽 탐색 메뉴에서 [앱]을 클릭하고, [앱 보호 정책]에서 iOS 정책을 생성하고 Microsoft Teams 앱에 대한 데이터 보호, 액세스 요구 사항, 조건부 시작, 포함 또는 제외 그룹을 지정할 수 있다.

📎 TIP

Microsoft Endpoint Manager 관리 센터는 Microsoft 365 관리 센터의 [끝점 관리자]를 클릭하여 이동한다.

## 6  데이터 손실 방지(DLP)

외부 게스트 사용자와 협업하는 경우 고객 또는 임직원의 중요 정보를 무심코 외부 사용자에게 공유하는 일이 발생할 수 있는 데, 이런 문제는 데이터 손실 방지 정책을 구성하여 방비할 수 있다. 예를 들어 외부 사용자와의 채팅이나 외부 사용자가 포함된 팀 채널에서 고객 신용 카드 번호를 메시지에 전송하게 되면 외부 사용자에게는 해당 메시지를 차단하며, 내부 사용자에게는 알림을 통해 중요 정보가 포함되었다는 것을 알려줄 수 있다.

### ▍데이터 손실 방지 정책 설정 ▍

Office 365 보안 및 준수에서 데이터 손실 방지 정책을 생성할 수 있다.

01  Office 365 보안 및 준수의 왼쪽 탐색 메뉴에서 [데이터 손실 방지]-[정책]을 선택하고 [정책 만들기]를 클릭한다.

02  [보호할 정보 선택]에서는 기존 서식 파일을 선택하거나 사용자 지정 정책 만들기를 선택할 수 있다. [다음]을 클릭한다.

**03** [정책 이름 지정]에서는 정책 이름을 지정하고, [다음]을 클릭한다.

**04** [위치 선택]에서는 모든 위치에서 콘텐츠를 보호할지 또는 Teams에서만 보호할지 여부를 선택하고 [다음]을 클릭하면 된다.

**05** [정책 설정]에서는 중요한 정보 유형의 콘텐츠를 지정하기 위해 [편집]을 클릭한다.

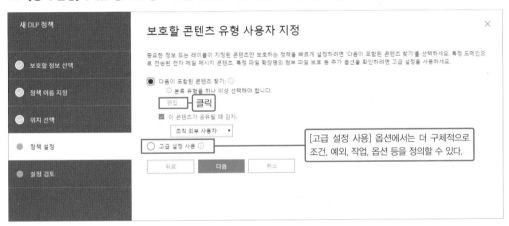

**06** [보호할 콘텐츠 유형 선택] 대화 상자에서는 [추가]를 클릭한 후, [중요한 정보 유형]을 선택한다.

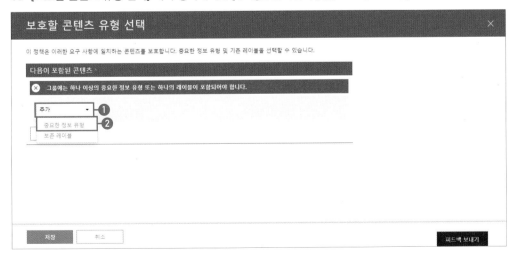

**07** [중요한 정보 유형] 대화 상자에서는 원하는 중요 정보 유형을 선택하여 추가하고 저장하면 된다. 여기서는 전화 번호를 추가하였다. 전화 번호 외에 신용 카드 번호를 테스트하려면 'Credit Card Number'를 선택하면 된다.

> **TIP**
>
> 기본 제공되는 중요 정보 유형의 세부적인 내용은 다음 링크에서 확인할 수 있다.
>
> https://docs.microsoft.com/ko-kr/microsoft-365/compliance/what-the-sensitive-information-types-look-for?view=o365-worldwide

**08** 설정을 검토하여 정책을 생성한다.

**09** 해당 정책을 클릭하면 전체 정책을 편집하거나 해당 단계를 편집할 수 있다. 여기서는 [정책 설정]의 [편집]을 클릭하여 세부적인 사항을 확인하고 변경해본다.

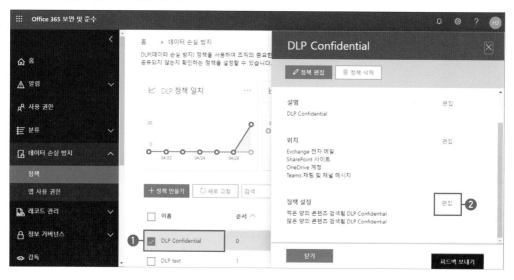

**10** [적은 양의 콘텐츠 검색됨] 규칙을 확장하고 [규칙 편집]을 선택하여 규칙을 수정할 수 있다.

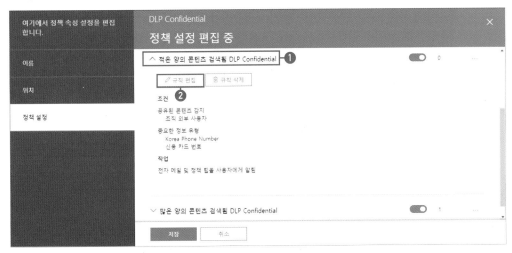

**11** [작업]으로 이동하여 [작업 추가]를 클릭하고 [액세스 제한 또는 콘텐츠 암호화]를 클릭한다.

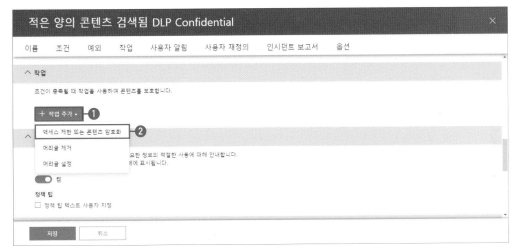

**12** [액세스 제한 또는 콘텐츠 암호화]에서 사용자의 공유를 차단하고 공유 콘텐츠에 대한 액세스를 제한하도록 설정할 수 있다.

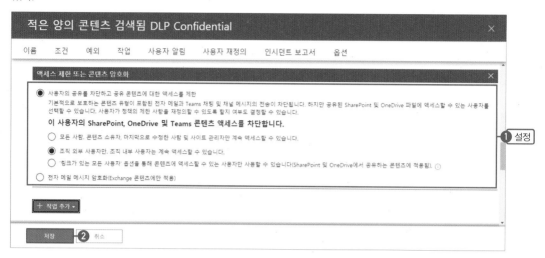

**13** 외부 사용자가 포함된 채팅 또는 팀 채널에서 중요 정보를 포함하여 협업을 하게 되면 내부 사용자에게는 정책의 세부 설정에 따라 다를 수 있지만 [이 메시지는 차단되었습니다.]라는 빨간색 알림을 확인할 수 있다.

⬆ 내부 사용자의 화면

**14** 외부 사용자는 [조직 정책으로 인해 이 메시지가 차단되었습니다.]라는 메시지를 확인할 수 있다. 외부 사용자에게 중요 정보 노출을 방지하고 있는 것을 확인할 수 있다.

⬆ 외부 사용자의 화면

기본 제공되는 중요 정보 유형을 사용할 수도 있지만, 사용자 지정 중요 정보 유형을 통해 구체적인 유형을 지정할 수도 있다. [분류]의 [중요한 정보 유형]에서 유형을 생성하면서 원하는 정규식을 지정할 수 있다. 그리고, 데이터 손실 방지 정책에서 사용자 지정 중요 정보 유형을 선택하면 된다.

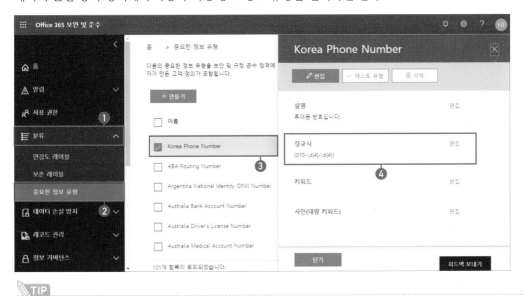

TIP

정규식에 대한 자세한 내용은 다음 링크에서 확인할 수 있다.

https://docs.microsoft.com/ko-kr/dotnet/standard/base-types/regular-expression-language-quick-reference

악성 프로그램이 숨겨진 악성 파일이 검색되면 파일이 차단되고, 조직의 보안 팀이 작업할 때까지 해당 파일을 열거나 복사, 이동 및 공유할 수 없게 하여 악성 프로그램으로부터 조직을 보호할 수 있다. Office 365 보안 및 준수에서는 ATP 안전한 첨부 파일 정책을 제공하여 안전한 첨부 파일 정책 및 안전한 링크 정책을 검토할 수 있다.

**▎ATP 안전한 첨부 파일 정책 적용 ▎**

01 ATP 안전한 첨부 파일 정책을 적용하려면 Office 365 보안 및 준수의 왼쪽 탐색 메뉴에서 [위협 관리]-[정책]을 선택하고 [ATP 안전한 첨부 파일]을 클릭한다.

02 [안전한 첨부 파일]에서 관련 내용을 읽고 [SharePoint, OneDrive 및 Microsoft Teams에 대해 ATP 켜기]를 체크한 후 [저장]을 클릭하면 악성 파일로부터 보호할 수 있다.

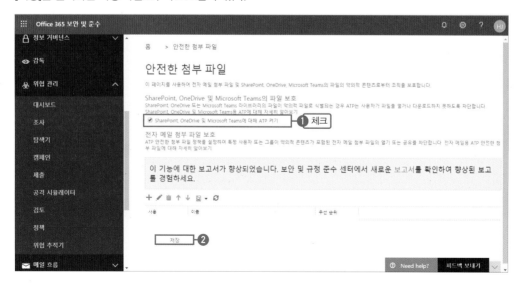

## | 안전한 첨부 파일 정책 생성 |

01 Office 365 보안 및 준수의 왼쪽 탐색 메뉴에서 [위협 관리]-[정책]의 [ATP 안전한 첨부 파일]을 클릭한 후 ➕(새로 만들기)를 클릭하여 안전한 첨부 파일 정책을 생성한다.

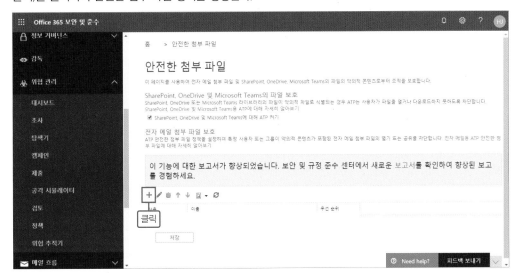

02 [새 안전 첨부 파일 정책]에서 모니터링, 차단, 바꾸기 등을 선택한 후 적용 대상을 설정하면 된다.

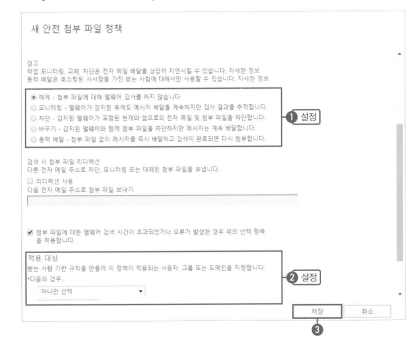

보존 정책

내부 정책이나 법적 요구 사항으로 일정 기간 Teams 관련 데이터를 보관해야 할 필요성이 있을 수 있다. 또는 불필요한 경우 일정 기간이 지나면 데이터를 삭제할 수도 있다. 데이터를 보존하게 되면 보존 기간이 만료될 때까지 데이터가 유지되며, 보관 기간이 만료되고 나서 데이터를 삭제할지 또는 유지할지 여부를 결정할 수 있다. 데이터 보존 기간 동안은 eDiscovery에서 콘텐츠를 검색할 수 있다. 데이터 삭제 정책을 적용하게 되면 특정 기간보다 오래된 콘텐츠를 영구적으로 삭제할 수 있다. 데이터 보존 정책을 적용해도 사용자는 계속 작업할 수 있으며, 사용자가 데이터를 삭제하거나 편집하는 경우 별도의 위치에 사본이 저장되게 된다.

보존 정책을 사용하여 Teams에서 채팅 및 채널 메시지를 보존할 수 있다. Teams 채팅은 채팅에 포함된 각 사용자의 사서함에 있는 숨겨진 폴더에 저장되고, Teams 채널 메시지는 Teams의 그룹 사서함에 있는 유사한 숨겨진 폴더에 저장된다. Teams 채팅 및 채널 메시지는 사용자 또는 그룹 사서함에 대해 구성된 보존 정책의 영향을 받지 않는다. Teams 채널 메시지 및 Teams 채팅 위치에 대해 구성된 보존 정책에 의해서만 Teams 데이터가 포함된다.

## ▎ 데이터 보존 정책 적용 ▎

**01** 데이터 보존 정책을 적용하려면 Office 365 보안 및 준수의 왼쪽 탐색 메뉴에서 [정보 거버넌스]-[보존]을 선택하고 [만들기]를 클릭한다.

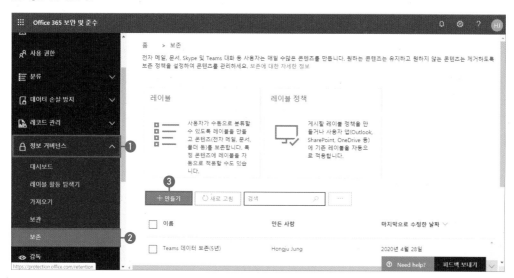

**02** [정책 이름 지정]에서는 정책 이름을 지정하고 [다음]을 클릭한다.

**03** [설정]에서는 데이터 보존과 데이터 삭제를 지정할 수 있다. 또는 [고급 보존 설정 사용]을 선택하여 구체적으로 지정할 수도 있다.

**04** [위치 선택]에서는 Teams 채널 메시지, Teams 채널 채팅만 선택하여 Teams 보존 정책을 생성할 수 있다. [다음]을 클릭한 후, 설정을 검토하여 완료한다.

---

**TIP**

Microsoft Teams 보존 정책에 대한 자세한 내용은 다음 링크에서 확인할 수 있다.
https://docs.microsoft.com/ko-kr/microsoftteams/retention-policies?view=o365-worldwide

---

### 9 감사 로그

Microsoft Teams의 사용자 및 관리자 활동 로그는 Office 365 보안 및 준수에서 검색할 수 있다. 법적 요구 사항에 따라서는 어느 기간 이상 보관하도록 되어 있으므로 법적 요구 사항을 관리자는 미리 검토해야 한다.

## ▌ 감사 설정 확인 ▐

감사 로그 검색을 시작하기 전에 감사 로깅을 설정해야 한다. 설정되어 있지 않으면 권한이 있는 사용자가 감사 설정을 해야 한다. Office 365 보안 및 준수의 왼쪽 탐색 메뉴에서 [검색]-[감사 로그 검색]을 클릭하면 감사 로그가 설정되어 있는지 확인할 수 있다. 감사를 설정해야 한다는 상단 메시지가 나타나면 꺼져 있는 상태라는 것을 알 수 있다. [감사 설정]을 클릭하여 조직 전체에 감사를 설정하면 된다.

## ▌ 감사 로그 검색 ▐

감사 로그를 설정하고 24시간이 지나면 감사 로그를 검색할 수 있다.

**01** [감사 로그 검색]에서 [작업]의 [모든 작업의 결과 표시]를 클릭한 후 검색 상자에 'Teams'를 입력하면 Microsoft Teams 작업을 확인할 수 있다.

02 [Microsoft Teams 작업] 중 [사용자가 Teams에 로그인함]을 클릭하면 해당 로그를 확인할 수 있으며, [결과]에 검색된 로그를 클릭하면 상세 정보를 확인할 수 있다.

## 10  사용 현황 보고서

Microsoft Teams 사용 현황에 대한 보고서는 Microsoft Teams 관리 센터에서 확인할 수 있다.

01  Microsoft Teams 관리 센터의 왼쪽 탐색 메뉴에서 [분석 및 보고]-[사용 현황 보고서]를 클릭한다.

02  [보고]에서 [Teams 사용자 활동] 또는 [Teams 현황]을 선택한다.

03  [날짜 범위]를 설정한 후, [보고서 실행]을 클릭하면 보고서를 확인할 수 있다.

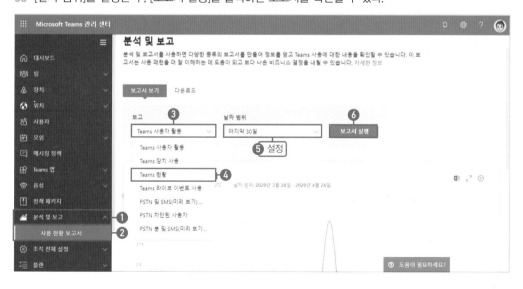

Teams의 주요 보안 기능을 살펴보았는데, 주로 관리자의 역할이라고 볼 수 있다. 하지만, 기업 정보보호는 관리자만 해야 할 작업은 아니며, 사용자도 기업 정보보호를 위해 적극 참여해야 한다.

관리자는 내부 규정을 확인하여, Teams 관련 정보보호 교육에 대한 계획을 수립하여 주기적으로 임직원을 대상으로 정보보호 교육을 실시해야 한다. 또한, 정보보호 교육에 대한 교육 사진, 설문 평가, 출석부 등을 관리해야 한다. 그리고, 주기적으로 침해 사고 대응 훈련의 일환으로 악성 메일 훈련 등으로 임직원의 보안 의식을 고취해야 하며, 경영진에서는 적극 장려하고 평가 등에 반영해야 한다. 임직원들은 안전하지 않은 메일은 읽지 말고, 주기적으로 백신 업데이트 및 검사를 실시하여 개인 정보 유출 등을 하지 않도록 해야 한다.

 **TIP**

개인 정보보호 종합 포털에서는 개인 정보보호 교육을 온라인으로 진행하고 수료증을 발급받을 수 있다.
https://www.privacy.go.kr/edu/inf/EduInfoList.do

Teams의 주요 보안 기능을 살펴보았다. 사용자 교육과 다단계 인증(MFA)은 필수로 적용해야 할 것이다. 내부 보안 규정, 지침과 법적 요구 사항을 기반으로 구체적인 보안 기능을 적용해야 하며, 감사 로그를 통한 주기적인 모니터링이 필요하고 주기적으로 사용자 계정에 대한 장기 미사용자/퇴사자, 권한 관리를 검토해야 한다. Teams 보안은 IT 관리자 또는 보안 담당자의 시간과 노력이 필요한 사항이므로 경영진의 관심도 필요한 사항이다.

# MODULE 15

# 팀 관리

관리자 측면에서 Microsoft Teams의 팀에 대한 전반적인 관리를 수행해야 할 필요성이 있다. 효과적인 팀 관리가 가능하도록 Microsoft Team 관리 센터에서 팀을 생성, 삭제 및 보관하고, 팀 정책과 채널 설정을 확인하여 적용하는 방법을 알아본다. 그리고 외부 게스트 사용자와 협업할 경우 팀 구성원으로 게스트 사용자를 추가할 수 있도록 초대하는 내용을 살펴본다. 마지막으로 팀 및 채널의 제한 사항을 확인한다.

## Section 01 팀 및 채널 관리

Microsoft Teams관리 센터에서는 조직의 전체 팀을 확인할 수 있으며, 필요시 팀을 생성, 추가, 삭제, 보관할 수 있다. 그리고 팀의 구성원 수, 소유자 수 등을 한꺼번에 확인할 수 있다. 또한 팀의 채널, 팀의 설정을 확인 또는 변경할 수 있다.

### 1 팀 관리하기

팀을 관리하기 위해서는 Microsoft Teams 관리 센터로 이동하여 왼쪽 탐색 메뉴에서 [팀] – [팀 관리]를 클릭한다. [팀 관리]에서는 조직의 전체 팀을 확인할 수 있다. 팀의 채널, 팀 구성원, 소유자, 게스트 수를 확인할 수 있고, 공개 수준, 상태, 설명, 분류, 그룹 ID도 한눈에 확인할 수 있다.

열을 추가하거나 제외하려면 ⚙(열 편집)을 클릭하여 원하는 열을 선택한다.

## ▌ 팀 생성하기 ▌

Microsoft Teams 관리 센터의 [팀 관리]에서 [추가]를 클릭하면 관리자가 Microsoft Teams 관리 센터에서 팀을 생성하고, 구성원을 추가하거나 대화 및 채널 설정을 변경하는 등의 작업을 진행할 수 있다.

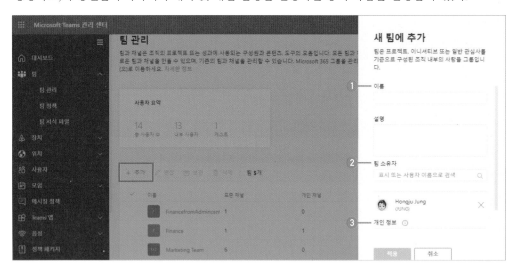

❶ 이름 : 팀 이름을 입력한다.

❷ 팀 소유자 : 생성하면서 다른 사람을 지정해도 되고, 생성하고 나서 편집해도 된다.

❸ 개인 정보 : 팀의 공개 수준을 지정한다.

## ▎ 팀 세부 정보 확인하기 ▎

- 생성된 팀의 세부 정보를 확인하려면 [팀 관리]에서 팀 이름을 클릭하여 세부 정보 페이지로 이동한다.
- 팀의 이름과 공개 수준, 메일 주소를 확인할 수 있으며 [구성원], [채널], [설정] 탭을 통해 추가 정보를 확인할 수 있다.

## ▎ 팀 편집하기 ▎

- 생성된 팀의 이름, 설정을 변경하려고 하는 경우 [팀 관리]에서 해당 팀을 선택하고 [편집]을 클릭하여 진행할 수 있다. 또는 [팀 관리]에서 해당 팀을 클릭하여 세부 정보로 이동한 후 오른쪽 상단의 [편집]을 클릭하여 설정을 변경할 수도 있다. 두 경우 모두 오른쪽에 창이 나타나며, 변경한 후 [적용]을 클릭하면 된다.
- [팀 편집]에서는 [이름], [설명], [개인 정보] 및 [분류]를 변경할 수 있다.

> **TIP**
> 관리자는 팀을 비공개 또는 공개로 변경할 수 있다.

• [팀 편집]의 화면을 조금 더 내리면 [대화]와 [채널]에 대한 설정을 확인하거나 변경할 수 있다.

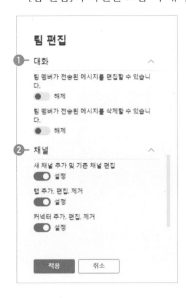

❶ 대화 : 보낸 메시지를 편집할 수 있는지, 삭제할 수 있는지 여부를 설정한다. 팀의 성격에 따라 보낸 메시지를 삭제하지 못하게 설정하는 경우도 있다.

❷ 채널 : 팀 구성원이 채널, 탭, 커넥터, 앱을 추가, 편집, 제거할 수 있는지 여부를 설정할 수 있다. 채널을 관리자가 생성해주고, 팀 구성원들은 채널을 생성하지 못하게 하여 불필요한 채널이 생성되지 않도록 설정해줄 수 있으므로 필요시 [팀 관리]에서 팀의 설정을 변경하여 진행할 수 있다.

TIP
[팀 편집]에서 대화와 채널의 설정을 변경할 수 있으며, 팀 세부 정보의 [설정] 탭에서 대화와 채널의 설정을 확인할 수 있다.

## ‖ 팀 보관하기 ‖

Teams에서 만든 팀이 더 이상 사용되지 않거나 프로젝트가 종료되어 팀을 읽기 전용으로만 사용하려는 경우 팀을 삭제하지 않고 보관할 수 있다. 팀을 보관하게 되면 읽기 전용 모드로 변경이 되며, 팀의 소유자는 구성원을 변경할 수 있다. 그리고 팀에 연결된 SharePoint Online 사이트를 읽기 전용으로 설정할 수 있다.

01 팀을 보관하려면 [팀 관리]에서 해당 팀을 선택하고 [보관]을 클릭한다.

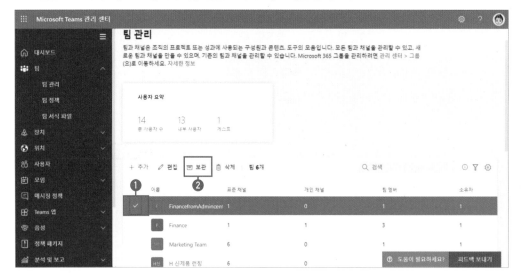

**02** [보관] 대화 상자에서 [팀 구성원에 대해 SharePoint 사이트를 읽기 전용으로 만들기]를 체크할지 여부를 결정하고 [보관]을 클릭한다. 그러면 팀의 [상태]는 '보관됨'으로 변경된다.

**TIP**

Teams 클라이언트에서 보관된 팀은 팀 목록에 표시되지 않는다.

**03** 관리자가 보관된 팀을 액세스하려면 팀의 세부 정보에서 ▣(Teams에서 이 카드 열기)를 클릭하여 팀으로 이동한다. 팀 관리자가 Teams 클라이언트에서 검색하여 보관된 팀을 액세스할 수도 있다.

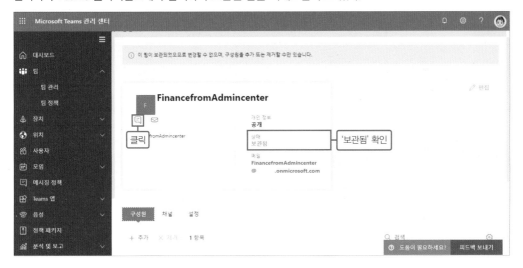

**04** Teams 클라이언트의 해당 보관팀에서는 팀 이름 옆에 ▣(보관됨)을 확인할 수 있으며, 상단과 대화 상자에서는 팀이 보관되었다는 메시지를 확인할 수 있다. 팀은 보관되었지만, 구성원을 추가하거나 소유자를 변경할 수 있다.

## ▐ 팀 보관 취소하기 ▐

보관 후 다시 편집 모드로 되돌리려면 Microsoft Teams 관리 센터의 [팀 관리]에서 해당 팀을 선택하고 [보관 취소]를 클릭한다.

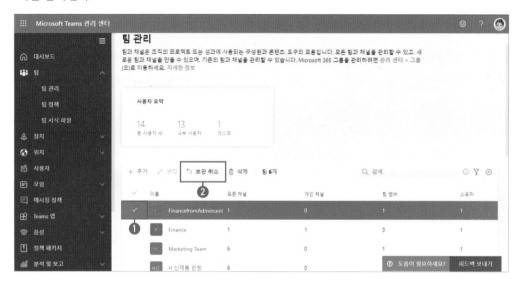

## ▐ 팀 삭제하기 ▐

팀을 삭제하게 되면 팀의 콘텐츠가 삭제된다는 것을 알고 진행해야 한다. 관리자는 Microsoft Teams 관리 센터에서 팀을 삭제할 수 있다.

01 생성된 팀이 불필요하여 삭제하려면 [팀 관리]에서 해당 팀을 선택한 후 [삭제]를 클릭한다.

**02** 정말로 삭제할지 여부를 결정하고 [삭제]를 클릭하면 팀이 삭제된다. 팀의 콘텐츠는 삭제되며, Teams 클라이언트에서도 팀은 나타나지 않게 된다.

## ▌ 삭제된 팀 복원하기 ▌

• 실수로 팀을 삭제하여 팀을 복원하려는 경우, 삭제한지 30일이 넘지 않았다면 팀과 연결된 Office 365 그룹을 복원하면 팀의 콘텐츠도 복원된다. 하지만, 30일이 넘어가게 되면 복원할 수 없으니 삭제 여부를 결정한 후 삭제해야 한다.

• Microsoft 365 관리 센터의 왼쪽 탐색 메뉴에서 [그룹]−[삭제된 그룹]을 클릭한 후, 복원할 그룹을 선택하고 [그룹 복원]을 클릭하면 Office 365 그룹을 복원할 수 있다.

> **TIP**
> 정말 불필요하다면 팀을 삭제할 수 있다. 하지만 팀을 삭제하면 콘텐츠도 삭제된다. 팀을 삭제하지 않고 팀을 보관하는 방법도 있다.

## ② 구성원 및 소유자 관리하기

Microsoft Teams 관리 센터에서 팀의 세부 정보를 확인하면서 생성된 팀의 구성원을 추가하고, 소유자로 지정할 수 있다.

## ▌ 구성원 추가하기 ▌

팀의 구성원을 추가하려면 [구성원] 탭에서 [추가]를 클릭하여 구성원을 검색한 후 추가한다. 외부 게스트 설정이 되어 있고 초대가 되었다면 게스트를 추가할 수도 있다.

## ▌ 구성원 삭제하기 ▌

필요 없는 구성원을 삭제하려면 해당 구성원을 선택하고 [제거]를 클릭하여 팀의 구성원에서 제거한다. 만약 삭제하려는 구성원이 소유자라면 [제거]가 활성화되지 않으므로, 구성원으로 역할을 변경한 후 삭제하면 된다.

## 소유자 지정하기

팀의 구성원을 소유자로 지정하려면 해당 구성원을 선택하고 [역할]에서 소유자로 지정한다.

TIP

소유자는 최소한으로는 1명이며, 여러 명을 지정할 수 있다.

## 3  채널 관리하기

필요하다면 Microsoft Teams 관리 센터에서 관리자가 팀의 채널을 생성할 수 있으며, 편집 및 삭제할 수도 있다.
팀 구성원들이 채널을 생성할 수 없도록 설정한 경우 관리자가 채널을 관리할 수 있다.

## 채널 확인하기

채널을 확인하려면 [팀 관리]에서 팀 이름을 클릭하여 세부 정보 페이지로 이동한 후, [채널] 탭을 클릭한다.

## ▌ 채널 추가하기 ▌

- 채널을 추가하려면 [추가]를 클릭하여 채널을 생성한다. 새 채널을 생성할 때는 이름, 설명을 입력하고 채널의 유형(일반, 비공개)을 선택해주면 된다.

- 채널의 [유형]을 [비공개]로 설정하게 되면 채널의 소유자를 입력해야 한다. [비공개] 유형의 채널에 대해서는 Microsoft Teams 관리 센터에서 구성원을 추가, 삭제할 수 있다. [일반] 유형의 채널에 대해서는 채널의 구성원을 확인만 할 수 있다.

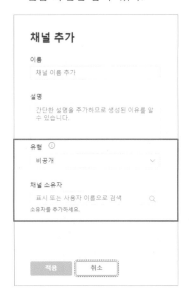

## ┃ 채널의 세부 정보 확인하기 ┃

- 생성된 채널의 세부 정보를 확인하려면 [채널] 탭에서 해당 채널을 클릭한다. 채널의 구성원을 확인할 수 있으며, ▣(Teams에서 이 카드 열기)를 클릭하여 해당 채널을 Teams 클라이언트에서 액세스할 수 있다.
- 일반 채널의 경우는 구성원을 추가할 수 없고 팀에 추가된 구성원을 그대로 상속하게 된다.

- 비공개 채널의 경우는 구성원을 추가, 삭제할 수 있다. 또한 해당 구성원을 비공개 채널의 소유자로 지정할 수 있다.

## ▎ 채널 삭제하기 ▎

필요 없는 채널의 경우 해당 채널을 선택하고 [삭제]를 클릭한다. 채널의 콘텐츠(대화, 파일, 탭)가 삭제되므로, 삭제 여부를 결정한 후 삭제해야 한다.

## 4 제한 사항

Teams의 팀 및 채널에서는 몇 가지 제한 사항이 있으므로, 관리자는 다음 표의 제한 사항을 참고한다.

| 기능 | 최대 한도 |
| --- | --- |
| 팀 구성원 수 | 10,000 |
| 테넌트에 허용되는 조직 전체 팀 수 | 5 |
| 조직 전체 팀의 구성원 수 | 5,000 |
| 전역 관리자가 만들 수 있는 팀의 수 | 500,000 |

Teams의 제한 사항 및 사양에 대한 보다 더 자세한 내용은 다음 링크에서 확인할 수 있다.

https://docs.microsoft.com/ko-kr/microsoftteams/limits-specifications-teams

Microsoft Teams 관리 센터에서 관리자는 팀과 채널에 대한 정책을 설정하여 기능을 제어할 수 있다. 예를 들면, 특정 사용자들에게 비공개 채널을 만들 수 있는지 여부 및 비공개 팀을 검색할 수 있는지 여부를 제어할 수 있다. 팀 정책에서 중요한 것은 사용자 지정 팀 정책을 생성할지 여부와 기본 정책의 비공개 설정을 변경할지 여부로, 조직에서 결정하여 적용하면 된다.

### 1  팀 정책 확인하기

팀 정책을 확인하려면 Microsoft Teams 관리 센터의 왼쪽 탐색 메뉴에서 [팀]-[팀 정책]을 클릭한다. Teams 정책 현황을 확인할 수 있으며, 사용자 지정 정책이 적용된 사용자 통계 등도 확인할 수 있다.

기본 정책인 조직 전체 기본값 정책은 기본적으로 생성되어 있으며, 클릭하여 세부 설정을 확인하면 비공개 채널 만들기가 허용되어 있다.

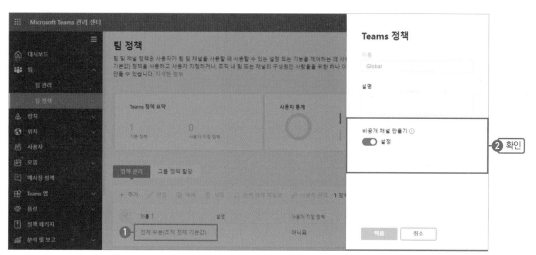

필요하다면 조직에서 정책을 결정하여 설정을 변경할 수 있다. 예를 들어, 조직 전체 기본값 정책의 비공개 팀 만들기 설정을 해제하여 비공개 팀을 만들지 못하도록 설정할 수 있다.

### ┃ 팀 정책 추가하기 ┃

필요하다면 Microsoft Teams 관리 센터의 [팀 정책]에서 [추가]를 클릭하여 사용자 지정 팀 정책을 생성할 수 있다. 여기에서는 비공개 설정을 해제하여 비공개 채널을 만들 수 없는 사용자 지정 팀 정책을 생성하고 있다.

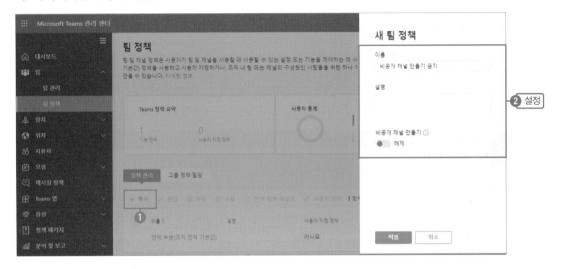

### ┃ 팀 정책 수정하기 ┃

사용자 지정 팀 정책을 편집하려면 팀 정책을 선택한 후 [편집]을 클릭하여 진행한다. 조직 전체 기본값 정책의 비공개 설정을 편집하여 변경된 기본 정책을 적용할 수도 있다.

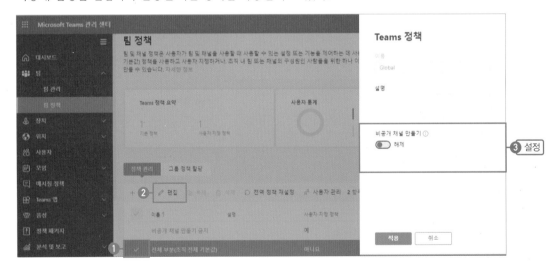

## ▌ 팀 정책 삭제하기 ▐

사용자 지정 팀 정책을 삭제하려면 [팀 정책]에서 해당 팀 정책을 선택한 후 [삭제]를 클릭한다.

> **TIP**
>
> 사용자 지정 정책은 할당된 사용자가 한 명 이상이 있을 경우 삭제가 되지 않는다. 사용자를 다른 정책에 할당해야 해당 사용자 지정 정책을 삭제할 수 있다.

### 3 팀 정책을 사용자에게 할당하기

사용자 지정 팀 정책을 생성하여 사용자에게 할당하려면 [팀 정책]에서 해당 정책을 선택한 후 [사용자 관리]를 클릭하여 사용자 이름을 검색하고 사용자를 추가한다.

또는 Microsoft Teams 관리 센터의 [사용자]를 클릭한 후, 해당 사용자를 선택하여 [설정 편집]에서 팀 정책을 지정할 수도 있다.

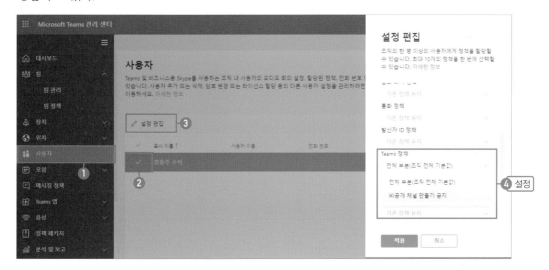

관리자가 팀을 관리하다 보면 다른 조직의 사용자인 게스트를 초대하여 구성원으로 추가해야 할 경우가 있을 수 있다. 관리자가 팀을 관리 센터에서 생성하면서 해당 팀의 구성원으로 게스트를 추가할 수도 있다. 게스트 액세스 설정은 [Module 14 ㅣ Microsoft Teams 보안]에서 다루었지만, 여기서는 팀 관리 측면에서 게스트 사용자를 추가하는 내용을 포함하여 살펴본다.

## 1 게스트 액세스 허용

외부 사용자인 게스트의 액세스 기능은 기본적으로 꺼져 있으며, 게스트 액세스를 허용해야만 관리자 또는 팀 소유자가 게스트를 추가할 수 있다. 게스트 액세스를 허용하려면 Microsoft Teams 관리 센터의 [조직 전체 설정]]-[게스트 액세스]를 통해 [설정]을 허용하면 된다. 설정에는 최대 24시간이 소요될 수 있다.

**TIP**

[Module 05 ㅣ 팀 기반의 협업]의 [Section 01 ㅣ 팀 시작하기]-[ 1 팀 생성]에서 게스트에게 허용된 권한을 자세히 알 수 있다.

## 2  게스트 추가

팀에 게스트를 추가하는 방법은 관리자와 팀 소유자가 Teams 클라이언트에서 팀에 게스트를 추가하는 것과 Azure AD(Azure Active Directory)를 통해 조직에 게스트를 추가하는 것이 있다.

### ▌ Teams 클라이언트에서 추가하기 ▌

**01**  팀에 게스트를 추가하기 위해서는 Teams 클라이언트에서 해당 팀의 [팀 관리]로 이동하여 [멤버 추가]를 클릭한다.

**02**  대화 상자가 나타나면 게스트의 메일 주소(gmail이나 naver 등)를 입력한다.

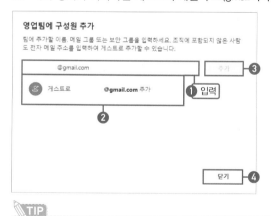

> **TIP**
>
> 게스트 사용자가 구성원 목록에 나타나려면 시간이 걸린다.

**03** 게스트가 포함된 팀의 경우 팀 관리로 이동하지 않고도 게스트가 포함된 것을 바로 확인할 수 있다.

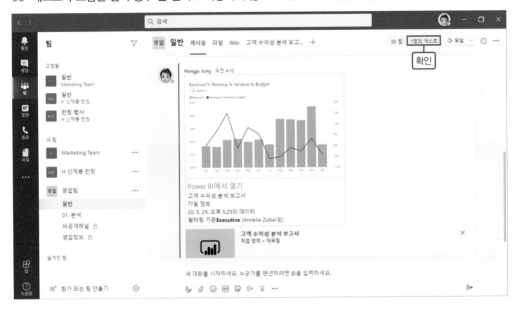

## ┃ Azure AD에서 추가하기 ┃

**01** Azure AD(Azure Active Directory)를 통해서 게스트를 추가하려면 Microsoft 365 관리 센터의 왼쪽 탐색 메뉴에서 [관리 센터] 아래의 [Azure Active Directory]를 클릭한다.

**02** Azure Active Directory 관리 센터의 [사용자]를 클릭한 후, [새 게스트 사용자]를 클릭한다.

**03** 게스트 사용자를 초대한다.

**04** 게스트가 수락하게 되면 Microsoft Teams 관리 센터에서 게스트를 추가하려는 팀에 게스트를 구성원으로 추가할 수 있다.

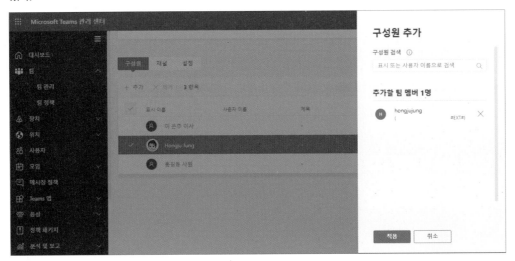

### 3 게스트의 기능 제한 사항

Teams에서 게스트로 추가된 사용자가 사용할 수 없는 기능이 몇 가지가 있다.

– 비즈니스용 OneDrive

– Teams 외부에서 사용자 검색

– 일정, 예약된 모임 또는 모임 세부 정보

– 조직도

– 팀 만들기 또는 수정

– 팀 찾아보기

– 개인 채팅에 파일 업로드

게스트 사용자가 활동할 수 있는 팀 기능은 다음과 같다.

– 채널 만들기 및 삭제(팀 소유자가 설정했을 경우)

– 개인 채팅 참가

– 채널 대화에 참여

– 메시지 게시, 삭제 및 편집

– 채널 파일 공유

팀 소유자는 팀 관리의 설정에서 게스트 사용 권한을 설정할 수 있다.

| ▾ 게스트 사용 권한 | 채널 만들기 사용 | |
| --- | --- | --- |
| | 게스트가 채널을 만들고 업데이트할 수 있도록 허용 | ☐ |
| | 게스트가 채널을 삭제하도록 허용 | ☐ |

**TIP**

팀 구성원과 게스트 사용자의 기능 비교에 대한 자세한 내용은 다음 링크에서 확인할 수 있다.
https://docs.microsoft.com/ko-KR/microsoftteams/guest-experience#comparison-of-team-member-and-guest-capabilities

이상으로 Microsoft Teams 관리 센터에서 팀을 확인, 추가 및 삭제하고 팀에 채널과 구성원을 추가하는 방법에 대해 알아보았다. 그리고 팀에 외부 게스트 사용자를 추가하는 방법을 확인해보았다.

# APPENDIX

# Microsoft 365 평가판 구독

Microsoft 365 서비스는 기업의 전사 업무 환경을 제공하는 클라우드 기반의 솔루션으로, 문서 도구인 Office를 포함하여 이메일 및 채팅, 문서 관리, 온라인 회의 등 기업 업무에 필요한 다양한 협업 및 소통을 위한 도구를 원스톱으로 제공하는 서비스이다. 기업의 업무 환경을 전환하는 작업인 만큼 사전에 Microsoft 365 서비스 도입이 적절한지 사용해 보고, 보다 효과적인 배포 방안 등을 수립하는 것이 매우 중요하다. Microsoft에서는 기업에서 Microsoft 365 서비스를 30일간 무료로 체험해 볼 수 있는 기회를 제공하고 있다.

## Section 1 신규 평가판 구독 신청

Microsoft에서는 무료 체험을 위한 평가판으로 300명 미만의 중소기업용 Microsoft 365 Business Standard와 Microsoft 365 Business Premium, 엔터프라이즈용으로 Office 365 E3 및 Office 365 E5 플랜을 제공하고 있다. 모든 평가판 라이선스는 30일간 최대 25명까지 사용할 수 있는 라이선스를 무료로 제공하며, 각 플랜별로 제공하고 있는 서비스가 상이하므로 비즈니스 요구 사항에 알맞은 플랜을 선택하여 무료 체험을 신청할 수 있다.

### ▌ 플랜별 제품 기능 비교 ▌

| 중소기업용 Microsoft 365 Business Standard vs. Microsoft 365 Business Premium 기능 비교 | 엔터프라이즈용 Office 365 E3 vs. Office 365 E5 기능 비교 |
|---|---|
|  |  |

**01** 조직의 비즈니스 요구에 맞는 평가판 구독 신청을 위해 Microsoft 365 사이트(https://www.microsoft.com/ko-kr)에서 [내게 맞는 Microsoft 365 선택하기]를 클릭한다.

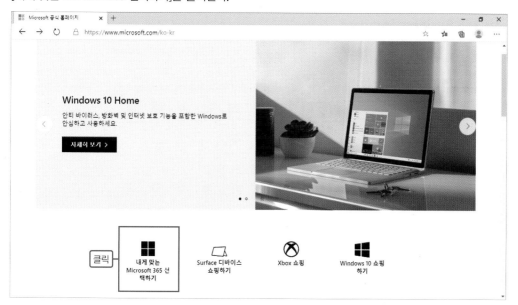

**02** 플랜 기능 비교 페이지에서 [비즈니스용] 탭을 클릭한 후, 신청하고자 하는 플랜의 [1개월 무료 체험] 링크를 클릭한다.

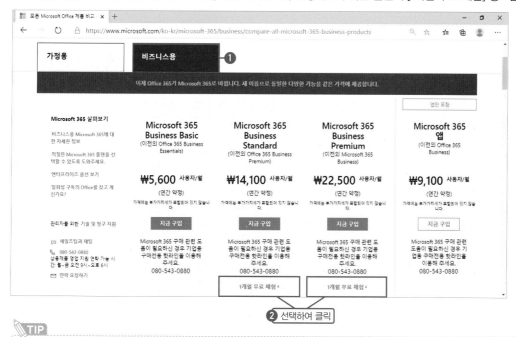

TIP

Office 365 E3 또는 Office 365 E5 평가판을 신청하려면 [플랜별 제품 기능]의 [엔터프라이즈용 Office 365 E3 vs. Office 365 E5 기능 비교]에서 제공된 QR 코드를 스캔하여 제품 기능 비교 페이지로 이동한다.

**03** 회사 계정을 입력하고 [다음]을 클릭한다.

**04** 새로운 계정을 생성하기 위해 [계정 설정]을 클릭한다.

**05** 자기 소개 영역에 [성], [이름], [회사 전화 번호] 정보를 입력하고 [회사 규모]와 [국가 또는 지역]을 선택한 후, [다음]을 클릭한다.

**06** 입력한 회사 전화번호 또는 별도의 문자나 전화를 받을 수 있는 번호가 있다면 번호로 변경하여 인증을 받는다. [문자 메시지 전송] 옵션을 선택한 경우 전달받은 확인 코드를 입력하고 [확인]을 클릭한다.

**07** [비즈니스 ID 만들기]에서는 조직에서 사용할 Microsoft 365 서비스를 사용하기 위한 도메인을 생성한 후, [다음]을 클릭한다. 입력한 도메인이 사용 불가로 나오는 경우는 해당 도메인이 이미 다른 조직에서 사용 중에 있어 생성이 불가능한 것이므로 새로운 이름을 입력하여 시도한다.

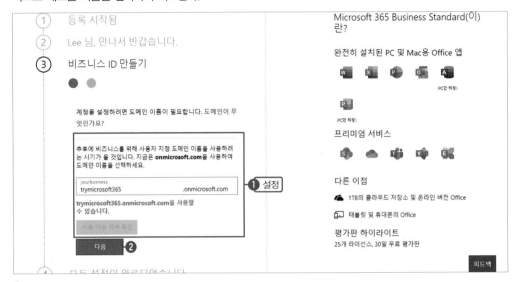

**TIP**

평가판을 구독한 경우 30일 동안 무료로 사용할 수 있으며, 무료 사용 기간이 만료된 이후 30일 이내에 유료로 전환하면 지속해서 사용할 수 있다. 따라서, 평가판 계정을 조직에 연결하여 사용할 계획이 있다면 도메인 생성 시 일반적으로 회사 도메인 또는 유사한 도메인으로 생성하는 것이 좋다. 평가판에서 작업했던 모든 내용을 버리고 새롭게 유료 서비스를 신청해서 사용하고자 하는 경우라면 평가판이 만료되었다 하더라도 기존 평가판 등록 시 생성한 도메인(예) xxx.onmicrosoft.com)과 동일한 도메인 사용이 불가하니 이 점 참고하여 결정하는 것이 좋다. 일반적으로 동일한 도메인 사용을 위해서는 서비스 만료 후 180일 이상의 시간이 소요된다.

**08** 사용자 ID 및 암호를 입력하고 [신청]을 클릭한다. 생성하는 사용자 계정이 회사의 전역 관리자 계정이므로 특정 개인의 계정이 아닌 회사 관리자 계정, 예를 들면 'admin'을 생성하는 것을 권장한다.

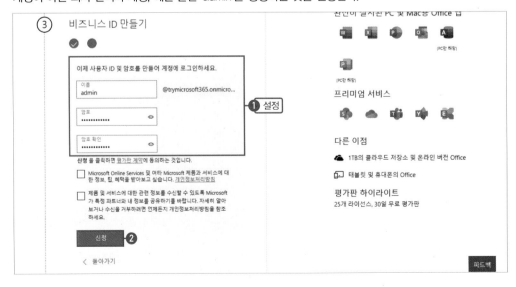

**09** [설정으로 이동]을 클릭한다.

**10** Microsoft 365 평가판 구독 신청은 완료되었다. 관리자 계정으로 Microsoft 365 포털(https://www.office.com)에 로그인하여 [관리] 사이트에서 서비스 체험을 위한 추가적인 설정 또는 최대 25명까지 사용자 계정을 생성하여 Microsoft 365 기능을 사용해 볼 수 있다.

---

**Section 2** Microsoft 365 평가판 구독 중 다른 플랜 평가판 구독 추가

Microsoft 365의 특정 플랜에 대하여 30일 무료 체험 중 기능 검토를 위해 또 다른 플랜에 대하여 평가판 구독 추가가 가능하다.

**01** 새로운 평가판 구독 추가를 위하여 관리자 계정으로 Microsoft 365 포털(https://www.office.com)에 로그인한 후, [관리]를 클릭하여 관리자 사이트로 이동한다.

**02** 왼쪽 메뉴에서 [청구]의 [서비스 구매]를 클릭한다.

**03** 새로이 추가하고자 하는 플랜의 [세부 정보]를 클릭한다. 단, 모든 서비스 플랜에 대하여 평가판을 제공하지는 않으므로 추가하고자 하는 플랜이 평가판으로 제공되는지 여부를 확인해야 한다.

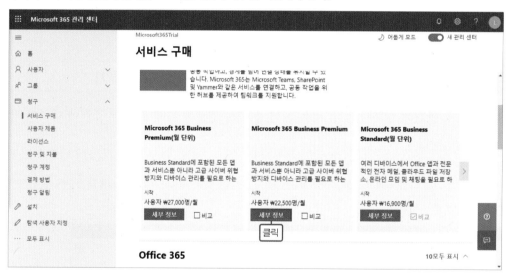

**04** [서비스 구매] 페이지에서 [무료 평가판 받기]를 클릭한다.

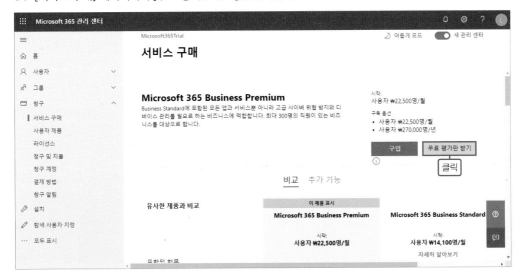

**05** 평가판 추가를 위해 전화 번호를 입력하고 [문자 메시지 전송]을 클릭한다.

**06** 전달받은 인증 코드를 입력하고 [무료 평가판 시작]을 클릭한다.

**07** [평가판 체험]을 클릭한다.

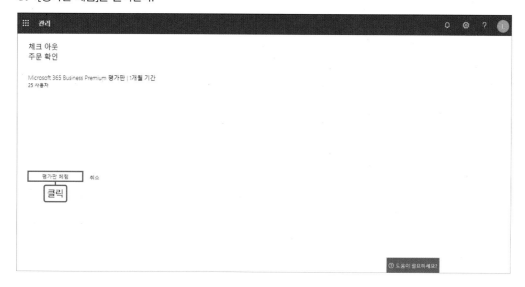

**08** [주문 접수] 페이지에서 [계속]을 클릭한다.

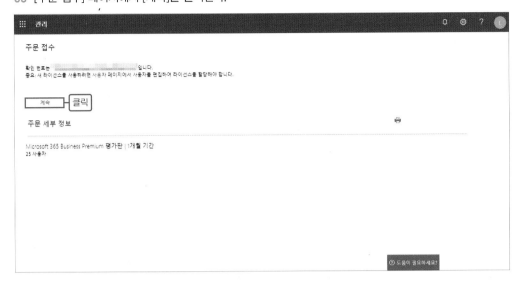

**09** Microsoft 365 관리 센터의 왼쪽 탐색 메뉴에서 [청구]-[라이선스]를 클릭하면 기존에 사용 중인 평가판 이외에도 신규로 추가한 평가판 라이선스를 확인할 수 있다. 새로 추가한 평가판 라이선스는 기존 평가판 라이선스와는 별개로 신청일 기준 30일간 최대 25명까지 추가하여 사용할 수 있다.

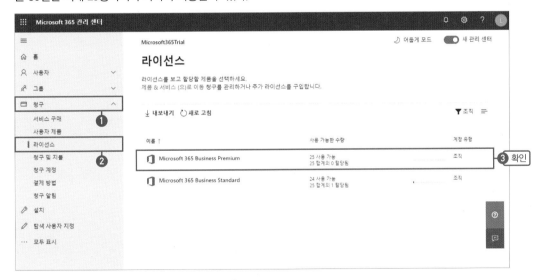

이상으로 서비스 무료 체험을 위한 신규 체험판 구독 신청 및 사용 중인 평가판 구독에 새로운 평가판 구독을 추가하는 방법을 알아봤다. Microsoft 365 서비스는 앞서 설명한 바와 같이 조직 전체를 대상으로 업무의 생산성과 효율성을 향상하기 위한 협업 및 소통, 정보 관리를 위한 통합 솔루션인 만큼 사전에 철저한 검토와 세밀한 계획이 필요하다. Microsoft 365 서비스에서 제공하는 30일 무료 체험을 통해 별도의 비용 부담 없이 기능을 사전에 검토하고 성공적으로 조직에 적용할 수 있는 방안을 마련할 수 있다.

# MODULE
## 02
# Microsoft Teams Community

Facebook 커뮤니티 그룹인 'Microsoft Teams Korea User Group'에서는 Microsoft Teams의 다양한 신규 업데이트 정보와 더불어 Teams에서 제공하고 있는 팀 기반의 협업, 소통, 온라인 미팅, 작업관리, 문서 관리 등 다양한 기능을 보다 효과적으로 활용할 수 있도록 활용 방법 및 사례를 공유하며 질의 응답을 통해 서로 소통하며 지식과 정보를 나누고 있다.

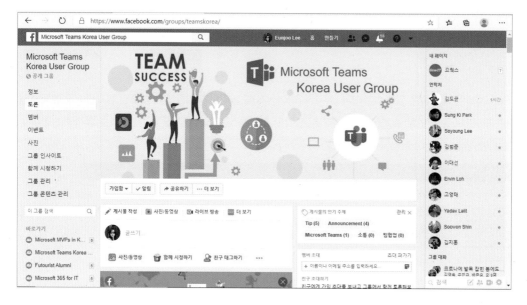

Microsoft Teams와 관련하여 커뮤니티를 통해 새로운 소식, 활용 팁, 이벤트 등 다양한 정보를 함께 공유하고 궁금한 사항들을 문의할 수 있다.

https://www.facebook.com/groups/teamskorea

⬆ Micrsoft Teams Korea User Group 바로 가기

# 좋은 책을 만드는 길
# 독자님과 함께하겠습니다.

도서에 궁금한 점, 아쉬운 점, 만족스러운 점이
있으시다면 어떤 의견이라도 말씀해 주세요.
시대인은 독자님의 의견을 모아 더 좋은 책으로 보답하겠습니다.

## www.edusd.co.kr

슬기롭게 **협업**하고 효과적으로 **소통**하는

# Microsoft Teams

| | |
|---|---|
| 초 판 발 행 | 2020년 11월 25일 |
| 발 행 인 | 박영일 |
| 책 임 편 집 | 이해욱 |
| 저 자 | 정홍주, 이희진, 이은주, 박은정 |
| 편 집 진 행 | 신민정 |
| 표 지 디 자 인 | 이미애 |
| 편 집 디 자 인 | 임옥경 |
| 발 행 처 | 시대인 |
| 공 급 처 | (주)시대고시기획 |
| 출 판 등 록 | 제 10-1521호 |
| 주 소 | 서울시 마포구 큰우물로 75 [도화동 538 성지 B/D] 9F |
| 전 화 | 1600-3600 |
| 팩 스 | 02-701-8823 |
| 홈 페 이 지 | www.edusd.co.kr |
| I S B N | 979-11-254-8456-1(13000) |
| 정 가 | 25,000원 |